कुशल प्रबंधन के सूत्र

सुरेश कांत

जन्म : 16 जून, 1956, ***गाँव :*** करौदा-हाथी, ***जिला :*** मुजफ्फरनगर, उत्तर प्रदेश।

शिक्षा : दिल्ली विश्वविद्यालय से प्रथम श्रेणी में एम. ए. (हिंदी); राजस्थान विश्वविद्यालय, जयपुर से पत्रकारिता में स्नातकोत्तर डिप्लोमा और पी-एच.डी.। 'प्राचीन भारत में बैंकिंग का स्वरूप और शब्दावली' विषय पर डी.लिट्. के लिए शोधरत।

प्रकाशन : ***उपन्यास :*** *धम्मं शरणम्* (पुरस्कृत), *युद्ध, जीनियस, नवाब साहब, कनीज;* ***कहानी :*** *उत्तराधिकारी, गिद्ध, क्या आप एस.सी. दीक्षित को जानते हैं ?;* ***नाटक :*** *रजिया, प्रतिशोध, विदेशी आया, गवाही, कौन ?* ***व्यंग्य :*** *ब से बैंक* (पुरस्कृत), *अफसर गए बिदेस* (पुरस्कृत), *पड़ोसियों का दर्द, बलिहारी गुरु* (पुरस्कृत), *अर्थसत्य;* ***बाल साहित्य :*** *कुट्टी, रोटी कौन खाएगा, चलो चाँद पर घूमें, भाषण बाबू, भैंस का अंडा, विश्व-प्रसिद्ध बाल कहानियाँ (पाँच भाग);* ***आलोचना :*** *हिंदी गद्य लेखन में व्यंग्य और विचार;* ***अन्य :*** *प्रबंधन के गुरुमंत्र, कुशल प्रबंधन के सूत्र, सफल प्रबंधन के गुर, आदर्श प्रबंधन के सूक्त, उत्कृष्ट प्रबंधन के रूप, बैंकों में हिंदी का प्रयोग, इन्साइक्लोपीडिक डिक्शनरी ऑफ बैंकिंग एंड रिलेटिड टर्म्स* (शीघ्र प्रकाश्य) आदि।

दैनिक 'अमर उजाला कारोबार' में हर रविवार को प्रकाशित होने वाला उनका साप्ताहिक व्यंग्य-कॉलम *अर्थसत्य* और हर मंगलवार को प्रकाशित होनेवाला साप्ताहिक *प्रबंधन-कॉलम* बहुत चर्चित हुए हैं।

नुक्कड़ व्यंग्य-नाटक *विदेशी आया* के 100 से भी ज्यादा प्रदर्शन।

सम्मान : साहित्य कला परिषद् (दिल्ली), हिंदी अकादमी (दिल्ली), उ. प्र. हिंदी संस्थान (लखनऊ) के पुरस्कार।

आवरण : नरेन्द्र श्रीवास्तव

विख्यात ग्राफिक डिजायनर। कुछ समय अध्यापन के उपरांत इस समय स्वतंत्र कार्य; 1972 में नेहरू फेलोशिप से विभूषित। भारत और पेरिस में साथ-साथ कार्य किया। हिंदी टाइपोग्राफी पर शोध, देवनागरी के अक्षरों और 'ओ३म' का रचनात्मक अंकन। कई संस्थाओं व विख्यात डिजायनर्स के लिए प्रतीक-रचना।

कुशल प्रबंधन के सूत्र

सुरेश कांत

समझदार पेपरबैक्स
राधाकृष्ण

पहला पुस्तकालय संस्करण
राधाकृष्ण प्रकाशन प्राइवेट लिमिटेड द्वारा
2001 में प्रकाशित

राधाकृष्ण पेपरबैक्स में
पहला संस्करण : 2007
दूसरी आवृत्ति : 2015

राधाकृष्ण पेपरबैक्स : उत्कृष्ट साहित्य के जनसुलभ संस्करण

राधाकृष्ण प्रकाशन प्राइवेट लिमिटेड
7/31, अंसारी रोड, दरियागंज
नई दिल्ली-110 002
द्वारा प्रकाशित

शाखाएँ : अशोक राजपथ, साइंस कॉलेज के सामने, पटना-800 006
पहली मंजिल, दरबारी बिल्डिंग, महात्मा गांधी मार्ग, इलाहाबाद-211 001

वेबसाइट : www.radhakrishnaprakashan.com
ई-मेल : info@radhakrishnaprakashan.com

बी.के. ऑफसेट
नवीन शाहदरा, दिल्ली-110 032
द्वारा मुद्रित

मूल्य : ₹ 150

आवरण : नरेन्द्र श्रीवास्तव

KUSHAL PRABANDHAN KE SOOTRA
by Suresh Kant

ISBN : 978-81-8361-142-8

दैनिक 'अमर उजाला कारोबार' के माध्यम से
हिंदी की व्यावसायिक पत्रकारिता को
एक नई दिशा प्रदान करनेवाले
श्री राजेश रपरिया को
सादर

क्रम

कौशल-विकास

भूमिका : क्या, कैसे और किसके लिए

आज से लगभग चार साल पहले हिंदी के पहले बिजनेस-डेली 'अमर उजाला कारोबार' के प्रकाशन के साथ हिंदी की व्यावसायिक पत्रकारिता के क्षेत्र में एक क्रांति हुई थी। उसके खूबसूरत कलेवर, पेशेवराना प्रस्तुति और उच्चस्तरीय सामग्री ने मुझे भी उसके साथ बतौर लेखक जुड़ने के लिए प्रेरित किया। और तब से उसमें हर मंगलवार को प्रकाशित होने वाले अपने कॉलम में मैं प्रबंधन के विभिन्न पहलुओं पर नियमित रूप से लिखता रहा।

एक विषय के रूप में प्रबंधन की ओर मेरा झुकाव रिज़र्व बैंक में अपनी कानपुर-पोस्टिंग के दौरान अपने कार्यालय-अध्यक्ष श्री केवल कृष्ण मुदगिल की प्रेरणा से हुआ। बाद में कानपुर से दिल्ली आने पर दिल्ली-कार्यालय के अध्यक्ष श्री सैयद मुहम्मद तक़ी हुसैनी ने मुझे नया कुछ करने की प्रेरणा दी, तो मेरा ध्यान प्रबंधन पर लिखने की तरफ हो गया। हिंदी में इस तरह के लेखन का नितांत अभाव था और 'हिंदी वाला' होने के नाते मैं इस अभाव की पूर्ति करना अपना कर्त्तव्य भी समझता था। लिहाजा मुदगिल जी और हुसैनी साहब जैसे हितैषियों की प्रेरणा, अपने कर्तव्य-बोध और 'कारोबार' के प्रकाशन की शुरुआत—इन तीनों ने मुझे इस विषय पर लिखने की राह पर डाल दिया।

प्रबंधन मेरी नज़र में आत्म-विकास की सतत प्रक्रिया है। अपने को व्यवस्थित-प्रबंधित किए बिना आदमी दूसरों को व्यवस्थित-प्रबंधित करने में सफल नहीं हो सकता, चाहे वे दूसरे लोग घर के सदस्य हों या दफ्तर अथवा कारोबार के। इस प्रकार आत्म-विकास ही घर-दफ्तर, दोनों की उन्नति का मूल है। इस लिहाज से देखें, तो प्रबंधन का ताल्लुक कंपनी-जगत के लोगों से ही नहीं, मनुष्य मात्र से है। वह इंसान को बेहतर इंसान बनाने की कला है। क्योंकि बेहतर इंसान ही बेहतर कर्मचारी, अधिकारी, प्रबंधक या कारोबारी हो सकता है। प्रबंधन पर लिखते समय मेरे ध्यान में यह पूरा लक्ष्य-समूह रहता है और मैं अखबार से मिलने वाले फीडबैक तथा पाठकों से सीधे प्राप्त होने वाली प्रतिक्रियाओं के आधार पर कह सकता हूँ कि मैं प्रबंधन को हिंदीभाषी छात्रों, अध्यापकों, शोधार्थियों, कारोबारियों और कर्मचारियों-अधिकारियों-प्रबंधकों के बीच ही नहीं, इस विषय से सीधा संबंध न रखने वाले आम आदमी के बीच भी लोकप्रिय बनाने में कामयाब रहा हूँ।

इस व्यापक लक्ष्य-समूह को मद्देनजर रखते हुए और साथ ही प्रबंधन की विभिन्न

अवधारणाओं को समझने में हो सकने वाली गफलत की आशंका को दूर करने के उद्देश्य से भी, मैंने हिंदी के साथ-साथ अंग्रेजी के शब्दों का भी बहुतायत से प्रयोग किया है और इसके लिए 'यानी' वाली शैली अपनाई है, जैसे अंतःक्रिया यानी इंटरएक्शन, प्रत्यायोजन यानी डेलीगेशन, कल्पना यानी विजन आदि। जहाँ हिंदी के शब्द अप्रचलित और क्लिष्ट लगे, वहाँ मैंने केवल अंग्रेजी के शब्दों का प्रयोग करने से भी परहेज नहीं किया। शुद्धतावादी इससे कुछ परेशान हो सकते हैं, पर हिंदी को जीवंत और रवाँ बनाए रखने के लिए यह जरूरी था। मैं शुद्धतावादियों का खयाल रखता या अपने पाठकों और अपनी हिंदी का ? शुद्धतावादियों की जानकारी के लिए बता दूँ कि खुद 'हिंदी' शब्द विदेशी है। और भी ऐसे अनेक शब्द, जिनके बारे में हम सोच भी नहीं सकते कि वे हिंदी के नहीं होंगे, हिंदी के नहीं हैं। कागज, कलम, पेन, कमीज, कुर्ता, पाजामा, पैंट, चाकू, चाय, कुर्सी, मेज, बस, कार, रेल, रिक्शा, चेक, ड्राफ्ट, कामरेड, दफ्तर, फाइल, बैंक आदि में से कोई अंग्रेजी का शब्द है, तो कोई अरबी, फारसी, तुर्की, रूसी, जापानी आदि में से किसी का। और ऐसे शब्दों की एक लंबी सूची है। असल में यह हिंदी की ताकत है, कमजोरी नहीं।

लेखों में अनेक देशी-विदेशी प्रबंधन-गुरुओं, विद्वानों, शास्त्रियों, व्यावसायिक सलाहकारों, कार्यपालकों आदि के उद्धरण मिलेंगे। यह ज्ञान बघारने या बोझ से मारने के लिए नहीं, बात को स्पष्ट करने और प्रामाणिक बनाने के लिए है।

अशोक महेश्वरीजी ने जब मुझे पत्र लिखकर सूचित किया कि वे 'कारोबार' में मेरे लेख नियमित रूप से पढ़ रहे हैं और उनसे स्वयं उन्हें भी बहुत लाभ पहुँचा है, तो मेरे उत्साह की कोई सीमा न रही। अब वे उन्हें पुस्तक-रूप में छापने का दायित्व भी उठा रहे हैं। हरीश आनंदजी ने भी अनेक महत्त्वपूर्ण सुझाव देकर मेरी सहायता की है। उनके द्वारा सुनाया गया किस्सा मुझे अब तक याद है और वह यह कि एक व्यक्ति ने अपने हाथों में पकड़े एक पक्षी को पीठ पीछे ले जाते हुए अपने मित्र से पूछा—बताओ, यह पक्षी मरा हुआ है या जिंदा ? मित्र ने झट-से कहा—ऑप्शन तुम्हारे पास है। क्योंकि अगर मैं कहूँगा कि जिंदा है, तो तुम पीछे ही इसकी गर्दन मरोड़कर मुझे दिखा सकते हो। और मैं कहूँ कि मरा हुआ है, तो जिंदा तो तुम इसे दिखा ही दोगे। इसी की तर्ज पर मैं भी यह कहना चाहता हूँ कि प्रबंधन एक ऐसी विद्या है, जिसके द्वारा हम अपने व्यक्तित्व, घर-परिवार, दफ्तर और कारोबार—सबकी काया पलट सकते हैं और उन्नति के मार्ग पर अग्रसर हो सकते हैं। हम ऐसा करें या नहीं, यह विकल्प हमारे अपने हाथ में है।

अंत में, जिस-जिस से भी मुझे अपने इस प्रयास में सहायता मिली, उन सबके प्रति मैं शायर के इन शब्दों में आभार व्यक्त करता हूँ—

नशेमन पे मेरे एहसान सारे चमन का है,
कोई तिनका कहीं का है, कोई तिनका कहीं का है।

—सुरेश कांत

व्यक्तित्व-विकास

खुद पर तो भरोसा कीजिए

एक व्यक्ति निराशा के अंतिम छोर पर खड़ा था। बढ़ी दाढ़ी, लटकते कपड़े, उदास चेहरा उसकी कहानी कहते थे। उसे एक प्रसिद्ध लेखक की आत्मविश्वास पर लिखी पुस्तक मिली। उस पुस्तक को लेकर वह उस लेखक के पास गया और बोला कि उसमें आत्मविश्वास भर दें। लेखक ने उत्तर दिया कि यह काम उसके बूते का नहीं, पर वह उसे ऐसे आदमी से मिलवा सकता है जो आत्मविश्वास पैदा करवा सकता है।

उस व्यक्ति के मन में जिज्ञासा हुई तो लेखक ने उसे एक दूसरे कमरे में ले जाकर आईने के सामने खड़ा कर दिया और कहा, 'इस आईने में जिस व्यक्ति को देख रहे हो, केवल वही आदमी है जो आपको अपने पैरों पर खड़ा कर सकता है। यहाँ थोड़ी देर बैठकर इससे जान-पहचान कर दोस्ती कर सकते हो तो ठीक, वरना आत्महत्या कर लो। जब तक इस आदमी को नहीं जानोगे, कुछ नहीं कर सकोगे।'

अवसरों को पहचानने व हाथ में लेने की दक्षता आत्म-विश्वासी व्यक्ति में ही होती है

उस व्यक्ति को बात समझ में आई। कुछ आत्मविश्वास की किरण दिखी। उसने हिम्मत की और अपना रास्ता तलाश किया। तो यह ध्रुव सत्य है, आत्मविश्वास कोई दूसरा नहीं दिला सकता, स्वयं ही प्रयत्न करके उसे पाना होता है।

आत्म-सुझाव के जरिए आत्मविश्वास

यदि आत्मविश्वास है तो निम्नलिखित तरीका अपनाकर उसे सुदृढ़ किया जा सकता है। नहीं है तो अर्जित किया जा सकता है। इन बातों पर ध्यान देकर आत्म-सुझाव के सिद्धांत से

आत्मविश्वास पाया जा सकता है। खुद से प्रतिदिन ये बातें कहनी हैं—

1. मैं जानता हूँ कि मुझमें इच्छित वस्तु पाने की क्षमता है, अतः मैं उस वस्तु को पाने के लिए लगन से लगातार प्रयत्न करूँगा।

2. मैं जानता हूँ कि हमारे मस्तिष्क के प्रमुख विचार ही धीरे-धीरे वास्तविकता का रूप लेते हैं, इसलिए मैं प्रतिदिन 30 मिनट अपने आदर्श व्यक्ति के विषय में चिंतन करूँगा और उस व्यक्ति की छवि बनाकर धीरे-धीरे वही बन आना चाहूँगा।

3. मैं जानता हूँ कि आत्म-सुझाव के नियम के अनुसार कोई भी उत्कट इच्छा वास्तविकता का रूप धारण कर लेती है, अतः मैं प्रतिदिन 10 मिनट आत्म-सुझाव द्वारा मन को अपने लक्ष्य की ओर लगाऊँगा।

4. मैंने निश्चित उद्देश्य की रूपरेखा बना ली है, उसे विस्तार से लिख लिया है और मैं उसे पाने का प्रयत्न करूँगा। साथ ही मैं दूसरों को अपनी कुशल व संतोषप्रद सेवा उपलब्ध कराऊँगा।

5. मैं ऐसा कोई कार्य नहीं करूँगा, जिससे दूसरों का लाभ न हो। मुझे सफलता तब मिलेगी, जब मैं अपने उपयोग की सारी शक्तियों को एक जगह केंद्रित कर सकूँगा और दूसरों का सहयोग प्राप्त कर सकूँगा।

6. मैं अपनी मनोवृत्ति सकारात्मक रखूँगा। मानव मात्र से प्रेम करूँगा। नकारात्मक भावों, जैसे घृणा, द्वेष, स्वार्थ आदि से दूर रहूँगा।

जादू की पिटारी है मानव-मस्तिष्क

आत्मविश्वास पाने के लिए उपर्युक्त बातों पर ध्यान देकर उनका पालन करना होगा। प्रतिदिन एक बार इन्हें पढ़ लेने से आत्म-सुझाव का नियम सहायता करने लगता है। आत्म-सुझाव का सिद्धांत मनोविज्ञान का एक महत्त्वपूर्ण सिद्धांत है, जिसका पालन करके हर कोई अपनी इच्छा पूरी कर सकता है। मानव-मस्तिष्क की कार्यप्रणाली समझ ली जाए तो यह बात आसानी से समझ में आ जाती है। मानव-मस्तिष्क एक जादू की पिटारी है। इसके दो प्रमुख भाग हैं—चेतन व अवचेतन। चेतन भाग को बाह्य इंद्रियों, जैसे आँख, नाक, कान, त्वचा, जीभ आदि से सूचनाएँ मिलती हैं। वह उन पर विचार कर उपयोगी सूचनाएँ अवचेतन भाग के पास भेज देता है। बाकी सूचनाएँ स्वतः दिमाग से निकल जाती हैं।

अवचेतन भाग में सारी जीवनोपयोगी सूचनाएँ एकत्र होती रहती हैं। उनके भंडारण का काम स्मृति करती है। यह इतना सुचारु ढंग से होता है कि अवसर आने पर उनका उपयोग किया जा सकता है। अवचेतन मस्तिष्क चौबीसों घंटे व्यस्त रहने वाली एक कार्यशाला है, जो सोते-जागते कार्यरत रहती है। उसे एक बार कोई कार्य सौंप दिया जाता है तो फिर वह उसे संपन्न करने के लिए पूर्ण प्रयास करता है। यह अवश्य है कि उसे बार-बार कहकर अपनी बात के लिए आश्वस्त करना पड़ता है।

अपना लक्ष्य बार-बार सुझाना पड़ता है। इसी को आत्म-सुझाव कहते हैं। इसी नियम के उपयोग से आदतें बनती हैं।

आदत : एक स्वचालित यंत्र

आदतें तो एक स्वचालित यंत्र की तरह होती हैं। एक बार उनके बन जाने पर मनुष्य स्वयं ही उनके अनुसार काम करता रहता है। उदाहरण के लिए, एक बार सुबह उठने की आदत पड़ जाए तो फिर सुबह अपने-आप नींद खुल जाती है। जितनी अधिक अच्छी आदतें होती हैं, उतने ही स्वचालित यंत्र पास में होते हैं। जब बार-बार उपर्युक्त बातों को आत्म-सुझाव द्वारा अवचेतन को प्रेषित किया जाता है, तो कालांतर में वे वहाँ बैठकर आदत का रूप ले लेती हैं। फिर व्यक्ति अनायास ही उन पर अमल करने लगता है और उन पर अमल करते ही आत्मविश्वास आने लगता है।

आत्मविश्वास किसी भी कार्य को सफलतापूर्वक करने से आता है। बच्चा चलना सीखने में समय लेता है। बार-बार गिरता है, उठता है, फिर गिरता है, फिर उठता है। कुछ समय बाद उसे अपने पैरों पर विश्वास हो जाता है और वह खड़ा होकर चलने लगता है।

अतः आत्मविश्वास धीरे-धीरे छोटे-मोटे काम अच्छी तरह करके विकसित किया जा सकता है। एक काम को सही कर लेने से दूसरे को हाथ में लेने का साहस आ जाता है। जब इस प्रयास में आत्म-सुझाव के सिद्धांत को अपनाकर उपर्युक्त छह बातें शामिल कर ली जाती हैं, तो फिर एक सफल व्यक्तित्व का विकास होता है।

ध्यान रखें, दूसरे भी आप पर तभी भरोसा करेंगे, जब आप स्वयं अपने ऊपर भरोसा करेंगे। यदि आपको अपने-आप पर विश्वास नहीं है तो आपके शारीरिक-मानसिक हाव-भाव तथा मस्तिष्क की विचार-तरंगों द्वारा इसकी सूचना दूसरों के मन-मस्तिष्क तक पहुँच जाएगी और अविश्वास का वातावरण बन जाएगा।

आत्मविश्वास और अहंकार में अंतर है

आत्मविश्वास और अहंकार में अंतर करना आवश्यक है। आत्मविश्वास आपके ज्ञान पर निर्भर करता है कि आप कितना व क्या जानते हैं और क्या कर सकते हैं। अहंकार-प्रेरित विश्वास विनाश और शोषण करता है। हिटलर, नेपोलियन और सिकंदर को भी आत्मविश्वास था, पर वह अहंकार पर आधारित था। वह उनके व समाज के लिए अहितकर साबित हुआ। ज्ञान पर आधारित आत्मविश्वास सकारात्मक और हितकारी होता है। आत्मविश्वास को अपने कार्य से, न कि वाणी से, उजागर होने देना अच्छा होता है।

यह जानना आवश्यक है कि हम क्या जानते हैं, कितना जानते हैं और उस जानकारी का किस तरह उपयोग करने जा रहे हैं। जानने का दिखावा करना बेमानी है, क्योंकि केवल आधे घंटे की बातचीत ही किसी की भी क़लई खोलने में समर्थ होती

है। लिहाजा दुनिया से यह न कहें कि आप क्या कर सकते हैं, उसे देखने दें कि आपने क्या किया है। यदि आप कहकर न कर पाए तो आत्मविश्वास का तेजी से ह्रास होता है।

आत्मविश्वासी के मन में दुविधा नहीं होती। वह तत्काल निर्णय लेता है, जिससे अवसर को पकड़ने में सफल रहता है। अवसर तो चारों ओर बिखरे पड़े रहते हैं। उन्हें देखने, पहचानने की क्षमता होनी चाहिए और यह आत्मविश्वासी में ही होती है।

खुद पर विश्वास

आत्मविश्वासी कभी नहीं सोचता है कि उसमें साहस नहीं है या वह हार गया है। हार से भी सीख लेकर वह साहस से आगे बढ़ता है। सफलता के लिए उच्च विचार व अपने ऊपर अटूट विश्वास आवश्यक है। दुनिया में हमेशा शक्तिशाली ही नहीं जीतते। जीतते वे हैं, जो सोचते हैं कि वे जीतेंगे। यह आत्मविश्वासी ही सोच और कह सकता है।

आत्मविश्वास सफलता के खजाने की मास्टर चाबी है, जिससे हर तरह की कठिनाइयों के ताले खुल जाते हैं। आत्मविश्वास के स्वचालित दरवाजे पर पैर रखते ही वह सबकुछ आपके पास आ जाता है, जिसे आप पाना चाहते हैं। आत्मविश्वास की जागृति एक ऐसी उपलब्धि है, जिसके सहारे बड़े से बड़े और कठिन से कठिन कार्यों का संपादन सुगमता से किया जा सकता है।

आइए, समय की खेती करें

चौंकिए मत, आप वास्तव में समय की खेती कर सकते हैं। कुशल प्रबंधक अपने घर-दफ्तर की क्यारियों में समय के पौधे भी उगाते हैं और फिर जरूरत के समय उन पर से छोटे-छोटे समय के फल तोड़कर समय की कमी पूरी कर लेते हैं। प्रबंधन की भाषा में यही समय-प्रबंधन यानी टाइम-मैनेजमेंट कहलाता है।

समाज में जिसे देखो, वही समय की कमी का रोना रोता मिलता है। बच्चों को पढ़ाने के लिए ट्यूशन लगाई जाती है, क्योंकि सुरेंद्रजी के पास समय नहीं है। बाजार के छोटे-मोटे काम हों, मिक्सी या इस्तरी की मरम्मत करानी हो, विभागीय परीक्षा की तैयारी करनी हो या दफ्तर में फाइलें निपटानी हों, मोहनजी के पास एक ही बहाना रहता है, 'क्या करें भाई, समय ही नहीं मिलता।'

जगदीश के पिताजी उसे सप्ताह में दो पत्र लिखते हैं, पर जगदीश के पास पूरे महीने में भी कुछ मिनट नहीं होते कि राजी-खुशी के दो शब्द लिख दे। हिमांशु कई बार सोचता है, किसी ताजा पढ़े लेख पर प्रतिक्रिया का एक पत्र लिखने के बारे में। पर वही मुसीबत, समय नहीं मिलता।

समय की कमी का रोना रोने की बजाय उसके उचित प्रबंधन पर ध्यान देना चाहिए

समय सबके पास उतना ही रहता है, फिर भी कुछ लोग समय की कमी से आक्रांत रहते हैं, तो कुछ लोग समय की खेती द्वारा अपने सारे काम समय पर पूरे करते हुए चैन की बंसी बजाते हैं। आइए देखें, कैसे होती है यह समय की खेती।

कैसे की जाती है समय की खेती

सुमनकुमार एक सरकारी कार्यालय में उच्चाधिकारी है। उसकी पत्नी भी नौकरी करती है। दो बच्चे हैं, 7 व 10 साल के। नौकर कभी ढंग का नहीं मिलता। इसलिए ढेरों काम हैं और समय वही दिन में 60-60 मिनट के 24 घंटे। पर उसने समय की ऐसी खेती कर रखी है कि उसे समय की कमी कभी नहीं रही।

सुमनकुमार सुबह जल्दी उठकर सैर के लिए जाता है, तो उसकी पत्नी भी साथ रहती है। सैर के साथ-साथ सुबह के नाश्ते के मेनू से लेकर शाम को सुरेंद्रजी के बच्चे के जन्मदिन पर दिया जाने वाला उपहार तक तय हो जाता है। उसी दौरान घर-गृहस्थी की कई महत्त्वपूर्ण बातों का निर्णय ले लिया जाता है।

सुमनकुमार को बागवानी का बहुत शौक है। साथ ही पड़ोस के रशीद अहमद से गपशप और बहस करना भी बहुत प्रिय है। इसलिए उन दोनों ने मिलकर इसका एक नायाब हल खोज लिया है। दोनों मिलकर बारी-बारी से एक-एक दिन दोनों घरों के बगीचों में काम करते हैं। काम भी होता रहता है और गपशप भी। आधे घंटे की बागवानी और चर्चा सुमनकुमार की पत्नी या रशीद अहमद की बेगम की चाय की आवाज लगते ही खत्म हो जाती है। फिर चाय पीकर दोनों अपने-अपने काम में लग जाते हैं।

काम का काम, मनोरंजन का मनोरंजन

टी वी के प्रातःकालीन प्रसारण का आनंद लेना सुमनकुमार कभी नहीं छोड़ता। पर वह दाढ़ी बनाने और अपने जूते पालिश करने का काम भी इसी दौरान निपटा लेता है। इसी तरह, अगर दौरे पर न हो तो रविवार की फीचर फिल्म भी सुमनकुमार अपने परिवार के साथ बैठकर जरूर देखता है। पर उस दौरान भी वह कुछ न कुछ काम करता ही रहता है। कभी ड्राइंग-रूम से सजावट का सामान उठाकर चमका लिया, तो कभी सुबह आई हफ्ते-भर की सब्जी को काट-छाँटकर फ्रिज में रखने लायक बनाने में पत्नी की मदद कर दी या ऐसा ही कुछ और काम।

रोजमर्रा के पत्रों का जवाब देने के लिए सुमनकुमार को रात्रि-समाचारों का समय बहुत उपयुक्त लगता है। समाचार देखते-सुनते हुए ही वह रिश्तेदारों या मित्रों के उस दिन आए पत्रों के जवाब दे लेता है। शाम को सात से आठ बजे तक का समय बच्चों को स्कूल के गृहकार्य में मदद करने का होता है। सुमनकुमार बच्चों के साथ बैठ जाता है। वह बच्चों को गृहकार्य करने में होने वाली कठिनाइयों का निवारण भी करता जाता है और साथ ही सुबह अधूरे छूट गए समाचार-पत्र का बाकी हिस्सा भी पढ़ लेता है।

हर पल का उपयोग

किसी पार्टी में जाना हो तो पत्नी को तैयार होने में पति से कुछ अधिक समय लगना स्वाभाविक है। उस दौरान इधर-उधर टहलने या हड़बड़ी मचाने से कुछ लाभ नहीं होता। पत्नी को टोकने से उलटे और देर लग सकती है। इसलिए सुमनकुमार 10-15 मिनट के उस समय का उपयोग अपने किसी ऐसे परिचित को फोन करने में कर लेता है, जिससे बहुत दिनों से भेंट न हो पाई हो। इससे संबंधों में ताजगी का अहसास जाग उठता है।

नई-नई भाषाएँ सीखने का शौक सुमनकुमार को बहुत पहले से है। वह इतनी व्यस्तता के बावजूद देश-विदेश की 8 भाषाएँ लिखना-पढ़ना और बोलना सीख गया है। इसके लिए उसने दफ्तर में दोपहर के खाने का समय निश्चित कर रखा है। भोजन फटाफट करके भोजन-कक्ष के एक कोने में कॉफी की चुस्कियों के साथ-साथ नई सीखी जा रही भाषा का एक पाठ पूरा कर लेता है। वह उस भाषा की पुस्तक और नोटबुक हमेशा अपने ब्रीफकेस में रखता है। कभी किसी बड़े अधिकारी से मिलने गया और 15-20 मिनट प्रतीक्षा करनी पड़ी, तो इस बीच एक पाठ ही दोहरा लिया।

छुट्टी का आनंद काम के साथ

दोनों बच्चों में से किसी के बीमार पड़ने पर कभी सुमनकुमार की पत्नी छुट्टी लेती है, तो कभी वह खुद। अगर सुमनकुमार को छुट्टी लेनी पड़ती है तो वह झींकते-झल्लाते हुए नहीं, खुशी-खुशी छुट्टी लेता है। उस दिन वह बच्चे के पास बैठा-बैठा उसकी देखभाल करने के साथ-साथ या तो निजी पुस्तकालय से कोई पुस्तक निकालकर पढ़ता है या फिर कार्यालय के नियमों अथवा प्रक्रियाओं से संबंधित कुछ सुझाव लिखकर प्रधान कार्यालय को भेज देता है, जिनके बारे में वह पिछले कई महीनों से सोचता रहा था। और कुछ नहीं तो अपने पुराने परिचितों या मित्रों को लंबे, आत्मीयतापूर्ण पत्र लिखकर संबंधों को नया जीवन ही दे देता है।

सर्दियों में नरम-गरम धूप हो और छुट्टी का दिन, तो किसका मन न होगा देर तक बाहर बगीचे में बैठे रहने का ! सुमनकुमार भी ऐसे मौकों पर अकसर धूप का आनंद लेता है। पर खाली हाथ नहीं, कुछ न कुछ काम उसके सामने रहता ही है। कभी ढेर सारे इकट्ठे हो गए फोटो एल्बम में लगाता है, तो कभी अपनी व्यक्तिगत फाइलों में व्यर्थ हो गए पत्रों या बिलों की छँटाई कर फाइलों का वजन कम करता है। या फिर, विभागीय पत्रिका के लिए एक लेख ही लिख डालता है।

तो देखा आपने, सुमनकुमार किस तरह से समय की खेती करता है। दफ्तर में भी वह इसी तरह से समय की फसल काटता है। नतीजा यह कि उसके पास कभी समय की कमी नहीं रहती। इसीलिए उसके सब काम समय पर, सही ढंग से निपट जाते हैं। आप भी चाहें तो इसी तरह समय की खेती करके समय की कमी पूरी कर सकते हैं।

काम को बोझ न समझें

विनोद शाम को थका हुआ घर आया। दिन-भर काफी भाग-दौड़ की थी और परेशान रहा था। भोजन कर आराम से लेट गया। पत्नी से कह दिया कि कोई आए तो जगाना नहीं। पर तभी बाहर से सतीश की आवाज आई। सतीश उसका शिकार का साथी था। सतीश ने बताया कि अभी-अभी एक अच्छे शिकार की सूचना मिली है। तैयार हो जाओ, चलेंगे। जीप ले आया हूँ। विनोद थकावट भूल गया। झटपट कपड़े पहने, बंदूक ली और चल पड़ा शिकार के लिए।

सावित्री हमेशा थकान की शिकायत करती थी। डॉक्टर को दिखाया। स्वास्थ्य सामान्य था। डॉक्टर ने पूछताछ की तो पता चला, वह अपने घर के कामों को अपना समझकर नहीं करती थी, वरन् पति पर अहसान समझती थी। काम में रुचि न होने से थकान के लक्षण उभरते थे।

मनमाफिक काम

लेकिन काम के साथ-साथ नियमित आराम भी जरूरी

चंद्रप्रकाश डॉक्टर बनना चाहता था। पर उसके पिता उसे कपड़े के पुश्तैनी व्यापार में लगाना चाहते थे। अतः बारहवीं कक्षा के बाद उसकी पढ़ाई बंद करवाकर उसे दुकान पर बैठा दिया गया। कुछ ही अरसे बाद चंद्रप्रकाश थका-थका सा रहने लगा। थोड़ी-थोड़ी देर में दुकान छोड़कर घर चला जाता। उसका स्वास्थ्य गिरने लगा तो पिता को चिंता हुई कि इस युवावस्था में वह थकावट क्यों महसूस कर रहा है। उस उम्र में तो वे स्वयं चौदह घंटे श्रम करके भी नहीं थकते थे। डॉक्टरी परीक्षा में कोई रोग

नहीं निकला। पर बातचीत में डॉक्टर ने मालूम कर लिया कि दुकान पर बैठना चंद्रप्रकाश के मनमाफिक काम नहीं है। डॉक्टर ने पिता को सलाह दी कि आपका बेटा डॉक्टरी पढ़ना चाहता है। उसे आगे पढ़ने दें, ताकि वह अपने मन का काम कर सके। दुकान पर बेमन से बैठता है, जिससे ऊब होती है। ऊब से थकावट आती है। मन भाता काम करने दीजिए, सब ठीक हो जाएगा।

दो सहकर्मी, मोहन और सोहन, दफ्तर की पाँचवीं मंजिल के एक कमरे में बैठते थे। एक दिन लिफ्ट खराब हो गई, अतः सीढ़ी से चढ़ना पड़ा। सोहन युवा था, अतः भागते हुए ऊपर चढ़ने लगा। मोहन ने कोई उतावली नहीं दिखाई। एक मंजिल चढ़कर थोड़ा पैदल चलकर दूसरे जीने से दूसरी मंजिल चढ़ा। फिर वहाँ से पुनः पहले जीने पर आया और तीसरी मंजिल चढ़ा।

इस तरह चलता हुआ वह आराम से अपने कमरे में पहुँचा। सोहन पहले से ही पहुँचा हुआ था, पर वह कुर्सी पर निढाल पड़ा था। साँस तेजी से चल रही थी। उधर मोहन के चेहरे पर थकावट का नामोनिशान न था। उसने बैठकर फौरन अपना काम भी शुरू कर दिया। सोहन को दस मिनट लगे सामान्य होने में। नजरें मिलीं तो सोहन के चेहरे पर जीत की खुशी न थी। मोहन बाजी मार ले गया था। वह काम करने में लगा था। सोहन अभी थकावट ही दूर कर रहा था।

ये कुछ उदाहरण हैं थकावट के। अकसर ही हमें लोगों के मुँह से सुनाई देता है, 'ओह, बड़ी थकान महसूस हो रही है।' ऐसे व्यक्ति प्रायः भले-चंगे होते हैं। जरा-सा माहौल और कार्यक्षेत्र बदलते ही उनकी थकान दूर हो जाती है।

क्या होती है थकान

थकान व्यक्ति की वह अवस्था होती है, जो कोई कार्य करने के परिणामस्वरूप बनती है। निरंतर कार्य करने के उपरांत आदमी की जो मानसिक स्थिति होती है, उसे थकान कहते हैं। इस थकान को दूर करने का एकमात्र उपाय है आराम। कोई भी काम करने के लिए मांसपेशियों को सक्रिय होना पड़ता है। कार्य करने में ऊर्जा क्षय होती है। ऊर्जा हमें भोजन से प्राप्त होती है।

भोजन का कार्बोहाइड्रेट तत्त्व हमें ऊर्जा प्रदान करता है। हर बार जब हम कार्य करते हैं, तो ग्लाइकोजन के रूप में ऊर्जा का उपयोग होता है, पर साथ ही लैक्टिक अम्ल भी निर्मित होता है। लैक्टिक अम्ल की मौजूदगी से मांसपेशियाँ सुस्त हो जाती हैं और यही थकावट का कारण होता है। अंतःस्रावी ग्रंथियों के स्राव से यह अम्ल निष्क्रिय हो जाता है और मांसपेशियाँ पुनः अपना काम करने लगती हैं।

मांसपेशियों में कुछ आराम करके पूर्वस्थिति में आने की अपूर्व क्षमता होती है, बशर्ते उन्हें इतना न थकाया जाए कि वे निश्चेष्ट, लस्त-पस्त ही हो जाएँ। यदि थोड़े श्रम के बाद उन्हें आराम दे दिया जाए, तो वे ज्यादा समय तक बिना थके काम कर सकती हैं। अंतिम उदाहरण में मोहन आराम से चढ़ा था; इससे वह पाँच मंजिलें चढ़ने

पर भी नहीं थका, पर सोहन ने तेज गति से चढ़ाई करके अपने को थका डाला।

खुद को जरूरत से ज्यादा न थकाएँ

हम अकसर ही अपने को जरूरत से ज्यादा थका डालते हैं और फिर निढाल होकर पड़ रहते हैं। परीक्षणों में पाया गया है कि लगातार बिना आराम दिए आठ घंटे काम कराने की अपेक्षा यदि हर दो घंटे बाद पंद्रह मिनट का आराम देकर काम कराया जाए तो वह ज्यादा और अच्छा होता है। ज्यों-ज्यों शाम होती है, थकावट के कारण कार्यक्षमता कम होती जाती है और आखिरी घंटों में तो वह काफी कम हो जाती है।

बीच-बीच में कुछ आराम मिल जाने से मांसपेशियों को पूर्वस्थिति में आने का मौका मिल जाता है और वे पुनः सामान्य रूप से काम करने में सक्षम हो जाती हैं। पहले लगातार काम करनेवाले मामले में काम लगातार तो होता रहता है, पर वह मात्र पाँच घंटे के बराबर ही हो पाता है। दूसरे में एक घंटा आराम के लिए जान-बूझकर निकाल दिया जाता है, पर उसमें काम सात घंटे जितना अवश्य होता है। पहले मामले में अधिक थक जाने के कारण कर्मचारी थकावट और तनाव दूर करने के लिए नशीली वस्तुओं का सहारा लेते हैं, जबकि दूसरे मामले में यह नौबत ही नहीं आती।

लगातार ज्यादा समय तक एक-सा काम करने से, मसलन एक ही विषय पढ़ने से ऊब होती है। इससे थकान भी आती है। फिर काम में, उस विषय में ही अरुचि पैदा हो जाती है। मन उद्विग्न होता है। क्रोध आता है। झुँझलाहट होती है। गलतियों पर गलतियाँ होने लगती हैं। विषय-परिवर्तन की इच्छा जोर मारने लगती है। यह सब होने ही क्यों दिया जाए ? क्यों न बीच-बीच में आराम करते चलें ?

काम में जी लगाएँ

थकान का दूसरा प्रमुख कारण है—काम रुचि का न होना। जिस काम में मन लगता है, वह ज्यादा समय तक बिना थके किया जा सकता है। रुचि न होने से मजबूरी में किया गया काम ऊब पैदा करता है। ऊब से स्नायु-तंत्र प्रभावित होता है और परिणाम थकावट के रूप में प्रकट होता है।

कहना आसान है कि काम मन का हो, पर हमेशा यह संभव नहीं होता। अकसर ही लोग पुश्तैनी काम करने पर मजबूर होते हैं, भले ही उसमें उनका मन न लगता हो। नौकरियाँ ही कौन-सी मनभाती मिलती हैं ! वे भी बस, बेमन से करनी पड़ती हैं। हर किसी को जीविकोपार्जन के लिए कुछ न कुछ करना पड़ता है। अकसर वे अपने इस काम से संतुष्ट नहीं रहते। व्यापारी को नौकरीपेशा आदमी अच्छे लगते हैं, नौकरीपेशा लोगों को व्यापारी, वकील या डॉक्टर। दस प्रतिशत लोग ही अपने कार्य से संतुष्ट मिलते हैं।

स्पष्ट है कि जब अपने कार्य से संतोष नहीं होगा, तो वह कार्य मनोयोग से नहीं किया जा सकेगा। काम बदलना भी आसान नहीं है, उसकी अपनी सीमाएँ होती हैं।

कैरियर के आरंभ में, वह भी स्थितियाँ अनुकूल होने पर, काम एक-दो बार बदला जा सकता है, पर फिर बस करना ही पड़ता है। घर-परिवार की जिम्मेदारियों के कारण काम बदलने का साहस नहीं होता। इसीलिए आप यदि इस स्थिति में आ गए हैं तो समझदारी इसी में है कि उससे समझौता करके काम में जी लगाएँ, उससे प्यार करें। एक बार प्यार वाला रुख अपना लिया तो फिर काम से ऊब नहीं होगी। स्वभावतः फिर थकावट के अवसर भी कम ही आएँगे।

काम को मौज समझें

हमेशा काम में जुटे रहने वाले एक प्रसिद्ध व्यक्ति से किसी ने पूछा कि इतना काम करने से भी आपको थकावट क्यों नहीं होती ? उसने पलटकर कहा कि मैं काम करता ही कब हूँ ? मैं तो जब भी करता हूँ, मौज करता हूँ और मौज में थकान कैसी ? उसका आशय था कि वह काम को काम समझकर नहीं करता, उसे बोझ नहीं समझता, बल्कि उसमें आनंद लेता है। उसकी सदाबहार ताजगी और सफलता का यही राज था।

मधुमेह, उच्च रक्तचाप आदि कुछ बीमारियों के कारण भी जरा से परिश्रम से ही थकावट महसूस होने लगती है। बीमारी के कारण शरीर भोजन से आवश्यक ऊर्जा हासिल नहीं कर पाता। अतः आमद से ज्यादा ऊर्जा खर्च होने से थकान आती है। इसका इलाज करवाना चाहिए।

इस प्रकार, थकावट की शिकायत होने पर उसका सामना शारीरिक और मानसिक, दोनों स्तरों पर करना चाहिए। किसी भी सूरत में उसे अपने रास्ते की रुकावट नहीं बनने देना चाहिए।

डायरी से कीजिए समय-प्रबंधन

नया साल आते-आते डायरी-कैलेंडर देने-लेने की रस्म-अदायगी शुरू हो जाती है। हर कोई डायरी उपहार में पाने के लिए लालायित रहता है, पर उसका उपयोग कितने लोग करते हैं ? कानून के पेशे में लगे लोग ही आदतन डायरी रखते पाए जाते हैं। और भी बहुत से लोग डायरी रखते हैं, पर कभी-कभार ही। खैर, आप भी डायरी रखने की आदत डालिए। यह आपका समय भी बचाएगी और ऊर्जा भी; साथ ही आपको सुखी, दक्ष तथा प्रभावशाली बनाएगी। बेशक, यह आदत विकसित करना आसान नहीं, पर अपने काम में आगे रहने का कोई और उपाय भी नहीं।

कुछ कंपनियाँ अपने डीलरों के लिए कस्टम-बिल्ट डायरी तैयार करती हैं। आप अपनी जरूरतों के अनुसार ऐसा करने पर विचार कर सकते हैं। यदि आप एक-व्यक्ति कंपनी भी हों तो भी एक डायरी लें—एक बड़ी डायरी—और उसे अपने काम की अपेक्षाओं के मुताबिक उपयुक्त शीर्षकों में विभाजित कर लें। डायरी निम्नलिखित काम करती है—

इससे आप घर-बाहर हर जगह चिंतामुक्त रह सकेंगे

योजना यानी प्लानिंग : डायरी के माध्यम से यह योजना बनाएँ कि कौन से काम कब करने हैं, कौन से काम कब बकाया होंगे, आदि।

अभिलेखन यानी रिकॉर्डिंग : डायरी में दर्ज करें, कि क्या वास्तव में कब हुआ और कहाँ आपकी योजनाओं के विपरीत हुआ, ताकि आप आवश्यकतानुसार उसका अवलोकन कर उसकी समीक्षा कर सकें। आप उसमें सांख्यिकीय आँकड़े और अन्य उपयोगी सूचनाएँ नोट कर सकते हैं, जैसे कि फोन नंबर, पते

आदि। बल्कि प्रतिस्पर्धियों की गतिविधियाँ दर्ज करना भी अच्छा रहता है।

आयोजन यानी ऑर्गेनाइजिंग : डायरी में आज, इस हफ्ते, इस महीने किए जाने वाले महत्त्वपूर्ण काम नोट करें। प्राथमिकता-क्रम से किए जाने वाले बकाया कामों की सूची बनाएँ। भेजे जाने वाले आँकड़ों, किए जाने वाले भुगतानों और वसूल किए जाने वाले अतिदेयों यानी ओवरड्यूज की जाँच-सूची बनाएँ।

डायरी-सा उपयोगी माध्यम कोई नहीं

यदि आप डायरी नहीं रखते, तो इस बात की पूरी संभावना है कि या तो आप अपने काम के प्रति गंभीर नहीं, या फिर आप व्यर्थ के क्रियाकलापों पर बहुत ज्यादा ऊर्जा नष्ट कर रहे हैं। अपने यहाँ कार्य करने वाले हर आदमी के लिए जाँच-सूचियाँ बनाने और हर महत्त्वपूर्ण घटना दर्ज करने के लिए डायरी से बढ़िया माध्यम कोई नहीं है।

उदाहरण के लिए, तिमाही और वार्षिक तुलन-पत्र लें। इसके लिए बैंक-समाधान, परिसंपत्तियों की सूचियाँ आदि अनेक बिंदुओं वाली जाँच-सूची बनाई जा सकती है। मिसाल के तौर पर, हर दूसरे महीने खातों का समाधान यानी रिकंसिलिएशन किया जा सकता है। एक अन्य महत्त्वपूर्ण घटना—डीलरों के सम्मेलन का आयोजन—लें। उसमें भी जाँच-सूची बहुत मदद करती है। इससे आप प्राथमिकता-क्रम से हर संभव कार्य के बारे में सोच पाते हैं। इन जाँच-सूचियों के माध्यम से तारीखवार कार्य-योजनाएँ बनाई जा सकती हैं। उनकी सहायता से इस सूक्ति को कार्यान्वित करना संभव होता है कि 'इससे पहले कि महत्त्वपूर्ण काम अत्यावश्यक बन जाएँ, उन्हें अभी कर लें।' और तब इस कहावत को चरितार्थ करना भी संभव होता है कि 'यदि आप किसी कार्य को करवाना चाहते हैं तो उसे व्यस्ततम कार्यपालक को सौंप दें।'

इससे अकसर चमत्कार जैसे हो जाते हैं। पर यदि आप ज्यादातर लोगों की तरह अपनी जाँच-सूचियाँ अपने मन में या रद्दी कागज के टुकड़े पर बनाया करते हैं तो ये चमत्कार घटित नहीं होंगे। मन चंचल है, भुला देगा; और कागज के टुकड़े को आप ढूँढ़ते रह जाएँगे। अतः यदि काम करवाना महत्त्वपूर्ण है, तो उसे शुरू से ही सही ढंग से करें। डायरी रखने की आदत बनाएँ।

समय ही धन है

बकौल लियन ए. डैंको, 'अपने विवेकानुसार भगवान् हममें से हरेक को भौतिक और आध्यात्मिक, दोनों प्रकार के लक्ष्य हासिल करने के लिए प्रतिवर्ष सीमित घंटे देता है। ये घंटे वह क्रम से, दिन-प्रतिदिन, महीने-दर-महीने देता है। नष्ट कर दिए जाने पर न तो वे दोबारा दिए जाते हैं, न ही लौटाए जाते हैं। अमीर हो या गरीब, जवान हो या बूढ़ा, हरेक को भगवान् बराबर घंटे देता है। जो भी सफलताएँ हम इस जीवन में हासिल करते हैं, वे भगवान् की इस अमूल्य देन—समय—के उपयोग पर ही निर्भर करती हैं।'

समय ही धन है। अपने हर कर्मचारी को मूल वेतन के रूप में दिए जाने वाले

हर 100 रुपए की लागत किसी बड़ी कंपनी को 2 से 3 रुपए प्रति मिनट पड़ती है।

दूसरे शब्दों में, 6,000 रुपए मूल वेतन पाने वाला कार्यपालक कंपनी को 120 से 180 रुपए प्रति घंटा पड़ता है। यहाँ प्रभावी मिनटों के बारे में बात की जा रही है—छुट्टियों, कॉफी-ब्रेक या पीपी (पर्सनल पोलिटिक्स यानी व्यक्तिगत राजनीति) पर खर्च किए जाने वाले समय की गणना नहीं की जा रही है। और, प्रति घंटा लागत निकालते समय केबिन, सचिव और ऊपरी खर्चे शामिल करना नहीं भूलें।

समय-प्रबंधन के उपाय

बेहतर समय-प्रबंधन के उपाय जानने के लिए ज्यादा-से-ज्यादा अध्ययन करें—पुस्तकों और पत्र-पत्रिकाओं का ही नहीं, लोगों और खासकर मुस्कुराते चेहरों वाले अपने सहकर्मियों का भी। अपने समय का अच्छा प्रबंध करनेवालों से आप कई चीजें सीख सकते हैं—

1. अपने कार्यालय में सारी चीजें इस तरह से व्यवस्थित करें कि जब आपको किसी चीज की जरूरत हो, तो अविलंब उसे पा सकें।
2. स्वयं भी जाँच-सूची का प्रयोग करें और सुनिश्चित करें कि आपको रिपोर्ट करनेवाला हर आदमी भी उसका प्रयोग करता है।
3. बार-बार के व्यवधानों को हतोत्साहित करें। हमेशा न दूसरों के लिए व्यवधान पैदा करें और न अपने लिए करने दें। अगर बॉस अपने सचिव को दिन में 25-30 बार बुलाएगा, तो बेचारे सचिव के आउटपुट की कल्पना की जा सकती है।

जाता कहाँ है समय ?

पता लगाएँ कि आपका समय कहाँ जाता है। हम ज्यादातर अपनी मनपसंद गतिविधियों पर समय खर्च करते हैं बनिस्बत उनके, जिन पर खर्च किया जाना चाहिए। आपने जिम मार्कर की इस स्थापना के बारे में तो सुना है न, 'हर आदमी वह करता है जो वह चाहता है, न कि वह, जो कि किया जाना चाहिए।' यह पार्कर के अफ्रीका, ऑस्ट्रेलिया और भारत सहित एशिया में फोर्ड ट्रैक्टर के विक्रय में तीन दशकों के अनुभव का निचोड़ था।

अतः यदि आप अपने समय का प्रभावी ढंग से प्रबंधन करना चाहते हैं, तो पहले यह पता लगाएँ कि आपका समय जाता कहाँ है। अपने सचिव को हफ्ते-भर के लिए अपनी हर छोटी-बड़ी गतिविधि का हिसाब रखने के लिए कहें और फिर विश्लेषण करें कि उस दौरान आपने कितना जो चाहा सो किया और कितना वह, जो कि करना चाहिए था।

समय चुरानेवाली चीजें

अपना समय चुरानेवाली इन चीजों को जानिए :

1. बिना किसी कार्यसूची यानी एजेंडा के बार-बार की जाने वाली बैठकें।

2. बैठकों का अच्छा अध्यक्ष साबित नहीं होना।

3. अपने लोगों को विस्तृत अनुदेश नहीं देना।

5. समय पर निर्णय नहीं लेना।

6. आँकड़ों का संग्रह—इसकी अति अच्छी नहीं।

समय बचानेवाली चीजें

और, साथ ही अपना समय बचानेवाली इन चीजों के बारे में भी जानिए :

1. प्रातः जल्दी उठिए और रात को देर से सोइए। आपको 6 घंटे से ज्यादा नींद की जरूरत नहीं। जी हाँ, यह एक तथ्य है, इसलिए 'अर्ली टू बेड एंड अर्ली टू राइज' में से पूर्वार्द्ध को भुला दीजिए। वह बच्चों के लिए है।

2. अपने लिए एक वाहन अलग रखें। अगर कभी अपनी कार अपनी प्यारी बीवी और लाड़ले बच्चों को भी देनी पड़े तो खुद के लिए मोटर-साइकिल या स्कूटर अवश्य खाली रखें।

3. उन सामाजिक समारोहों में न जाएँ, जिनमें आपका एवजी काम दे सकता हो और जहाँ किसी को आपकी कमी न खले।

4. पहले और हमेशा ही दूरभाष के इस्तेमाल पर विचार करें। इंटरकॉम अवश्य लगवाएँ। तार भेजें।

5. अपनी पत्नी की बात गौर से सुनें। जो वह कहे, सबसे पहले कर दें। ऐसी नौबत न आने दें कि उसे आपका सिर खाना पड़े।

6. अपने बॉस को भी ध्यान से सुनें। जो वह कहे, फौरन कर दें। इसमें कुछ मिनट ही लगेंगे, पर आप अनुस्मारकों यानी रिमाइंडरों से बच जाएँगे।

अपने समय का ठीक वैसे ही प्रबंध करें, जैसे धन का करते हैं, बल्कि उससे भी बढ़कर। क्योंकि समय होगा तो धन कमाया जा सकता है, पर धन से अतिरिक्त समय नहीं पाया जा सकता।

गलतियाँ तो सीखने के लिए हैं

एक कंपनी ने अपने एक अधिकारी को उसकी किसी गंभीर गलती पर काम से अलग कर दिया। अधिकारी संतुलन खो बैठा और विक्षिप्त-सा हो गया। उसकी पत्नी उसे एक मनोचिकित्सक के पास ले गई, तो वह उसके सामने फट पड़ा, 'मेरा कैरियर ही समाप्त हो गया। इस कंपनी से मुझे बहुत आशाएँ थीं। पर अब तो वह पुरानी बात है। मैंने अपनी भूल से अपना और अपने परिवार का भविष्य अंधकारमय बना दिया है। अब कोई भी मेरा विश्वास नहीं करेगा। मैंने आत्मविश्वास खो दिया है। बस, एक गलत काम ने मुझे कहीं का नहीं रखा। जाने मुझे क्या हो गया है ? समझ में नहीं आता, क्या करूँ ?'

चिकित्सक ने बड़े ध्यान से उसकी बातें सुनीं, फिर उसे समझाते हुए कहा, 'बंधु, मैंने आपकी बात अच्छी तरह समझ ली है। अभी कुछ भी नहीं बिगड़ा है। आपकी उम्र ही क्या है ? मात्र 30 साल। भविष्य अब भी तुम्हारा है। अगर दूध फट जाता है तो आप क्या करते हैं ? दूसरा ले आते हैं न ! अगर काँच का गिलास टूट जाता है तो क्या करते हैं ? दूसरा ले आते हैं न ! जो बदल नहीं सकता, उसे स्वीकार कर नए सिरे से काम आरंभ करते हैं, बीती बात भूल जाते हैं। तो फिर इस मामले में ऐसा क्यों नहीं करते ?'

व्यर्थ के डर व हीनभावना से शक्ति नष्ट होती है

सबसे होती है गलती

'गलती कौन नहीं करता ?' मनोचिकित्सक ने आगे कहा,

'गलतियाँ करके ही तो मनुष्य सीखता है। पर मनुष्य जो सबसे बड़ी गलती करता है, वह है आत्मविश्वास खो देना। सही बात तो यह है कि गलती को मानकर उसका विश्लेषण करो। विचार करो कि गलती क्यों और कैसे हुई। उससे जो कुछ सीख सकते हो, सीखो। फिर उसे भूल जाओ। गलती करके उसे दोहराओ नहीं। महत्त्व की बात यह नहीं कि गलती न हो, बल्कि यह है कि गलतियाँ कम हों।

दूसरी बात यह कि वैसी गलती दोबारा न हो। चूँकि आपने अपनी गलती मान ली है, इसलिए आगे की प्रक्रिया आसान है। तुम नया काम तलाश कर सकते हो, और यकीन मानो, तुम फिर पहले जैसी स्थिति में आ जाओगे।'

वह अधिकारी कुछ आश्वस्त हुआ। उसका खोया हुआ आत्मविश्वास लौट आया। अपने पुराने प्रभाव और जान-पहचान से उसने नया काम तलाश किया, और फिर उन्नति की सीढ़ी-दर-सीढ़ी चढ़ता चला गया।

गलती के मामले में यह मानकर चलना चाहिए कि हर कोई गलती करता है। अनेक गलतियों के झाड़-झंखाड़ लाँघकर ही सफलता के राजमार्ग पर पहुँचा जा सकता है।

एक डॉक्टर भी अपने मरीजों पर प्रयोग करके ही कुशल डॉक्टर बनता है। मात्र किताबी ज्ञान से काम नहीं चलता। गलती होती है। मरीज मरते हैं। उनके अनुभव से डॉक्टर का प्रशिक्षण परिपक्व हो जाता है।

सबसे प्रमुख बात है गलती से सीखना। पर गलती से सीखा तो तभी जा सकता है, जब यह माना जाए कि गलती की है। सामान्यतः बात यहीं आकर अटकती है। गलती करके भी कोई मानना नहीं चाहता है कि उसने गलती की है। गलती मानना बड़े साहस का काम है। लेकिन जब तक यह साहस नहीं किया जाता, तब तक गलती को सुधारने का, उससे कुछ सीखने का प्रश्न ही नहीं उठता।

परिष्कृत विचारधारा

आखिर गलती है क्या ? गलती किसी गलत निर्णय का परिणाम है। दिन-भर में हमें पल-पल पर निर्णय लेने पड़ते हैं। कोशिश होनी चाहिए कि सही निर्णयों की संख्या अधिक हो और गलत निर्णयों की संख्या कम होती जाए। सही विचारधारा व सही निर्णय-शक्ति में गहरा संबंध है। संकीर्ण विचारोंवाला अथवा गलत संगति या माहौल में रहनेवाला व्यक्ति गलत ही निर्णय लेगा। इसलिए विचार करने का ढंग परिष्कृत होना आवश्यक है। जो निर्णय नैतिक दृष्टि से सही और द्वेषरहित होगा, वह सामान्यतः उचित होगा। सवाल यह नहीं कि कौन सही है, बल्कि यह है कि क्या सही है।

निर्णय तथ्यों के आधार पर लिए जाते हैं। हम विभिन्न इंद्रियों द्वारा बाह्य जगत् से सूचनाएँ प्राप्त करते हैं। उनमें से प्रमुख व गौण में अंतर कर केवल प्रमुख को अपने अवचेतन में बैठाना होगा। उपयोगी सूचनाओं और तथ्यों के आधार पर लिए गए निर्णय प्रायः ठीक होते हैं। भावावेश में लिए गए निर्णय अकसर सही नहीं होते। अपने निर्णय

हमें स्वयं लेने होते हैं। कोई दूसरा हमारे निर्णय नहीं ले सकता। दूसरे केवल सलाह दे सकते हैं।

विचार करने के लिए प्रकृति ने हमें दिमाग प्रदान किया है। शांत दिमाग ही सकारात्मक तरीके से सोच सकता है। सकारात्मक सोच सही निर्णय लेने में सहायक रहता है। जब गलती स्वीकार कर ली जाती है तो मस्तिष्क उन सब बातों का विश्लेषण कर सकता है, जिनके कारण गलती हुई। विश्लेषण से जो तथ्य सामने आएँ, उन्हें ध्यान में रखकर भविष्य में उन गलतियों को दोहराए बगैर काम करना चाहिए।

दूसरों की गलतियों से सबक

अपनी गलतियाँ कम करने के लिए दूसरों की गलतियों से भी लाभ उठाया जा सकता है। एक बार एक स्थान पर दुकान खोलकर एक के बाद एक तीन व्यक्तियों को नुकसान हुआ। जब एक चौथे आदमी ने उस दुकान को किराए पर लिया, तो लोगों ने उसे समझाया कि यह दुकान शुभ नहीं है और तीन व्यापारी यहाँ नुकसान उठा चुके हैं। उसने कहा, कोई बात नहीं, हम यहीं जमकर दिखाएँगे। उसने पता लगाया कि आखिर पहले दुकानदार क्यों असफल रहे। उसे पता चला कि एक का व्यवहार ग्राहकों से रूखा और उपेक्षापूर्ण था, दूसरा माल खराब रखता था और तीसरा माँग के अनुसार माल नहीं रखता था, अपने मन के मुताबिक सस्ता माल खपाना चाहता था। इन सब बातों को समझकर उसने अपनी दुकान का ढंग इस प्रकार का रखा कि ग्राहकों की सारी शिकायतें दूर हो गईं।

दिशानिर्देश

इतना सब करने पर भी यदि गलती हो जाए तो परेशान न हों। चतुराई इसी में है कि पिछली भूलों से सबक सीखते हुए रास्ता निकालते चलें। संक्षेप में कह सकते हैं कि—

1. निराशावादी बनकर यह न सोचें कि गलती होने के बाद कोई रास्ता नहीं है।
2. शांत चित्त और निष्पक्ष रूप से अपनी गलती का विश्लेषण करें। उससे जो कुछ सीख सकते हैं, सीखें।
3. यदि गलती करने की प्रवृत्ति हो तो मनोवैज्ञानिक तरीके से समझने की कोशिश करें कि उसका क्या कारण है।
4. पिछली गलतियों का बोझ मन पर न रखें, वरना वे उसी तरह की और गलतियाँ करने को विवश करेंगी।
5. अपने व्यक्तित्व का व्यवस्थित ढंग से विकास करें। विचारों को संयत रखें। परिणामस्वरूप सकारात्मक विचारधारा बनेगी, जिससे सही काम अधिक और गलत काम कम होंगे।
6. व्यर्थ के डर और हीनभावना से शक्ति नष्ट होती है। उन्हें दूर कर शक्ति

नष्ट होने से बचाएँ, ताकि कार्यकुशलता और क्षमता बढ़ सके।

7. अपने मन में सर्जनात्मक विचार लाएँ। इससे भी गलतियाँ कम होंगी।
8. अपना ज्ञान बढ़ाते रहें। इससे सही निर्णय लेने का निश्चित आधार बनेगा। हमेशा यही सोचें कि और अच्छा किया जा सकता है। अपनी उन्नति के लिए प्रयत्नशील रहें। यह कभी मन में न लाएँ कि अंतिम लक्ष्य प्राप्त हो गया है और अब करने को कुछ नहीं बचा है।
9. हमेशा स्वयं से पूछते रहें, 'क्या मैं सही हूँ ?' यदि आप सही हैं तो आपके कार्यों का परिणाम भी सही होगा।

विषय की पूरी जानकारी रखें

अपनी पत्नी के कहने पर अकबर बादशाह ने न्याय का ओहदा बीरबल की बजाय पत्नी के भाई को सौंप दिया और बीरबल को छुट्टी पर भेज दिया। अकबर ने अपनी पत्नी के सामने ही उनके भाई की बुद्धि की परीक्षा लेने का निर्णय किया। बादशाह ने पत्नी के भाई को आदेश किया कि हमारे राज्य की सीमा में एक मादा कुत्ते ने कुछ बच्चों को जन्म दिया है, उनकी कुशलता से मुझे अवगत कराएँ।

मादा कुत्ते के बच्चे स्वस्थ हैं, उनकी संख्या चार है, उनमें दो का रंग सफेद है और दो कुछ मटमैले रंग के हैं—यह जानकारी प्राप्त करने के लिए रानी के भाई ने तीन चक्कर लगाए। इसके बाद बादशाह ने मादा कुत्ते के उन बच्चों के स्वास्थ्य की जानकारी लेने बीरबल को भेजा। वह एक बार में ही पूरी जानकारी ले आए। बादशाह ने अपनी बेगम से कहा—'देख लिया आपने ! जिस छोटे से काम के लिए आपके भाई ने तीन चक्कर लगाए, उसी काम को बीरबल ने केवल एक ही बार में कर डाला। अब आप ही बताइए, हमारे राजकाज के लिए कौन अधिक उपयुक्त है ?'

अधकचरा ज्ञान उपेक्षा व उपहास का पात्र बना देता है

खोजपूर्ण दृष्टि

उक्त घटना हमें शिक्षा प्रदान करती है कि किसी वस्तु या विषय के संबंध में जानकारी प्राप्त करने का अवसर उपस्थित हो, तो हम उसके बारे में यथासंभव खोजपूर्ण दृष्टि अपनाएँ—अर्थात् जहाँ तक हो सके, जितना भी हो सके, संपूर्ण जानकारी प्राप्त करने का प्रयत्न करें। परंतु हम ऐसा बहुत कम करते हैं और फलतः

अकबर बादशाह की बेगम साहिबा के भाई की तरह असफल रहते हैं और जीवन की विभिन्न परीक्षाओं में, चाहे वह स्कूल-कॉलेज की परीक्षा हो या नौकरी अथवा पदोन्नति की या फिर मौजूदा पद के दायित्वों के कुशलतापूर्वक निर्वाह की चुनौती ही क्यों न हो, खरे नहीं उतर पाते।

उदाहरण के लिए, हम समाचार-पत्र पढ़ते समय शीर्षक पढ़कर ही काम चला लेते हैं। शीर्षक से संबंधित घटना अथवा सूचना के प्रति हम अनभिज्ञ बने रहते हैं। हम विषयवस्तु या घटना का ब्योरा जानने के प्रति रुचि नहीं दिखाते। फलतः संबंधित जानकारी के प्रति अनजान बने रहते हैं। इष्ट-मित्रों, सहकर्मियों अथवा बैठकों आदि में चर्चा होने पर हमें 'हाँ, पढ़ा तो था, पर...' कहकर चुप रह जाना पड़ता है और बदले में 'फिर तुमने पढ़ा ही क्या ?' जैसे कटाक्षों का सामना करना पड़ता है। कहने की आवश्यकता नहीं कि ऐसी स्थिति में हमारा पत्र-पत्रिकाएँ पढ़ना-न पढ़ना बराबर हो जाता है।

इसी प्रकार, कोई पुस्तक पढ़ते समय हम देखते हैं कि लेखक यथास्थान अनेक बातों का केवल संदर्भ देकर आगे बढ़ जाता है। हम यदि संदर्भित तथ्य से अपरिचित बने रहते हैं, तो विषय का ज्ञान हमारे लिए अधूरा ही रहता है और इसीलिए अवसर उपस्थित होने पर परीक्षा, परीक्षण या चर्चा के दौरान हम बगलें झाँकने लगते हैं।

सुलभ संदर्भ के लिए

दफ्तर में तो मुझे अपने अधीनस्थों को समझाना पड़ता है कि जब भी पत्र में कोई पुराना संदर्भ दें (कृपया हमारे फलाँ तारीख के पत्र सं. फलाँ-फलाँ का अवलोकन करें) तो उसमें यह जरूर जोड़ दें कि 'जिसमें यह कहा गया है', और सुलभ संदर्भ (रेडी रेफरेंस) के लिए उस पत्र की फोटो-कॉपी भी संलग्न कर दें तो और भी अच्छा। दफ्तर की 'सुलभ संदर्भ के लिए' वाली यह शब्दावली अपने-आप में इस बात की सूचक है अथवा यह मानकर चलती है कि पत्र पाने वाले कार्यालय/शाखा/विभाग में संदर्भ दुर्लभ हो सकता है। यह हमारी संदर्भित तथ्यों पर ध्यान न देने और उन्हें ढूँढ़ने का प्रयास न करने की प्रवृत्ति के कारण ही है।

इसलिए, कोई भी ज्ञातव्य विषय उपस्थित होने पर हमें स्वयं इन प्रश्नों के उत्तर माँगने चाहिए—इसका वक्ता या लेखक कौन है ? यह बात उसने किस अवसर पर और क्यों कही ? उसके कथन को ज्यों का त्यों अर्थात् मौलिक रूप में कहाँ प्राप्त किया जा सकता है ? क्या इस प्रकार का कोई कथन कहीं अन्यत्र भी पढ़ने को मिलता है ? व्यक्ति अथवा समाज पर इस कथन का क्या प्रभाव पड़ सकता है ? आदि।

गहन अध्ययन

किसी विषय से संबंधित पूरी जानकारी प्राप्त करने के प्रयत्न को गहन अध्ययन कहा जाता है। गहन अध्ययन वास्तविक ज्ञान की प्राप्ति में सहायक होता है और वास्तविक ज्ञान-प्राप्ति के बाद ही हम विषय से संबंधित प्रश्नों के संतोषजनक उत्तर

दे सकते हैं। मनुस्मृति में लिखा है कि 'जैसे-जैसे मनुष्य शास्त्रों का गहन अभ्यास करता जाता है वैसे-वैसे उनके रहस्य जानता जाता है और उसका ज्ञान उज्ज्वल एवं प्रकाशमान होता जाता है।'

हममें से कोई हॉकी खेलता है, कोई क्रिकेट, कोई वॉलीबॉल आदि। किंतु हम जिस खेल को खेलते हैं, उसके बारे में कितनी अपेक्षित जानकारी रखते हैं ? जैसे, फील्ड की लंबाई-चौड़ाई कितनी होती है ? बॉल का आकार व वजन कैसा व कितना होता है ? उस खेल का आरंभ कब, कहाँ और किसके द्वारा किया गया ? आदि।

एक प्रसिद्ध शिक्षाविद् का कहना था कि यह ठीक नहीं कि हम किसी व्यक्ति का केवल सरनेम यानी जाति या संप्रदाय-सूचक नाम ही जानें और उसका पूरा नाम न जानें—जैसा कि लोग अकसर करते हैं—क्योंकि मौका पड़ने पर हम न तो उस महानुभाव को खोज ही पाएँगे और न उससे अपना काम ही निकाल सकेंगे। उस स्थिति में हमारी हालत ऊँट के उस चरवाहे जैसी हो जाती है, जो ऊँट को चराने के लिए तो ले जाता रहा था, पर उसके बारे में जानकारी न रखने के कारण यह बता पाने में असमर्थ था कि जिस जानवर को वह नित्य ले जाता-लाता है, उसका नाम क्या है।

ऐसे ही किसी आदमी के गाँव से होकर एक ऊँट गुजरा। उसके पीछे-पीछे उसका बच्चा चल रहा था। उस आदमी की लड़की, जिसने अब तक ऊँट नहीं देखा था, ने आश्चर्य से अपने बापू से पूछा, 'बापू, देख, के (क्या) के पीछे के (क्या) जा रहा है ?' बापू, जिसे खुद उस जानवर के बारे में ज्यादा पता नहीं था, बोला, 'बेटी, ऐसों के पीछे ऐसे ही जाया करें।'

किसी व्यक्ति का पूरा नाम न जानने की स्थिति में हम भी ये, वो, ऐसे, वैसे, ऐजी, वोजी, आदि कहकर काम चलाने की कोशिश करते हैं और कई बार तो चाहते हुए भी उससे बात नहीं कर पाते, जिसका हमें नुकसान तक उठाना पड़ता है। इसीलिए कहा जाता है कि अगर आप किसी व्यक्ति का पूरा नाम नहीं जानते, तो आप उस व्यक्ति को ही नहीं जानते।

ज्ञान-प्राप्ति की ललक

परीक्षा लिखित हो अथवा मौखिक, विषय की गहरी और अंतिम जानकारी ही हमारे काम आती है। अतः किसी विषय, वस्तु या व्यक्ति के बारे में जितने भी संभावित प्रश्न हो सकते हैं, वे सब हम अपने ध्यान में लाएँ और फिर उन प्रश्नों के उत्तर प्राप्त करें। इस प्रकार पूर्ण ज्ञान-प्राप्ति की साधना करते हुए हम इसके अभ्यस्त हो जाएँगे और पूर्ण ज्ञान-प्राप्ति की ललक हमारी जीवन-शैली ही बन जाएगी, जो हमें आत्मविश्वास से ओतप्रोत कर देगी। यह तो सभी जानते हैं कि परीक्षा, साक्षात्कार या किसी भी अन्य कार्य में सफलता के लिए आत्मविश्वास कितना महत्त्वपूर्ण होता है। साक्षात्कार में तो आत्मविश्वास ही वस्तुतः सफलता की कुंजी होता है। इस आत्मविश्वास के लिए यह आवश्यक है कि हमें संबंधित विषय का पूर्ण ज्ञान हो। हमें कोई कितना भी कुरेदे, ज्ञान की परत बराबर दिखाई देती रहे। उलट-पलटकर पुस्तक को पढ़ने का तात्पर्य ही यह

है कि कोई बात बिना समझी न रह जाए और कोई भी तथ्य हमारी नजर से बचकर छिटकने न पाए। विषय की पूरी जानकारी रखनेवाला प्रत्याशी आत्मविश्वास से युक्त ही नहीं होता, वह उत्साह से परिपूर्ण भी दिखाई देता है। वह चाहता है कि उसे अपने ज्ञान के प्रदर्शन का मौका मिले। विषय की पूरी जानकारी के साथ परीक्षा, साक्षात्कार या नौकरी पर जानेवाला व्यक्ति उस पूँजीपति के समान होता है, जो अपने धन के बल पर किसी भी परिस्थिति का सामना करने के लिए तैयार रहता है।

श्रम और शक्ति की बचत

किसी वस्तु, व्यक्ति या घटना के बारे में पूरी जानकारी रखनेवाला व्यक्ति बीरबल की भाँति सदैव फायदे में रहता है। उसके श्रम और शक्ति की बचत होती है, क्योंकि वह एक बार में ही अपने उत्तरदायित्व का पूरा निर्वाह कर देता है। ताजमहल को देखने का मतलब उसके बाह्य रूप और आकार का दर्शन मात्र नहीं है। ताजमहल का असली दर्शक वही माना जाएगा, जो उसके स्थापत्य, उसके निर्माण-काल, निर्माण में लगने वाली धनराशि, उसके निर्माता, उसके निर्माण के हेतु, उसके निर्माण में लगनेवाले दिनों व श्रमिकों की संख्या आदि के बारे में पूरी जानकारी प्राप्त करने के बाद ही उसके प्रांगण को छोड़ता है। जो व्यक्ति ताजमहल के द्वार पर टँगी हुई लालटेन को देख तो ले, परंतु यह न जान सके कि वह भारत के वायसराय लॉर्ड कर्जन द्वारा भेंट की गई थी, तो क्या उसका ताजमहल का दौरा सार्थक कहलाएगा ?

कार्यालय अथवा विभाग-अनुभाग की कार्यपद्धति और नियम-कायदों का जितना ही पूर्ण, व्यापक और ठोस ज्ञान प्रबंधक को होगा, वह उतना ही आत्मविश्वास व ओज से भरा-पूरा और प्रभावशाली साबित होगा। अधकचरा, अपूर्ण ज्ञान उसे अधीनस्थों और उच्चाधिकारियों की नजर में उपेक्षा, उपहास और अवमानना का पात्र बना देता है।

पल्लवों का अनुकरण अवश्य करें

कैरियर-गाइडों में अकसर यह निर्देश दिया होता है कि 'पल्लवग्राही न बनें' या 'पल्लवग्राही ज्ञान से काम नहीं चलेगा।' क्या है यह पल्लवग्राहकता, जिसे सफलता के मार्ग में बाधक समझा जाता है और जिससे बचने का निर्देश दिया जाता है ?

पल्लव का अर्थ है पत्ता। पत्ता पेड़ का एक महत्त्वपूर्ण अंग होता है। पेड़ को पेड़ बनाए रखने में उसका उल्लेखनीय योगदान होता है, फिर भी वह अपने-आप में पेड़ नहीं होता। जाहिर है कि पत्तों के बारे में जानकारी प्राप्त करने का यह अर्थ नहीं हो सकता कि समूचे पेड़ के बारे में जानकारी हो गई। पत्तों को सींचना भी निरर्थक है, क्योंकि पेड़ को पानी पत्तों के माध्यम से नहीं, जड़ के माध्यम से प्राप्त होता है।

इस प्रकार, डाल-पात को सींचने का प्रतीकार्थ यह है कि हम विषय की तह तक न जाकर सतही ज्ञान से खुद को संतुष्ट कर लेते हैं। इस प्रकार प्राप्त ज्ञान या इस प्रकार से ज्ञान प्राप्त करनेवाला व्यक्ति पल्लवग्राही कहा जाता है। स्पष्ट है कि पल्लवग्राही ज्ञान रखना या पल्लवग्राही होना श्रेयष्कर नहीं है। लेकिन पल्लव जैसा होना श्रेयष्कर ही नहीं, श्लाघ्य भी है। जीवन के हर क्षेत्र में पल्लवों का अनुकरण करके हम सफलता और सम्मान हासिल कर सकते हैं।

प्रबंधक भी अधीनस्थों को सुरक्षा देनेवाला छायादार पेड़ बने

परोपकार की प्रवृत्ति

पल्लव निरंतर परोपकार की प्रवृत्ति का निर्वाह करने में लीन रहते हैं। प्राण-वायु प्रदान करके वे पर्यावरण और वायुमंडल को

शुद्ध ही नहीं रखते, अपितु हमारी श्वसन-क्रिया में भी सहायक होते हैं।

पतझर जिस वृक्ष को ठूँठ बना देता है, वसंत के पत्ते उसे स-वसना नारी की भाँति पुनः शोभाशाली बना देते हैं। जब रक्ताभ और ताम्रवर्ण किसलयों से ठूँठ ढक जाता है, तब प्रकृति मानो नया परिधान धारण करके फिर से नई-नवेली बन जाती है।

पत्ते न हों तो ठूँठ-पेड़ को कौन पूछेगा ? समाज के लिए उसका क्या उपयोग रह जाएगा ? वह ग्रीष्म की तेज धूप में क्लांत और श्रांत पथिक को शीतलता प्रदान करनेवाली छाया प्रदान नहीं कर सकेगा। छाया प्रदान न करनेवाले खजूर के पेड़ को लक्ष्य करके संत कबीरदास ने कहा है कि खजूर के पेड़ का बड़ा होना किस काम का, जब वह पथिक को छाया तक प्रदान नहीं कर सकता और फल भी उसके बहुत दूर लगते हैं।

प्रबंधक--एक छायादार पेड़

प्रबंधक को भी अपने अधीनस्थों के लिए ऐसा छायादार पेड़ बनना पड़ता है, जिसके नीचे वे अपने को सुरक्षित महसूस कर सकें, अपनी थकान मिटा सकें, अपनी मेहनत का उचित फल पा सकें। प्रबंधक उन्हें दायित्व और अधिकार सौंपता है, उनकी गलतियाँ नजरअंदाज करता है, सफलताओं पर शाबाशी देता है, उन्हें प्रशिक्षित, प्रेरित और प्रोत्साहित करता है। और, इस प्रकार उनका विकास और प्रगति सुनिश्चित करता है। ऐसा करके वह कुछ खोता नहीं, क्योंकि सम्मान, कार्य और कंपनी के प्रति निष्ठा व कंपनी की उत्तरोत्तर प्रगति के रूप में वे उसे उसका कई गुना लौटा देते हैं, ठीक वैसे ही जैसे वसंत ऋतु का आगमन निकट देख वृक्ष हर्षित होकर अपने पत्ते अर्पित कर देता है, तो वसंत ऋतु के आते ही उसे नए पत्ते पहले से भी ज्यादा संख्या में प्राप्त हो जाते हैं।

इसके ठीक विपरीत, कुछ प्रबंधक पुष्पमंडित, किंतु पल्लवहीन करील की भाँति होते हैं, जो पथिक को छाया देना और पक्षियों के लिए विश्राम-स्थल बनना तो दूर, राहगीरों के वस्त्र और अंग भी क्षत-विक्षत कर देते हैं।

यदि पत्ते न हों तो निदाघ की कड़ी धूप में दग्ध बटोही उस पेड़ के नीचे टिकना भी नहीं चाहेगा। पक्षी भी उस पर न तो कलरव करते हैं और न उस पर अपने नीड़ का निर्माण ही करते हैं। उस पर उल्लू भले ही बोलते हों। प्रबंधक के रूप में, और एक आम आदमी के रूप में भी, क्या हम वे पत्ते नहीं बनना चाहेंगे, जिनमें श्रांत और क्लांत जन को विश्रामदायिनी शीतल छाया प्रदान करने की सामर्थ्य हो ? सुख-संतोष का प्रसार करके ही हम सुख-संतोष पाने के अधिकारी बनते हैं, अन्यथा नहीं।

बहु-उपयोगी और सेवाभावी

फूल देखने की चीज हैं, पत्ते काम आनेवाली वस्तु हैं। जिन फूलों को लोग सुंदर, नयनाभिराम, कमनीय आदि विशेषणों से अभिनंदनीय बनाते हैं, उनकी रक्षा का भार नगण्य कहे जानेवाले पत्ते ही उठाते हैं। फूलों के जन्म से पूर्व ही पत्ते उन्हें गोद में लेकर पालने-पोसने के लिए उपस्थित हो जाते हैं। पुष्पों की पहचान और शोभा वस्तुतः पत्तों से ही है। हम महापुरुष-रूपी समाज के फूलों को अपने सिर पर धारण करते हैं और अपने गले का हार बनाते हैं, पर क्या कभी उन तत्त्वों एवं व्यक्तियों की ओर भी ध्यान देते हैं, जो पुष्प-रूपी महाभागों के व्यक्तित्व के निर्माण में हेतु एवं सहायक होते हैं ? पत्ते हमसे कहते हैं कि हम स्वयं भले ही महानता को प्राप्त न कर सकें, परंतु स्वधर्म-पालन कर महानता के निर्माण में अपना योगदान तो कर ही सकते हैं।

पत्ते समाज की बहुमुखी और अनेक-आयामी सेवा करते हैं। ऋतुराज के आगमन पर वे समस्त वातावरण को हरित और कमनीय बना देते हैं। वे वंदनवार के रूप में हमारे घर-द्वार की शोभा बढ़ाते हैं। मंगल-कलश पर पंचपल्लव के रूप में स्थापित होकर वे देवताओं के आह्वान में सहायक होते हैं। आश्रयहीन दीन-हीन की पर्णकुटी में अपने को खपाकर और उन्हें प्रकृति के कोप से बचाकर वे अपना जीवन सार्थक करते हैं।

उच्च आदर्श

भयंकर आँधी, तूफान, घनघोर वर्षा, बिजली का गर्जन, ओला-वृष्टि आदि जब प्रलयकालीन वातावरण प्रस्तुत करके माता वसुंधरा को आत्मसात करते हुए सर्वनाश की सूचना देते हैं और मेष व वृष के सूर्य जब अपनी प्रखर रश्मियों द्वारा पृथ्वी के हृदयस्थ रस तक को खींचने का प्रयत्न करते हैं, तब भी पत्ते विचलित नहीं होते और अविचल भाव से स्थित रहकर नृत्य-गान करते रहते हैं। जलप्लावन की वेला में शिशु मुचुकुंद बरगद के इन स्थितप्रज्ञ पत्तों के बीच ही सुरक्षित रहे थे। 'जाही विधि राखे राम, ताही विधि रहिए' का पाठ पढ़ने के लिए हमें पत्तों की पाठशाला का ही मार्ग ग्रहण करना चाहिए।

भगवान् विष्णु पर चढ़ने वाले तुलसीदल ही हैं। आसन्नमृत्यु प्राणियों के मुख में गंगाजल के साथ पहुँचकर वे उनकी मुक्ति में सहायक होते हैं। पत्ते न दीन हैं, न हीन, वे तो मुक्ति में सहायक होकर हमारे सम्मुख सेवाभावी जीवन का उच्च आदर्श प्रस्तुत करते हैं।

अपने-आप में सृष्टि की सर्वोत्तम कृति होने का गर्व करनेवाले हम मनुष्य यदि परोपकार के लिए जीवन धारण करनेवाले और उसके लिए मृत्यु तक का सहर्ष वरण करने को प्रस्तुत पत्तों से थोड़ी-सी भी प्रेरणा ग्रहण कर सकें तो समाज व पृथ्वी का दुःख-भार कितना हलका हो जाए ! पत्तों को आदर्श बनाकर हम अपने घर-बाहर, इहलोक-परलोक दोनों का कल्याण कर सकते हैं। पत्तों के कृतित्व और महत्त्व के मूल

में सेवा और सहयोग का ही भाव है। फूल बनकर हम पूजित होने के अधिकार की कामना करते हैं, परंतु पत्ता बनकर हम अहंकार-विगलित होकर सेवाधर्म-पालन की प्रतियोगिता में भाग लेते हुए अपने घर, दफ्तर, समाज और राष्ट्र की प्रगति सुनिश्चित करते हैं। इसलिए पल्लवग्राही न बनें, पर पल्लवों का अनुकरण अवश्य करें। उनकी सेवा-भावना व कर्तव्यनिष्ठा से होड़ जरूर लगाएँ।

धैर्य है तो सबकुछ है

सेठ रामचंद्र अपने कारखाने की यूनियन की बैठक ले रहे थे। यूनियन के प्रतिनिधि अपनी बात असंयत भाषा में कह रहे थे। सेठजी ने कुछ समय तो उनकी बकवास सुनी, पर फिर एक बात पर उखड़कर ईंट का जवाब पत्थर से दे बैठे। कर्मचारी-यूनियन के नेता तो इसी फिराक में थे। फलतः माहौल गरम हो गया और नेता नारेबाजी कर हड़ताल की धमकी देते हुए बाहर निकल आए।

श्याम बिहारी एक कारखाने के प्रबंधक थे। जब भी यूनियन के साथ बैठक होती, वे प्रतिनिधियों को बोलने देते और स्वयं धैर्य से सुनने का कार्य करते। बीच-बीच में वे उन्हें अपने प्रश्नों से उकसाकर और मुखर होने के लिए प्रेरित करते, ताकि वे अपनी भड़ास निकाल सकें। जब उनका गुस्सा या आवेश उतार पर आने लगता, तो धीरे से अपनी बात कहते और नब्बे प्रतिशत मामलों में अपनी बात मनवा लेते।

धैर्य से सफलता

धीरज रहे तो बिगड़े हुए काम भी बन जाते हैं

हममें से प्रायः सभी ने घरों में चिड़िया को घोंसला बनाते देखा होगा। बार-बार तिनका गिरने के बावजूद वह घोंसला बना ही लेती है। राजा रॉबर्ट ब्रूस के बारे में प्रसिद्ध है कि तेरह बार शत्रुओं से हारकर वह एक गुफा में जा छिपा। वहाँ उसने देखा कि एक मकड़ी गुफा के मुँह पर बार-बार जाला बुनने का प्रयास कर रही है, पर धागा बार-बार टूट जाता है। आखिरकार मकड़ी जाला बुन ही लेती है। यह देख ब्रूस फिर से युद्ध के लिए निकल पड़ा और अंततः विजय प्राप्त की।

कहावत है कि सफल और असफल व्यक्ति में एक ही अंतर होता है और वह यह कि एक धीर होता है, दूसरा अधीर। अधीरता से काम बिगड़ता है, बनता नहीं; पर धैर्य से बिगड़ता काम भी बन जाता है और सफलता हाथ लगती है।

आजीवन पड़ती है धैर्य की जरूरत

जीवन में हमें अनेक प्रकार के काम करने पड़ते हैं, तरह-तरह के लोगों से वास्ता पड़ता है। बिना धैर्य के उनसे निपटा नहीं जा सकता।

बाल्यावस्था से ही देखें। बच्चा धीरे-धीरे चलना सीखता है। वह गिरता है, उठता है, फिर गिरता है, फिर उठता है और इस तरह करते-करते एक दिन चलने लगता है। ऐसा ही बोलना सीखते समय होता है। तुतलाता-तुतलाता वह पहले शब्द सीखता है, फिर छोटे-छोटे वाक्य बनाने की कोशिश करता है। महीनों लग जाते हैं उसे ठीक से बोलने में। इसके लिए माता-पिता में बहुत अधिक धैर्य होना चाहिए, वरना जल्दी सिखाने के चक्कर में बच्चा पंगु या कुंठित हो सकता है।

फिर पढ़ाई शुरू होने पर अपने विषय में माहिर होने के लिए बरसों तक अथक प्रयास करना पड़ता है। यदि पढ़ने या पढ़ानेवालों में धैर्य न हुआ तो हो सकता है, किसी एक की अधीरता से पढ़ाई बाधित हो जाए।

अध्ययन समाप्त कर जब हम अपने व्यवसाय में लगते हैं, तो पुनः धैर्य की परीक्षा होती है। विज्ञान के क्षेत्र में तो सर्वाधिक धैर्य की आवश्यकता होती है, क्योंकि बिना धैर्य के प्रयोग व आविष्कार नहीं किए जा सकते।

किसी भी मौजूदा सुविधा को लें, उसे जुटाने के लिए उसके आविष्कार के पीछे किसी भी वैज्ञानिक का वर्षों का परिश्रम रहा है। वाटरमैन को फाउंटेन पेन बनाने में 21 साल लगे थे। बिजली का बल्ब बनाने में एडिसन को हजारों प्रयोग करने पड़े थे। लेकिन वे घबराए नहीं, यही कहते रहे कि मुझे हजार गलत तरीकों का पता चल गया है।

कहीं का नहीं छोड़ती अधीरता

विवाह होता है तो दो भिन्न परिवारों और वातावरण से आए दो प्राणी एक छत के नीचे निवास करते हैं। यहाँ एक-दूसरे से निभाकर चलने में धैर्य की ही जरूरत होती है। दोनों में एक भी अधीर हुआ तो तलाक की नौबत आने में देर नहीं लगती।

बच्चों के विवाह के बाद संयुक्त परिवार में पीढ़ियों के अंतर को धैर्य से निबाहना होता है अन्यथा परिवार विघटित होते देर नहीं लगती।

व्यवसाय में दूसरों से वास्ता पड़ता है, उनसे काम निकालना होता है। यदि आप कार्यालय के प्रबंधक हैं, तो सहकर्मियों और जनता के संपर्क में आना पड़ता है। ऐसे में आपको धैर्य से काम लेना होता है। बात-बात पर कुढ़ना, बार-बार झल्लाना अधीरता के परिचायक हैं। यह अधीरता प्रबंधक को हँसी का पात्र बना देती है और कहीं का

नहीं छोड़ती।

इस प्रकार हमें जीवन-भर धैर्य धारण करके चलना पड़ता है। जिस दिन धैर्य साथ छोड़ देता है, उसी दिन हम असफल हो जाते हैं।

कैसे बचें अधीरता से

अधीरता से बचने के लिए यह समझना जरूरी है कि वह क्यों और कैसे पैदा होती है। दरअसल, हम खुद को इतना ठीक व सही समझते हैं कि दूसरे का किया हुआ, उसके दृष्टिकोण से नहीं देख पाते। हम चाहते हैं कि जैसा हम सोचते हैं, सामनेवाले को वैसा ही करना चाहिए। मजेदार बात यह है कि दूसरे भी हमारे बारे में ऐसा ही सोचते हैं। जब सामनेवाला हमारी सोच के मुताबिक नहीं करता, तो हम अपना आपा खो बैठते हैं।

जबकि सच यह है कि हर कोई अपने-आप में एक विशिष्ट व्यक्ति होता है। वंशानुगत गुण, शिक्षा-दीक्षा, संगति और वातावरण हरेक को अलग साँचे में ढालते हैं, उसे अलग व्यक्तित्व प्रदान करते हैं। दुनिया में कोई भी दो व्यक्ति एक-जैसे नहीं होते। मशीनें समान हुआ करती हैं, आदमी नहीं। मूलतः तो यह अपेक्षा ही गलत है कि दूसरा हमारी इच्छानुसार काम करे।

हर कोई किसी भी काम को सोच-समझकर करता है। हर आदमी ज्यादा गहराई से न सोच सके, यह अलग बात है, क्योंकि सोचने-समझने की उसकी अपनी सीमा है। हमें धैर्य से समझना होगा कि उसने जो कहा या किया है, वह क्यों कहा या किया है। उसके नजरिए से देखकर हम उसे आश्वस्त कर सकते हैं कि हमें उससे सहानुभूति है और हम उसे चाहते हैं।

जब वे हमें सुनने और हमारा विश्वास करने लगें, तब हम उन्हें अपने ढंग से कार्य करने को प्रेरित कर सकते हैं। पर इस प्रयास में धैर्य की जरूरत होती है। जब आशानुसार परिणाम नहीं निकलता, तो विफलता से उत्साह मंद होने लगता है। अतः ऐसा हमेशा न सोचें कि जैसा हम चाहते हैं, वैसा ही होगा। अंग्रेजी की कहावत है कि 'देयर आर मैनी स्लिप्स बिटवीन द कप एंड द लिप' अर्थात् हाथ में कप होते हुए भी होंठों पर पहुँचते-पहुँचते बहुत-कुछ घट सकता है। अतः हर हालत में संतुलन रखना जरूरी है। यदि एडिसन ने पचास-सौ प्रयोग कर प्रयास छोड़ दिया होता, तो आज भी हम उसी अंधकार-युग में रह रहे होते।

भावनाओं पर नियंत्रण

निराशा में धैर्य छूट जाता है। निराशा में हम पूर्णतया भावनाओं के वश में हो जाते हैं। हमें भावनाओं की रौ में नहीं बहना चाहिए और न ही उतावलेपन में कुछ भी कह या कर देना चाहिए। यदि ऐसे में हम अपने पर संतुलन नहीं रख पाते तो हमें भयानक परिणामों का सामना करना पड़ सकता है। भावनाओं पर नियंत्रण रखकर ही हम धैर्य

रख सकते हैं।

संकटकाल में संतुलन खोते ही नैया डगमगाने लगती है। घर में आग लग जाए तो पागल के समान भागने-चिल्लाने से कुछ नहीं होता। ऐसे में संतुलन कायम रख फायर-ब्रिगेड को सूचित करना चाहिए और जान-माल की रक्षा की व्यवस्था करनी चाहिए। संकट-काल में कई कार्यों की प्राथमिकता का निर्णय लेना होता है, जो धैर्य से ही संभव है।

जब हम बिना किसी पूरी तैयारी के काम हाथ में लेते हैं, तो बाधा आते ही तुरंत घबरा जाते हैं। अतः आवश्यक है कि हम स्वयं को पहले किसी उपलब्धि के योग्य बनाएँ, फिर उसे पाने की कामना करें। सफलता का रहस्य है आनेवाले दायित्वों के लिए अपने को तैयार रखना।

धैर्य की परीक्षा आपातकाल में ही होती है—'धीरज, धर्म, मित्र अरु नारी, आपति काल परखिए चारी।' संकट में जो अपना संतुलन बनाए रखता है, वह एक बार मौत से भी टक्कर ले सकता है। किसी शायर ने ठीक ही कहा है—

कदम चूम लेती है खुद आगे बढ़के मंजिल
मुसाफिर अगर अपनी हिम्मत न हारे।

हिम्मत न हारना धैर्य की पराकाष्ठा है। साहस और धैर्य-रूपी पतवारों के रहते हमारी जीवन-नैया बिना किसी खतरे के आगे बढ़ती रह सकती है।

एक लक्ष्य लेकर चलें

राम और श्याम, दोनों ने एक साथ एक कंपनी में काम आरंभ किया था। दोनों की शैक्षिक योग्यता भी लगभग एक-सी ही थी। परंतु थोड़े समय में ही राम को दो-दो बार पदोन्नति मिल गई, जबकि श्याम अपनी जगह पर ही बना रहा। इससे उसमें हीनभावना घर कर गई।

एक दिन उसने अपने मन की बात राम से कह दी। राम ने गंभीरतापूर्वक उत्तर दिया, 'मित्र, यह ठीक है कि हम एक साथ यहाँ भरती हुए थे, पर मैं आगे बढ़ गया। इसका कोई विशेष कारण नहीं है। मैंने तुम्हारे साथ काम किया है और तुम्हारे काम करने के तरीके से मैं वाकिफ हूँ।'

सोच-सोच का फर्क

उत्साह-रूपी ताकत से ही मिलती है लक्ष्य हासिल करने की प्रेरणा

'दरअसल', उसने अपनी राय व्यक्त की, 'मेरे और तुम्हारे सोचने के ढंग में बहुत अंतर है। हमारे विचार भी हमारे जीवन में महत्त्वपूर्ण भूमिका अदा करते हैं। तुम हमेशा सोचते रहते हो कि तुम्हारा काम तुम्हारी योग्यता के अनुरूप नहीं है, मालिक तुम्हें कम वेतन दे रहा है। अतः कम काम करना चाहते हो। मालिक के प्रति तुम्हारे मन में आक्रोश है। काम करते समय भी तुम्हारी नजर घड़ी पर ही रहती है। चार बार चाय पीने जाते हो। तुम्हारे मन में हीनभावना भी आ गई है। इसके विपरीत मैं सदैव अपने उज्ज्वल भविष्य के प्रति आशावान रहता हूँ। अधिक-से-अधिक काम करने में विश्वास रखता हूँ। अतिरिक्त काम मिलने पर भी उसे मन से पूरा करता हूँ। मैं स्वयं को अपने संस्थान के लिए

अधिक से अधिक उपयोगी बनाने के लिए प्रयत्नशील रहता हूँ। तुम्हारे सोचने का ढंग गलत है, अतः उसके परिणाम भी गलत होते हैं।'

'तो अब मुझे क्या करना चाहिए ?' श्याम ने पूछा।

'अपनी मनोवृत्ति बदलने का प्रयास करो।' राम ने जवाब दिया।

बात श्याम की समझ में आ गई। उसने अपने दृष्टिकोण में परिवर्तन किया। फलतः कुछ ही दिनों में उसकी कार्यक्षमता बढ़ गई और उसे पदोन्नति भी मिल गई।

गलत नजरिया सफलता में बाधक

विनोद ने परचून की दुकान खोली थी। शुरू में तो दुकान अच्छी चली, पर बाद में नुकसान होने लगा। इससे विनोद परेशान हो गया। परेशानी का एक कारण यह भी था कि नजदीक ही उसके मित्र सुधाकर ने उससे भी कम पूँजी लगाकर दुकान खोली थी, पर उसकी दुकान हमेशा ग्राहकों से भरी ही रहती थी। उसे साँस लेने की भी फुरसत नहीं मिलती थी।

एक दिन वह सुधाकर के पास गया और अपनी समस्या उसके सामने रखते हुए पूछा कि वह क्या करे जिससे उसका नुकसान न हो और दुकान पुनः चलने लगे।

सुधाकर ने कहा, 'मुझे मालूम है कि तुम्हारी दुकान क्यों नहीं चलती। तुम्हारे बहुत से ग्राहक टूटकर मेरे पास आ गए हैं। उन्हीं से मुझे पता चला है कि तुम समझते हो कि तुम ग्राहकों को सामान बेचकर उन पर एहसान कर रहे हो। तुम उन्हें उचित सामान भी नहीं देते। ग्राहक खराब सामान वापस करने आता है तो वापस नहीं लेते। उनमें ही दोष निकालते हो और अपने को दूध का धुला समझते हो। अपनी दुकान के रख-रखाव पर पूरा ध्यान नहीं देते। अगर तुम अपने सोचने का ढंग बदलो और अपने-आपको ग्राहक का सेवक समझो तो कोई कारण नहीं कि तुम्हारी दुकान न चले।

विचार-शक्ति के बल पर

विनोद ने उसकी बातों पर गौर किया। जैसे ही उसने इन बातों पर अमल करना शुरू किया, उसकी दुकान पर फिर से ग्राहकों की संख्या बढ़ने लगी।

विचार भी वस्तु की तरह ही होते हैं। उनमें गति होती है, सृजनात्मक शक्ति होती है। निराशा, घृणा, बेईमानी और असफलता के विचार ध्वंसात्मक होते हैं, जबकि आशा, प्यार, ईमानदारी और सफलता की भावनाएँ सृजनात्मक होती हैं। इनसे मनोबल बढ़ता है।

प्रकृति ने हमें सोचने और विचारने की अद्‌भुत क्षमता प्रदान की है। पहले हम कल्पना करते हैं, फिर उसे साकार करने का प्रयास करते हैं। मनुष्य और जानवरों में यही अंतर है। मानव सोच सकता है, जानवर नहीं। अपनी इसी विचार-शक्ति के बल पर मानव जंगली अवस्था से आधुनिक युग तक की लंबी विकास-यात्रा तय कर सका है।

मनुष्य जो कुछ भी करता है, उसके मूल में उसके विचार ही होते हैं। विचारों को नियंत्रित करने के लिए प्रकृति ने मनुष्य को विवेक दिया है। जब हम कोई काम करने का विचार करते हैं, तो विवेक हमारे कान में चुपके से बता देता है कि वह काम सही है या गलत। यह हम पर निर्भर करता है कि हम उसकी बातें मानें या नहीं। हमारी ज्ञानेंद्रियाँ बाह्य जगत् की सूचनाएँ हमारे मस्तिष्क में पहुँचाती रहती हैं। अपनी मानसिक विचारधारा के अनुसार ही व्यक्ति उन्हें समझता है और उन जानकारियों का उपयोग करता है।

नकारात्मक विचारधारा को सकारात्मक बनाएँ

विचारधाराएँ दो प्रकार की होती हैं—सकारात्मक और नकारात्मक। सकारात्मक विचारधारा वाला 'हाँ' से वास्ता रखता है, तो नकारात्मक विचारधारा वाला 'न' से। मानव-हृदय में सकारात्मक और नकारात्मक भावनाएँ साथ-साथ पलती हैं। यदि हृदय के एक कोने में प्यार, आशा, उत्साह और साहस की भावनाएँ हिलोरें लेती हैं तो दूसरी ओर घृणा, निराशा, हताशा और कायरता के भाव भी विद्यमान रहते हैं।

नकारात्मक विचारधारा को सकारात्मक बनाना कोई कठिन कार्य नहीं। प्रकृति ने हमारे मस्तिष्क में कुछ इस तरह के उपकरण लगाए हैं कि उन्हें जानकर, उनका उपयोग करके हम वह सब पा सकते हैं जो दूसरे सफल व्यक्तियों ने पाया है।

लक्ष्य-निर्धारण

सबसे पहले तो हमें अपना लक्ष्य निर्धारित करना चाहिए। लक्ष्य निर्धारित होते ही हम उन सब बातों से छुटकारा पा लेते हैं, जो हमारी विचारधारा को विकृत करती हैं। उद्देश्य निश्चित होने से सारी शक्ति उसी पर केंद्रित हो जाती है और विचारधारा उसी के अनुरूप बन जाती है। निरुद्देश्य जीवन में नकारात्मक विचारों का बाहुल्य होता है। लक्ष्य बनते ही विचार लक्ष्य-प्राप्ति के तरीकों पर केंद्रित हो जाता है।

अधिकतर व्यक्ति लक्ष्यहीन होते हैं। उन्हें स्वयं मालूम नहीं होता कि वे क्या चाहते हैं। उनका जीवन बिना पतवार की नाव की तरह इधर-उधर डोलता रहता है। लक्ष्य निर्धारित होते ही व्यक्ति सही दिशा में क्रियाशील हो जाता है। उसमें एक नई शक्ति जाग्रत होती है। आत्म-नियंत्रण आता है, कल्पना-शक्ति प्रखर होती है और मन उत्साह से ओत-प्रोत हो जाता है।

कार्य के प्रति उत्साह

काम छोटा हो या बड़ा, यदि उसे उत्साहपूर्वक किया जाए तो मनोबल ऊँचा रहता है। एमर्सन का कहना है कि कोई भी बड़ा काम बिना उत्साह के नहीं होता। उत्साहित होने का मतलब है लगन और धैर्य से काम में जुट जाना। उत्साह तो एक मनोभाव होता है, जो सकारात्मक भावनाओं से ओत-प्रोत मस्तिष्क में उत्पन्न होता है। जब हम

किसी विचार को ग्रहण करते हैं तो उसके प्रति उत्साहित हो जाते हैं। उत्साह विश्वास की भावना का प्रतीक है। उत्साह संक्रामक होता है। अपना उत्साह सहयोगियों व मातहतों में भी फैल जाता है। उत्साह वह शक्ति है जो किसी भी व्यक्ति को अपना लक्ष्य प्राप्त करने के लिए प्रेरित करती है।

मनोवैज्ञानिकों ने यह सिद्ध कर दिया है कि मानव-मस्तिष्क जो कुछ सोचता है, उसे वह पाने का प्रयास करता है। अपनी सीमाएँ हम स्वयं तय कर लेते हैं। अपनी योजना और लक्ष्य को बार-बार दोहराने से वे हमारे अवचेतन मन में जम जाते हैं। अवचेतन मन के काम करने का अपना अलग ही तरीका होता है। वह उस योजना को मूर्त रूप देने के लिए निरंतर सक्रिय रहता है।

उच्चाकांक्षी व्यक्तियों के पास दूसरों को नुकसान पहुँचाने की इच्छा पालने का भी समय नहीं रहता। ऐसा नहीं कि उनके मन में बदला लेने, डर, लोभ, घृणा और क्रोध जैसी भावनाएँ उत्पन्न नहीं होतीं, पर वे इन भावनाओं को अपने ऊपर हावी नहीं होने देते। जबकि उद्देश्यहीन व्यक्ति जीवन-भर क्रोध, ईर्ष्या, द्वेष, लोभ आदि के वश में रहते हैं। इच्छित वस्तु पाने के लिए उनमें इच्छाशक्ति का अभाव होता है।

यदि हम अपने सोचने के ढंग को सकारात्मक बनाएँ और अपने जीवन का लक्ष्य निर्धारित करके उसे प्राप्त करने के लिए प्रयत्नशील हो जाएँ, तो कोई कारण नहीं कि हम अपनी मंजिल न पा सकें। सकारात्मक मनोवृत्ति और लक्ष्य के प्रति एकाग्रता ही हमें अवसर को पहचानने की क्षमता प्रदान करेगी।

पुराने ही अच्छे नहीं होते

टेक्नोलॉजी, संगठनात्मक ढाँचे और प्रणालियों में तेजी से होते परिवर्तनों ने नेतृत्व के परंपरागत तत्त्वों को अव्यवहार्य बना दिया है। अनेक संगठनों के लिए बाहरी व्यावसायिक जगत् आज जटिल, चंचल, अस्पष्ट, जोखिम-भरा और अनिश्चित है। बाजार की परिभाषाएँ और उसके प्रवेशावरोध भूमंडलीकरण, विनिमय और टेक्नोलॉजी नवपरिवर्तनों की ताकतों तले दम तोड़ रहे हैं। प्रतिस्पर्धा पूरी व्यापकता से बढ़ रही है। ग्राहकों की पसंद और जानकारी बढ़ने के साथ-साथ सत्ता उनमें निहित हो गई है। विलय, अविलय, अधिग्रहण और दिवालियापन इशारे कर रहे हैं। ऐसे नाटकीय ढंग से बदलते व्यावसायिक विश्व में अपेक्षित है एक व्यावहारिक, वास्तविक विश्व-नेतृत्व, जिसे आप अपने संगठन को तूफानी से तूफानी समुद्र में खे सकने के लिए अपना सकें।

प्रसिद्ध सूक्ति है कि पुराणमित्येव न साधु सर्वम्--पुराना होने से ही सब अच्छा नहीं हो जाता। शायद इसीलिए, सफलता भी पुराने नेतृत्व-प्रतिमानों को अलविदा कहने और नयों को लागू करने पर निर्भर हो गई है। बीते हुए कल की तकनीक इस्तेमाल करके आज कोई जीतने में सफल नहीं हो सकता।

तेजी से बदलते विश्व में लकीर का फकीर होना आत्मघाती हो सकता है

नए-पुराने का फर्क

पुराने संगठन अकसर भूमिकाओं और शक्ति पर आधारित होते हैं। उनमें सेना जैसी हाइरार्की होती है, जिनमें ऊपर से नीचे सुनिश्चित भूमिकाओं वाले लोगों के लिए आदेश पारित किए जाते हैं। हाइरार्की व्यक्तिगत फोकस उपलब्ध कराती है, जिसमें

व्यक्ति-आधारित लक्ष्यों और इनामों पर अधिकाधिक बल रहता है। कर्मचारियों की स्पष्ट हैसियत होती है, उनके कुछ अधिकार होते हैं और वे नियमों का पालन करते हैं। आज्ञाकारिता पुरस्कृत की जाती है और गलतियाँ दंडित। रचनात्मकता का दम घुट जाता है। प्रक्रियाएँ पहले आती हैं और ग्राहक बाद में। नेतृत्व आदेश और नियंत्रण के नजरिए पर आधारित होता है।

नए संगठन सहायता और उपलब्धि पर आधारित हैं। उनमें प्रबंधन के कुछ स्तर होते हैं और वे कर्मचारियों से उद्यमी होने की अपेक्षा करते हैं। कर्मचारियों को आवश्यक सहायता दी जाती है और वे परिणामों से अपना मूल्यांकन चाहते हैं। ग्राहक पहले आते हैं, क्योंकि वे कर्मचारियों का वेतन अदा करते हैं। संगठनात्मक संस्कृति तीन 'ई' पर आधारित होती है : एंकरेजमेंट यानी प्रोत्साहन, एंटरप्राइज यानी उद्यम और एक्सीलेंस यानी उत्कृष्टता। सफल नेता नेतृत्व के प्रभाव के मूलभूत तत्त्वों—उद्देश्यों और साधनों के प्रबंधन (अपने लक्ष्यों का उन्हें हासिल करने के अपने तरीकों के साथ संतुलन) और एक सीखनेवाली टीम के निर्माण—पर बल देते हैं। चूँकि नेतृत्व के प्रभाव का लक्ष्य स्व-प्रबंधन को बढ़ावा देना है, अतः नेता का मुख्य बल ऐसा माहौल पैदा करने पर होता है, जिसमें कर्मचारी खुद अपना प्रबंधन कर सकें। एक अच्छा नेता समझता है कि उसके लक्ष्य और उन्हें हासिल करने के तरीके, दोनों समान रूप से महत्त्वपूर्ण हैं। किसी एक पर बल देने और दूसरे को नजरअंदाज करने से टीम की सफलता बाधित होती है। दोनों अन्योन्याश्रित हैं और उन्हें वैसा ही समझना जरूरी है। अध्ययन दरशाते हैं कि जब संगठन कर्मचारी और ग्राहकों की संतुष्टि (अर्थात् साधन) पर बल देते हैं, तो निवेशों और मार्केट-शेयरों पर उनका प्रतिलाभ (अर्थात् उद्देश्य) बढ़ता है। कर्मचारियों का मनोबल नई ऊँचाइयाँ छूता है, कार्य के प्रवाह को सुप्रवाही बनाने के लिए नई युक्तियाँ क्रियान्वित की जाती हैं जिससे लागत में कमी आती है और लाभ बढ़ता है। जेन कार्लजन ने स्कैंडिनेवियन एयरलाइंस (एसएएस) में यही किया था। विश्वव्यापी मंदी के दौरान समस्याओं से जूझने के बावजूद कंपनी ने दिखा दिया था कि बुढ़ाते कारोबार का कायाकल्प कैसे किया जा सकता है। अस्सी के दशक के आरंभ में एसएएस ने खुद को व्यवसायियों की एयरलाइंस के रूप में पुनर्परिभाषित किया। विमान उड़ाना काम का एक हिस्सा-भर रह गया। उसका लक्ष्य-समूह भी समय की पाबंदी, अच्छे रूट और उत्कृष्ट सेवा चाहता था। एसएएस ने लक्ष्य हासिल किया और प्रतिस्पर्धात्मक बाजार में लाभ कमाया।

ऐसी कंपनियों के नेता सफल प्रभाव रखते हैं, क्योंकि वे अपने लक्ष्यों की प्राप्ति के लिए उन्हें अपने साधनों के साथ संतुलित कर लेते हैं। नेता लोगों को कल्पना यानी विजन से कर्म और कर्म से परिणाम तक जाने के लिए प्रेरित करते हैं। लोग लक्ष्य तक पहुँचने में अपनी भूमिका जानना चाहते हैं।

कल्पना से कर्म, कर्म से परिणाम

नेता लोगों को उनके काम की अभिकल्पना और आयोजन में सक्रिय रूप से संलग्न करके साधनों का प्रबंध और एक सीखनेवाली टीम का निर्माण करते हैं। स्पष्टता और स्वामित्व कार्य-प्रयासों की दक्षता और प्रभावोत्पादकता में वृद्धि करते हैं। टीम को लक्ष्य तक पहुँचाने में हर आदमी को अपनी भूमिका का ज्ञान होना अनिवार्य है। रॉबर्ट टॉमैस्को ने ईरान से बंधकों को छुड़ाने के विफल अमेरिकी प्रयासों की चर्चा करते हुए इस बात को रेखांकित किया है। इजराइली कमांडो-विशेषज्ञों के आश्चर्य का ठिकाना न रहा, जब उन्होंने देखा कि संयुक्त राज्य ने अलग तरह से प्रशिक्षण पाए हुए, अलग-अलग युद्ध-दर्शनों वाले और अपनी गृह-सेवा से संबद्ध अलग-अलग कैरियर-हितों वाले लोगों की मिली-जुली टीम बनाई है। जबकि एंटेबी, यूगांडा में अपने सफल बंधकोद्धार के लिए इजराइलियों ने एक असाधारण रूप से कठिन काम को अंजाम देने के लिए छोटी से छोटी कमानवाली, आम नौकरशाही से बिलकुल अलग एक एकल, एकीकृत और सर्वोत्कृष्ट टीम बनाई थी।

कार्य को ही परिणाम समझने की भूल

प्रबंधक अकसर कार्य को परिणाम समझने की भूल कर बैठते हैं। काम को अकसर असाधारण परिणामों की प्राप्ति में बाधक बनने दिया जाता है। अनेक कार्यपालक अपना ज्यादातर समय ऐसा काम करने में बिता देते हैं, जिसे उनका कोई कर्मचारी भी उतने ही अच्छे ढंग से और सस्ते में निपटा सकता है। चोटी के निष्पादक उच्चतर निष्पादन के लिए अपेक्षित आंतरिक अनुशासन से लैस होते हैं, जबकि अन्य लोगों को ज्यादा बाहरी अनुशासन की जरूरत हो सकती है। व्यावसायिक नेताओं को 'प्रतिबद्धता द्वारा प्रबंधन' को 'नियंत्रण द्वारा प्रबंधन' से संतुलित करना होता है। वे ग्राहकों के निकट रहते हैं और सतत सुधार के लिए प्रयत्नरत रहते हैं। अच्छी प्रथाएँ ग्राहक को अंत में नहीं, पहले रखने की माँग करती हैं। प्रभावशाली नेता मौजूदा कार्य-प्रवाह का विश्लेषण कर उसे सुप्रवाही बनाते हैं। वे समस्त गतिविधियों, कार्यों, निर्णय-दायित्वों, अनुमोदन-प्रक्रियाओं और कागजी कार्य का फ्लो-चार्ट बनाते हैं। वे यह भी दरशाते हैं कि टीम के सभी सदस्य कार्य-प्रवाह में कैसे भाग लेते और योगदान करते हैं। वे गतिविधियों के दोहराव, बाधाओं और हानिकारक चीजों को भी उद्घाटित करते हैं।

नए की स्वीकृति, पुराने का त्याग

इस सुप्रवाहीकरण यानी स्ट्रीमलाइनिंग का उद्देश्य 'जैसी है' सूचना को 'जैसा होना चाहिए' वैसा कार्य-प्रवाह उत्पन्न करने के लिए प्रयुक्त करना है। टीम द्वारा एक बार अपने कार्य-प्रवाह को परिवर्तित कर लेने का यह मतलब नहीं कि उसे पुनः परिवर्तित करने की जरूरत नहीं। परिवर्तन का समर्थन करनेवाला विकासशील नेतृत्व एक भागीदार, मार्गदर्शक और शिक्षक की भूमिका निभाता है। चूँकि सीखनेवाली टीम को नई सूचना

के एक सतत अंतर्वाह की जरूरत होती है, अतः एक कल्पनाशील टीम-नेता कल्पना को बढ़ावा और मूल्यों को सहारा दे सकने वाले तथा संगठन में सुधार ला सकने वाले नए विचार, विधियाँ, टेक्नोलॉजी और दृष्टिकोण प्राप्त, वितरित और आत्मसात् करता है।

सर इयान मडोक के शब्दों में, 'पुरानी परंपराओं, पुराने भवनों, प्राचीन संस्कृति और जीवन-शैलियों की कद्र करना या उन्हें दिल में सँजोए रखना अच्छी बात है, पर टेक्नोलॉजी और प्रबंधन के संसार में निर्णय की पुरानी विधियों, पुरानी उत्पाद-लाइनों, पुराने बाजारों या पुरानी मानसिकताओं से चिपके रहना आत्महत्या का नुस्खा है।'

संघर्ष से आता है आत्मविश्वास

किशोरावस्था से युवावस्था में पदार्पण करते ही जिम्मेदारियों का बोझ एकदम बढ़ता है। भविष्य की नींव इसी समय रखी जाती है। अपने तय किए हुए लक्ष्य में सफलता मिलेगी या नहीं, यह बहुत-कुछ इसी समय की मानसिक स्थिति और विचारधारा पर निर्भर करता है। लक्ष्य का चुनाव प्रमुख है, नया ज्ञान अर्जित करते रहने का भी अपना महत्त्व है, पर कुछ कर गुजरने के लिए एक सच्चे साथी की आवश्यकता होती है जो समय-समय पर रास्ता दिखाता चले, कठिनाइयों से जूझने में मदद दे, हिम्मत बँधाए रखे। यह सच्चा साथी है आत्मविश्वास। यदि मन सफलता पाने के प्रति आश्वस्त नहीं है, तो लक्ष्य-प्राप्ति संदिग्ध ही रहेगी।

शेक्सपीयर ने विश्वास को जीवनी-शक्ति माना है। विश्वास क्या नहीं कर सकता ! विश्वास जहाँ अथाह सागर में भी मार्ग ढूँढ़-निकाल लेने में मदद करता है, वहीं हमें गगनचुंबी पहाड़ों को बाँधने की शक्ति और प्रेरणा देता है। स्वेट मार्टिन ने कहा है, 'विश्वास ही जीवन के उस मार्ग की खोज करता है, जो हमें मंजिल तक पहुँचा सके।'

और आत्मविश्वास को जगाकर ही सफलता का द्वार खोला जा सकता है

जीवन के संघर्ष में वही व्यक्ति स्थिर रह सकता है, जिसमें अदम्य विश्वास हो। जहाँ विश्वास है, वहाँ जीवन के समस्त अभाव, अभिशाप, दीनता, दरिद्रता प्रभावहीन हो जाते हैं। जिन व्यक्तियों को आगे बढ़ने के लिए तनिक भी सहारा उपलब्ध नहीं था, वे आत्मविश्वास के सहारे सफलता अर्जित करते पाए गए हैं। आत्मविश्वास जीवन की पतवार है। अनगिनत उलझनों, समस्याओं एवं प्रतिकूलताओं में विश्वास की अमोघ शक्ति मनुष्य को प्रेरणा

देती है और उसमें बल का संचार करती है। आत्मविश्वासी हर क्षेत्र में सफल होते हैं।

आत्मविश्वास का अर्थ

तो जिस आत्मविश्वास के बल पर कुछ भी पाया जा सकता है, वह है क्या ? आत्मविश्वास होने का अर्थ है, अपनी परिस्थितियों और समस्याओं का हल अपने-आप तलाशना। आप क्यों दूसरों की सहायता की याचना करते हैं ? उनके पास भी वे ही उपकरण हैं जो आपके पास हैं। अपने हाथ-पैर चलाकर, अपनी बुद्धि का उपयोग करके अपने काम स्वयं क्यों नहीं कर सकते ? कोई भी बाहरी व्यक्ति आपको सहायता देकर सदा ऊँचा नहीं उठा सकता। आपको अपनी ही शक्तियों व ज्ञान का सहारा लेना पड़ेगा, तभी आत्मविश्वास जाग्रत होगा।

सहयोग और संगठित शक्ति का अपना महत्त्व है। औरों से सीख व सलाह ली जा सकती है। सामाजिक जीवन में इन्हें त्यागा नहीं जा सकता। पर बिना आत्मविश्वास के इनका उपयोग नहीं किया जा सकता। आत्मविश्वास का तकाजा रहता है कि हम अपना स्वाभिमान दुर्बल न होने दें। आत्महीनता से विवशता व परवशता बढ़ती है, जिससे अकर्मण्यता आती है। युवावस्था में यह स्थिति खेदजनक होती है।

आत्मविश्वास मनुष्य की संपूर्ण शक्तियों को एक स्थान पर संगठित करता है, जिससे हमारी सुप्त शक्तियाँ जाग्रत होती हैं। जिस व्यक्ति में आत्मविश्वास नहीं होता, उसे नाना प्रकार के डर सताते रहते हैं। आत्मविश्वास का पहला शत्रु है डर। मनुष्य अनेक डरों से भयभीत रहता है, उनके कारण उसके पैर लड़खड़ाते रहते हैं, सधे हुए और मजबूती से नहीं पड़ते। प्रमुख डर हैं--गरीबी, बुढ़ापा, आलोचना, बीमारी व मृत्यु। यदि युवावस्था में ही ये डर हावी हो गए, तो भविष्य अंधकारमय होने में कोई शक नहीं रह जाता। इन्हीं डरों के कारण नाना प्रकार के शक व आशंकाएँ पैदा होती हैं। पर ये डर ऐसे नहीं हैं, जिनसे पार न पाया जा सके।

डरों से छुटकारा

युवावस्था होती है गरीबी से छुटकारा पाने के लिए। अपना कार्यक्षेत्र ऐसा चुनना चाहिए, जिससे आर्थिक स्थिति अच्छी हो। इससे सुखी बुढ़ापे की नींव भी अपने आप रख जाती है। आलोचना का डर तो व्यर्थ है। जब भी कोई कुछ करेगा तो गलती भी होगी, जिस पर और लोग उँगली भी उठाएँगे। यदि आलोचना सही है तो अपनी गलती सुधार लो, नहीं तो परवाह मत करो। बीमारी से अपने स्वास्थ्य को ठीक रखकर बचा जा सकता है। खान-पान और रहन-सहन ठीक रखकर स्वास्थ्य ठीक रखा जा सकता है। और फिर मृत्यु से डरना ही क्या ! वह तो हर किसी की नियति ही है। जीवन ठीक तरह जिया जाए तो अपने प्राप्य पा लिए जाएँगे, कुछ करने की तमन्ना बाकी न रहेगी, तो फिर मृत्यु का डर क्यों ?

अनेक डर तो मात्र कुकल्पना होते हैं। रस्सी का साँप बना लिया जाता है। अतः आत्मविश्वास जगाने की पहली शर्त है डर व आशंकाओं से मुक्ति। डर होने से हर

सफलता के प्रति संदेह रहता है। साक्षात्कार पर जाते समय पैर काँपते हैं, परीक्षा देते समय पसीना छूटता है, फिर जो कुछ आता है वह भी भूल जाता है। बिना संघर्ष के आत्मविश्वास जाग्रत नहीं होता।

विरासत में मिले धन से नुकसान ही होता है। आत्मविश्वास में कमी आती है। जो माता-पिता अपने बच्चों के लिए धन छोड़ जाना चाहते हैं ताकि वे आराम से रहें, वे वास्तव में उनकी भलाई नहीं करते। इससे आकांक्षाएँ नहीं उभरतीं, छिपे गुण और शक्तियाँ प्रकट नहीं होतीं, इच्छा-शक्ति क्षीण होती है, दिमाग में सुस्ती आती है और फलतः आत्मविश्वास उनसे दूर रहता है।

अपना हाथ जगन्नाथ

आत्मविश्वास की आदत तो बचपन से ही माता-पिता द्वारा डाली जानी चाहिए। किसी भी काम को सफलतापूर्वक करने से अपनी शक्ति पर विश्वास बढ़ता है। अनेक छोटे-छोटे काम अच्छी तरह कर लेने से आत्मविश्वास में वृद्धि होती है। समृद्ध लोगों के बच्चों में आत्मविश्वास की कमी होती है, क्योंकि उन्हें हाथ से काम करने को नहीं दिया जाता। पर यदि माता-पिता की गलत विचारधारा से बचपन में आत्मविश्वास नहीं जगा, तो कोई बात नहीं। अभी भी समय है। जहाँ हैं, वहीं से प्रयास करके इस अमूल्य निधि को पाया जा सकता है। दुनिया में ऐसी कोई वस्तु नहीं, जो प्रयास करके न पाई जा सकती हो। पर ध्यान रहे, कोई भी काम मात्र धन से नहीं हो सकता। सफलता के लिए उत्साह, लगन, मेहनत आदि गुण भी आवश्यक होते हैं। इन सबके मिले-जुले प्रभाव से आत्मविश्वास जागता है, जिससे सफलता का द्वार खुलता है।

यह जानने के लिए कि आपमें आत्मविश्वास है या नहीं, अपने से निम्नलिखित प्रश्न करें–

क्या हम किसी काम से बचते हैं ?
क्या हम जिम्मेदारी लेने से कतराते हैं ?
क्या जोखिम उठाने से डरते हैं ?
क्या निर्णय लेने में हिचकते हैं ?
क्या दूसरों पर निर्भर रहते हैं ?
क्या परिश्रम से जी चुराते हैं ?

यदि इन प्रश्नों के उत्तर हाँ में हैं, तो निश्चय ही आप में आत्मविश्वास की कमी है और इस कारण आप उत्साहहीन हैं तथा हीनभावना से ग्रस्त हैं, क्योंकि आपके काम समय से और ठीक नहीं होते। आप में मानसिक तनाव है। इस स्थिति में जीवन का कोई लक्ष्य पूरा नहीं हो सकता। आपके पास सहयोगी नहीं होंगे, आर्थिक तंगी रहेगी। युवावस्था इस हालत में बिताकर प्रौढ़ावस्था तकलीफदेह बना ली जाती है।

इस स्थिति से निकलने में आपकी मदद कोई नहीं कर सकता, सिवाय स्वयं आपके। आत्मविश्वास जाग्रत करके आप स्वयं ही अपने को इस स्थिति से उबार सकते हैं।

जरूरत पड़ने पर सहयोगी बनें

एक घुड़सवार एक जंगल से होकर कहीं जा रहा था। रास्ते में उसने देखा कि कुछ सैनिक एक मलबे को खिसकाने के लिए जी-तोड़ परिश्रम कर रहे हैं, पर सफलता नहीं मिल पा रही है। सार्जेंट पास ही खड़ा हुक्म चला रहा था। उसने सार्जेंट से कहा, 'भाई, अपना हाथ क्यों नहीं लगा देते ?'

उसे उत्तर मिला, 'मेरा काम हुक्म देने का है।'

वह सवार घोड़े से उतरा और सैनिकों के काम में उसने अपना भी हाथ लगा दिया। मलबा खिसक गया। जाते समय उसने सार्जेंट से कहा, 'भविष्य में भी जब कभी तुम्हारे सामने इस तरह की कोई समस्या आए तो अपने बड़े जनरल को याद कर लेना।'

सार्जेंट को काटो तो खून नहीं। उसने क्षमा-याचना करनी चाही, पर तब तक बड़ा जनरल दूर जा चुका था।

अपना कंधा लगाएँ

खाली मातहतों को आदेश देने से ही सारे काम नहीं हो जाते

अभी हाल में लेखक को अपना दफ्तर नए सिरे से जमाना था। चतुर्थ श्रेणी कर्मचारियों का यह हाल कि टाइपराइटर इधर से उधर रखने तक के लिए मजदूर की माँग करते थे। काम इतना था नहीं कि मजदूर लगाए जाते। ऐसे में, पहले तो लेखक ने नए तरीके के लाभ कर्मचारियों को बतलाए। जब बात उन्हें समझ में आ गई तो एक दिन अपने कुछ चुनिंदा साथियों को लेकर काम आरंभ कर दिया। हम लोगों के 8-10 हाथ लगने थे कि बीसियों लोग काम पर लग गए और देखते-देखते दफ्तर नए तरीके से जम गया।

मनोहरजी ने अपने विभाग का अखिल भारतीय टूर्नामेंट कराने का विचार किया। अपने मुख्यालय से अनुमति भी ले ली और अनुदान भी। पर अनुदान इतना कम था कि उससे काम बन ही नहीं सकता था। दौड़ का ट्रैक डालना खर्चे का काम था। एक स्थानीय कंपनी से संपर्क कर जला कोयला मुफ्त ले लिया, पर ढोने का खर्च तो देना पड़ा। अब उसे खोदने का सवाल उठा। बाद के लिए तो कॉरपोरेशन के इंजन का प्रबंध कर लिया था।

बहुत सोच-विचारकर एक दिन वे अपने चार अंतरंग साथियों को अपनी कार में बिठाकर सवेरे पाँच बजे मैदान में जा पहुँचे। साथ में गैंती, फावड़ा आदि खोदने का सामान भी था। काम शुरू कर दिया। कालोनी के सुबह जल्दी उठनेवालों ने देखा कि उनके बड़े मैनेजर साहब मैदान खोद रहे हैं। कुछ लोग मदद करने के लिए आगे बढ़े। बात हवा की तरह फैल गई। जल्दी ही कालोनी से करीब 100 आदमी बाहर निकल आए और उनके साथ जुट गए। काम तेजी से होने लगा और हफ्ते-भर में ही सवेरे के तीन घंटे के श्रमदान से पूरा हो गया। फिर तो टूर्नामेंट शान से संपन्न हुआ।

मलबा खिसका कैसे? दफ्तर जमा कैसे ? टूर्नामेंट हुआ कैसे ? अपना कंधा लगाने से। आम धारणा कुछ ऐसी है कि कोई भी काम मातहतों को हुक्म देकर करवाया जा सकता है। पर यह तो परिवार में भी नहीं होता। यदि माता-पिता केवल बच्चों को आदेश देते रहें तो कभी-कभी जब काम उनके बस का नहीं होता, तो रुक जाता है और जब तक वे स्वयं थोड़ी मदद नहीं करते, पूरा नहीं होता।

सारे काम मात्र आदेश देकर नहीं करवाए जा सकते। जहाँ मातहतों को मालूम हो जाता है कि साहब मात्र आदेश देना जानते हैं और काम में हाथ बँटाने में कोई दिलचस्पी नहीं लेते, तो बस, काम रुका या उसकी गति धीमी पड़ी ही समझिए।

दूसरी ओर, यदि उन्हें यह विश्वास हो कि जरूरत पड़ने पर साहब भी कंधा लगाने में पीछे नहीं रहेंगे, तो फिर काम बड़े उत्साह से होता है।

कंधा कब लगाएँ

कभी-कभी कंधा बीच में लगाना पड़ता है, तो कभी कंधा लगाकर काम आरंभ करवाना पड़ता है। कभी कंधा बार-बार भी लगाना पड़ता है। फिर यह कैसे मालूम हो कि कंधा कब लगाना है ?

जो व्यक्ति किसी भी काम को मनोयोग से, योजना बनाकर उसके पूरा होने की रूपरेखा तैयार करता है, वह उसके कमजोर पक्षों से परिचित होता है। ये ही वे पक्ष होते हैं, जिन्हें मजबूती देने की आवश्यकता होती है। काम के दौरान वह ध्यान रखता है कि वह अवसर आ तो नहीं गया !

जब बैलगाड़ी रुक जाती है, बैलों के जोर लगाने पर भी आगे नहीं बढ़ती, तो गाड़ीवान उतरकर उसके चक्के में कंधा लगाता है और उस मदद से बैल गाड़ी को खींचकर आगे बढ़ा देते हैं। गति आ जाने से फिर गाड़ी चलती जाती है।

बैल कहते नहीं कि कंधा लगाओ। उसी प्रकार, कर्मचारी भी कहेंगे नहीं कि साहब, कंधा लगाओ। यह तो स्वयं ही देखना होगा कि कंधा लगाने की जरूरत तो नहीं आ पड़ी।

कंधा लगाने का आनंद

अपना कंधा लगाने का एक अलग ही आनंद है। इससे काम करनेवालों में उत्साह भर जाता है, चेहरे पर चमक आ जाती है। उन्हें लगता है कि उनके साथ एक नई ताकत आ लगी है। नेपोलियन जिस समय अपनी फौज के सामने आ खड़ा होता था, सैनिकों को लगता था जैसे नई कुमुक आ गई हो।

कंधा लगाने की आवश्यकता हर क्षेत्र में होती है, चाहे वह घर हो या बाहर। यदि पत्नी के कंधों पर ही घर के सारे काम का बोझ डाल दिया जाए तो गृहस्थी की गाड़ी बैठने में देर नहीं लगेगी। अतः पति को भी समय-समय पर कंधा लगाना पड़ता है। कभी-कभी पत्नी को भी पति के काम में कंधा लगाने की जरूरत होती है। एक-दूसरे को एक-दूसरे के काम पर नजर रखनी पड़ती है। और यह नजर गहरी रखनी होती है, ताकि कंधा लगाने का अवसर चूक न जाए।

अकसर काम करनेवाले को जरूरत होती है कि कोई कंधा लगा दे, पर कभी लिहाज या संकोचवश तो कभी कुंठाग्रस्त होने के कारण वह यह बात स्पष्ट रूप से कह नहीं पाता। अतः स्वयं ही देख-समझकर कंधा लगाने की जरूरत होती है।

दायित्व की भावना

इस विषय में जिम्मेदारी की भावना विशेष भूमिका अदा करती है। दायित्व की भावना होने से हमारे क्रियाकलाप एक अलग ढंग से संचालित होते हैं। हम हर कदम पर आगा-पीछा सोचकर चलते हैं। इस बात का ध्यान रहता है कि काम में देरी होने के क्या दुष्परिणाम हो सकते हैं। एक विहंगम दृष्टि डालने की आदत पड़ जाती है। इससे कार्य-निष्पादन के हर स्तर पर दृष्टि रहती है। आवश्यकता पड़ने पर तुरंत कंधा लगाया जा सकता है।

यह बात ध्यान रखने योग्य है कि हम जिम्मेदारियाँ टाल तो सकते हैं, पर उन्हें टालने के दुष्परिणाम से नहीं बच सकते। समय पर कंधा न लगाना जिम्मेदारी टालने का ही दूसरा नाम है।

अतः केवल आज्ञा देकर कोई काम पूरा नहीं करवाया जा सकता है। दायित्व की भावना का विकास कर अपना कंधा लगाने के लिए तैयार रहना चाहिए, ताकि किसी भी काम को सफलतापूर्वक करने का गौरव प्राप्त हो सके।

पहले खुद को तो परख लीजिए

एक जमाना था, जब लोग अकसर वही काम-धंधा या नौकरी कर लिया करते थे जो संयोगवश हाथ लग जाती या फिर जिसमें माँ-बाप की इच्छाओं का खास हाथ होता था। उन परिस्थितियों पर भी काफी कुछ निर्भर करता था, जो व्यक्ति के वश में नहीं होती थीं। अतः बहुत-से लोग सेवानिवृत्त होने पर जस-के-तस उसी काम-धंधे में लगे रहते अथवा एक पर एक नौकरी बदलते जाते थे।

पर आजकल बात पहले की-सी नहीं रह गई है। हर व्यक्ति, स्त्री हो या पुरुष, आज नौकरी से कहीं ज्यादा खुद के व्यवसाय के बारे में सोचने लगा है और अपनी पसंद के मुताबिक अपनी आजीविका चुनना चाहता है। इन लोगों के लिए आर्थिक उपलब्धियों से कहीं ज्यादा महत्त्व अपने काम-धंधे से मिलने वाली आत्म-संतुष्टि का है। इसलिए बहुत-से लोग निजी व्यवसाय में जमने के लिए नौकरी तक छोड़ देने को तत्पर रहते हैं।

इसी कारण बहुत-से लोग विभिन्न प्रकार के व्यावसायिक सलाहकारों की मदद लेने लगे हैं। ये सलाहकार या तो निजी स्तर पर परामर्श-केंद्रों में या सामाजिक संगठनों की मार्फत काम करते हैं। इन व्यावसायिक सलाहकारों से लोग अपना मनचाहा व्यवसाय अपनाने या फिर अपने वर्तमान पेशे को ही बदलने की दृष्टि से कई तरह के सवाल पूछते हैं, जैसे कि :

आजीविका-संबंधी किसी भी निर्णय से पहले आत्म-विश्लेषण जरूरी

1. व्यवसाय-नियोजन की दिशा में प्रारंभिक कदम क्या उठाएँ ?

सबसे महत्त्वपूर्ण बात यह है कि अपने उद्देश्यों के बारे में

प्रारंभिक निर्णय ले लिए जाएँ और उन्हें पाने के लिए जरूरी कौशल भी अर्जित करने का यत्न किया जाए। व्यावसायिक सलाहकार इसी बिंदु पर आपकी मदद कर सकता है। लेकिन यहाँ यह भी स्पष्ट कर देना आवश्यक है कि सलाहकार अपनी ओर से आपके लिए इस दिशा में कोई निर्णय नहीं लेता, न ही वह नौकरी दिलानेवाली किसी रोजगार-एजेंसी की तरह काम कर सकता है। वास्तव में, सलाहकार किसी दक्ष प्रशिक्षक की तरह होता है। ज्यादातर सलाहकार आपको मदद पहुँचाने के लिए तीन चरणोंवाली प्रक्रिया अपनाते हैं--

(क) आत्म-मूल्यांकन : यह देखने में आता है कि लोग बार-बार आत्मघाती निर्णय लेते ही चले जाते हैं, क्योंकि वे अपनी वास्तविक क्षमताओं को नहीं जानते। अपने बारे में ज्यादा-से-ज्यादा जान लेना ही अपने व्यवसाय व आजीविका-संबंधी विवेकपूर्ण निर्णय की कुंजी है। इसके लिए अपने-आप से ये सवाल करें--काम करने की दृष्टि से मेरी खूबियाँ या कमजोरियाँ क्या हैं ? मेरी विशेष प्रतिभाएँ या अभिरुचियाँ कैसी हैं ? मैं अपने काम से किस तरह का संतोष पाना चाहता हूँ ? मैं कैसी चुनौतियाँ (जैसे काम के ज्यादा घंटे, यात्रा आदि) उठा सकता हूँ ? अब तक जो नौकरियाँ मैं करता रहा हूँ, उनमें ऐसी कौन-सी बातें थीं जो मुझे नापसंद थीं ? मैं रोजमर्रा का बँधा-बँधाया काम चाहता हूँ या विविधतापूर्ण ? मुझे नौकरी में सुरक्षा चाहिए या शक्ति ? मैं अकेले काम करना चाहता हूँ या दूसरे लोगों के साथ मिलकर ? मुझे कम दबाववाला काम पसंद है या अधिक ? नए काम के लिए नए सिरे से प्रशिक्षण प्राप्त करने को मैं कितना तत्पर हूँ ? नए काम को सीखने के लिए मैं कितना समय दे सकूँगा ?

(ख) काम के अवसरों का विश्लेषण : अपने मनोवांछित व्यावसायिक क्षेत्र में उपलब्ध काम के अवसरों की जानकारी के लिए संदर्भ-सूत्रों का सहारा लें और लोगों से साक्षात्कार आदि करें। अभ्यर्थी बहुधा अपने सामने उपलब्ध विकल्पों तक से अनभिज्ञ होते हैं। किसी कार्य के अवसरों के बारे में जानने का बेहतर तरीका यह है कि उस काम में पहले से लगे लोगों से बात की जाए। जिस पेशे को आप अपनाना चाहते हैं, उससे जुड़े मित्रों-परिचितों से बातचीत कीजिए। उस पेशे के बारे में ठोस जानकारी पाने का यह सबसे सहज व कुशल तरीका है।

(ग) रोजगार पाने की तकनीक का विकास : व्यावसायिक सलाहकार आपके व्यावसायिक कुशलता-संबंधी विवरण-पत्र को माँजता भी है। इंटरव्यू की दृष्टि से वह कई मामलों में आपको प्रखरता प्रदान करता है और साथ ही आपकी अपनी प्रतिभा जताने का कौशल भी प्रदान करता है।

2. रोजगार का चुनाव करते समय मेरी योग्यताएँ अधिक महत्त्व रखती हैं या अभिरुचियाँ ?

अपने व्यवसाय में संतुष्टि की कुंजी होती हैं आपकी अभिरुचियाँ। जहाँ तक कुशलता का सवाल है, उसे कभी भी प्राप्त किया अथवा प्रखर बनाया जा सकता है। बहुत-से सफल दिखनेवाले लोग भी अपने काम से असंतुष्ट होते हैं। पैसे और पद में वृद्धि-भर

से इस अभाव को पूरा नहीं किया जा सकता।

तलाक के मुकदमे लड़नेवाली एक महिला-वकील अपने इस काम में दक्ष और मशहूर होने के बावजूद संतुष्ट नहीं थी। जब भी वह कोई मुकदमा जीतती, घर आकर इस अहसास से बेचैन हो उठती कि वह लोगों के घर तोड़ने में मशगूल है। आखिर उसने नए सिरे से प्रशिक्षण लेकर परित्यक्त महिलाओं और बच्चों को उनके पारिवारिक हक दिलवाने के मुकदमे लड़ने शुरू किए। तब कहीं जाकर उसे अपने पेशे से मानसिक शांति हासिल हुई।

3. संभावित नियोक्ता अभ्यार्थी के बारे में सबसे ज्यादा क्या जानना चाहता है ?

दो बातें, पहली यह कि क्या आपसे उस कंपनी को कोई लाभ होगा, और दूसरी यह कि क्या आप अपने सहयोगियों को साथ लेकर चल भी पाएँगे ?

ये सवाल शायद ही कभी सीधे-सीधे पूछे जाते हैं और इनके पूछे जाने पर कौन व्यक्ति है जो 'ना' में जवाब देगा। इसीलिए ये सवाल भी साक्षात्कार लेनेवालों के अन्य सवालों में ही निहित होते हैं। इसी तरह इन सवालों के जवाब देने के तरीके भी असरदार हो सकते हैं। इसके लिए, आवेदन करने से पहले अपनी योग्यताओं को नियोक्ता की दृष्टि से जाँचे-परखें। हर रिक्त स्थान के लिए बनाए गए एक सामान्य आवेदन-पत्र के बजाय उन गुणों और अनुभवों पर ज्यादा जोर दीजिए, जिनकी उक्त कंपनी को जरूरत है।

4. क्या यह अपेक्षा करना उचित है कि कोई रोजगार मेरी व्यक्तिगत आवश्यकताओं और उद्देश्यों की पूर्ति करे ?

हाँ। किसी भी नौकरी ढूँढ़नेवाले के लिए यह एकदम उचित है कि साक्षात्कार के समय काम के बारे में पूछताछ करे। आपको अपनी नौकरी से वेतन के अलावा और भी अपेक्षाएँ रखने का अधिकार है। उसे किसी-न-किसी तरह आपके व्यक्तित्व के विकास में सहायक भी होना चाहिए।

5. अगर मैं अपनी नौकरी को लेकर असंतुष्ट या परेशान हूँ तो क्या मुझे वह छोड़ ही देनी चाहिए ?

कोई जरूरी नहीं। विशेषज्ञों का कहना है कि अपने व्यावसायिक जीवन के किन्हीं बिंदुओं पर असंतोष होना सामान्य बात है। पहली-पहली नौकरी के प्रारंभिक एक या दो वर्षों के बाद असंतोष प्रतीत हो सकता है, जब अपने काम में दक्ष होने के बाद नई चुनौती का अभाव खलने लगे। अधेड़ व्यक्ति भी इस प्रकार के असंतोष का अनुभव कर सकते हैं, जब उन्हें यह लगे कि उनका व्यावसायिक जीवन सपाट हो गया है।

लेकिन ये लक्षण भ्रामक भी हो सकते हैं। पेनसिलवेन्या स्टेट यूनिवर्सिटी में परामर्श व शैक्षणिक मनोविज्ञान प्रभाग के अध्यक्ष एडविन एल. हेर के अनुसार कई बार सीधे

काम के दबावों के कारण ही असंतोष नहीं होता, बल्कि स्वास्थ्य, पारिवारिक संबंधों और धन-संबंधी कठिनाइयों के कारण भी होता है। अतः आपकी समस्याएँ आपके पेशे से इतर भी हो सकती हैं। हाँ, परामर्श लेने से आपको अपनी प्राथमिकताएँ तय करने में मदद जरूर मिल सकती है।

6. क्या बार-बार रोजगार बदलना ठीक नहीं ?

कुछ साल पहले तक जो लोग अकसर अपनी नौकरी बदलते रहते थे, उन्हें किसी सेवा में लेने की दृष्टि से ठीक नहीं माना जाता था। लेकिन अब फैशन, प्रकाशन, टेलीविजन आदि से लेकर बिक्री या विपणन जैसे उन क्षेत्रों में भी रोजगार बदलते रहना सामान्य बात है, जहाँ कर्म-कौशल का स्थानांतरण सहज है। फिर, अधिकाधिक परामर्शदाता इस पर सहमत होते जा रहे हैं कि नौकरी का सोद्देश्य बदलाव बहुधा सफलता का मार्ग बन जाता है। कुछ कार्मिक प्रबंधक तो उस प्रत्याशी को ही पसंद करते हैं, जो नौकरी बदल-बदलकर सफलता की सीढ़ियाँ चढ़ता चला गया हो। अलबत्ता कैलिफोर्निया के बीवरली हिल्स की व्यावसायिक सलाहकार स्यूजन डब्ल्यू. मिलर कहती हैं, 'आपने विभिन्न क्षेत्रों में बहुत कम समय तक काम किया हो तो यह आपके पक्ष में नहीं जा सकता।'

अतः नौकरी बदलने से पहले दो बार सोचिए, विशेषकर तब जबकि आप व्यक्तिगत संकट के दौर से गुजर रहे हों। लॉस एंजिल्स के मनोरोग-चिकित्सक डॉ. मार्क गूल्स्टन के अनुसार, 'भावात्मक दबावों में लिए गए निर्णय उलटे पड़ सकते हैं, क्योंकि संभव है निर्णय गलत कारणों से लिए गए हों।'

7. मुझे कम वेतन की नौकरी मिली है, लेकिन उसमें आगे बढ़ने के मौके अधिक हैं। क्या वह अपनाने लायक है ?

इलेन काबेक का कहना है, 'जोखिम लेने के मामले में सफल लोग समूची स्थिति के गुण-दोष परख लेते हैं।' बहुत-से अन्य सलाहकारों की तरह वे भी जिज्ञासु व्यक्ति से नफा-नुकसान की सूची तैयार करवाती हैं : नौकरी में सुरक्षा इतनी है और आर्थिक लाभ इतना है, पत्नी या पति इस बारे में क्या सोचेंगे, काम का और कितना दबाव झेला जा सकता है या फिर पहले भी कभी ऐसा जोखिम उठाया था तो उसके क्या परिणाम रहे ? इन सारी बातों को वे इस बैलेंस-शीट में तौलती हैं और तत्पश्चात् ही कोई सलाह देती हैं।

इस तरह के विश्लेषण कोई निर्णायक परिणाम तो नहीं देते, लेकिन इससे यह निश्चित हो जाता है कि सभी महत्त्वपूर्ण मुद्दों को जाँच-परख लिया गया है।

औद्योगिक संबंध

प्रतिभाओं को आधार दें

माइकेल एंजिलो ने मूर्तियों में जान डालने के लिए पूरी तन्मयता के साथ रात-दिन मेहनत की। उसका जीवन अपने मनचाहे कैरियर में शिखर पर पहुँचने के लिए समर्पित रहा। तब न कोई प्रोत्साहन उपलब्ध थे, न ही अच्छा वेतन। कॉरपोरेट-शब्दावली में व्यक्ति के भीतर से उसका सर्वोत्तम उद्घाटित करने के लिए उसके आगे कोई गाजर नहीं झुलाई जाती थी। पूर्वनिर्धारित वेतन-पैकेज की प्रत्याशा में बीथोवन या मोजार्ट के तराने भी नहीं बने थे।

आंतरिक प्रेरणा

इतिहास ऐसे अनेक महान् लोगों की गाथाओं से भरा पड़ा है, जिनका जीवन एक आंतरिक शक्ति से संचालित रहा और जिनके लक्ष्य उनकी धुन बन गए। यही असली प्रेरणा है, जो भीतर से आती है।

श्रेष्ठता और पूर्णता हासिल करने के लिए यह स्वचालित प्रेरणा और लगन बिरलों में ही मिलती है। कोई सोद्देश्य और उपयोगी काम करने की उनकी उत्कंठा और उमंग स्वजनित होती है और रोके नहीं रुकती, उफनती हुई नदी की तरह।

प्रेरणा हीरे की तरह है; जितना चमकाएँगे, उतनी ही कीमत पाएँगे

बहरहाल, ज्यादातर मामलों में प्रेरणा व्यक्ति में अंतर्निहित रहती है। वह उस बीज की तरह होती है, जो अंकुरित होनेवाला है, पर जिसे फलने-फूलने के लिए प्रयास, संरक्षण और धैर्य की जरूरत है। टेक्नोलॉजी की दृष्टि से हम तूफानी गति से आगे बढ़ रहे हैं और इसमें शक नहीं कि इस क्रांति के पीछे प्रेरित-समर्पित लोग हैं। कॉरपोरेट जगत् बड़े-बड़े कारोबारों के धूल में मिल जाने का साक्षी है, तो थोड़े ही समय में आसमान चूमनेवाले व्यवसायों

का भी। हर सफल संगठन में कुछ अति-उत्साही लोग होते हैं जो उसे आगे बढ़ने में ही सहायता नहीं करते, बल्कि सफलता की ऊँचाइयों तक भी ले जाते हैं। ऐसे अति-उत्साही लोगों द्वारा दिवालियेपन की कगार पर पहुँचे उद्योगों को भी पुनर्जीवित कर गौरवपूर्ण स्थान पर ले जाने के अनेक उदाहरण मिलते हैं।

क्रिसलर-प्रसिद्ध लाकोका, माइक्रोसॉफ्ट के बिल गेट्स, एप्पल कंप्यूटर्स के स्टीवन जॉब्स, एल्डरिक केमिकल के अल्फ्रेड ब्रेडर जैसे अनेक लोगों ने अकेले ही अपने संगठनों की काया पलट दी।

प्रेरणा के उपाय

तो कैसे कोई अपने संगठन के कर्मचारियों के प्रेरणा-स्तर को बढ़ाकर उसे अवतरण-मार्ग यानी लांचिंग पैड में बदल सकता है ?

प्रेरणा हीरे की तरह है—जितना चमकाओगे, उतनी कीमत पाओगे। पर फिर भी इसका कोई तयशुदा नियम नहीं है। वह अलग-अलग स्थितियों, अलग-अलग व्यक्तियों और अलग-अलग संगठनों के मामलों में अलग-अलग होती है। संगठनों को इस योग्य होना चाहिए कि अपने लोगों को अपनी संस्कृति और दर्शन में समाहित कर सकें और उन्हें अपनी जरूरतों के अनुसार ढाल सकें।

आदमी किसी संगठन को उसके नाम, ख्याति, कार्य-संस्कृति, पारिश्रमिक और उन्नति के अवसरों की दृष्टि से निर्मित छवि के आधार पर चुनता है। वह संगठन के माध्यम से अपनी आकांक्षाएँ पूरी होने की आशा रखता है। वाजिब उन्नति, पर्याप्त प्रतिपूर्ति, निष्पक्ष और समान अवसर व पर्याप्त स्वतंत्रता की अपेक्षा करना नितांत स्वाभाविक है। कर्मचारी इनमें से किसी भी कारण से असंतुष्ट होता है तो उसमें हतोत्साह और मोहभंग की प्रवृत्ति घर कर जाती है।

दो हिस्सों में सीमांकन

प्रेरणा को उसकी समग्रता में समझने के लिए किसी उद्योग के दो भिन्न हिस्सों का स्पष्ट सीमांकन कर लेना चाहिए। पहले में उत्पादन यानी प्रोडक्शन, विपणन यानी मार्केटिंग और वित्त यानी फाइनेंस (पीएमएफ) आते हैं। दूसरा है, अनुसंधान व विकास (आर एंड डी)। ये दो हिस्से एक ही सिक्के के दो पहलू हैं, पारस्परिक रूप से एक-दूसरे पर निर्भर। किंतु इन दो अलग-अलग हिस्सों से जुड़े कार्मिकों के मिजाज और नजरिए में उल्लेखनीय अंतर होता है।

पीएमएफ के मामले में कार्य-निष्पादन और कड़ी मेहनत के परिणाम प्रत्यक्ष होते हैं। हालाँकि आर एंड डी के नए प्रयास और कल्पनाशीलता ही भावी उन्नति और अस्तित्व की आधारशिला रखते हैं, पर उसमें कड़े परिश्रम और अध्यवसाय के परिणाम देर से मिलते हैं और अकसर सबके द्वारा सराहे भी नहीं जाते।

इस तरह पीएमएफ के कार्मिक की तुलना में आर एंड डी कार्मिकों में प्रेरणा-स्तर

निम्न होता है और उनका सर्वोत्तम योगदान हासिल करने के लिए विशेष प्रयास अपेक्षित होते हैं। अधिकतर आर एंड डी कार्मिक शैक्षिक अनुसंधान से समृद्ध पृष्ठभूमि रखते हैं, जहाँ खोज करने और जिज्ञासा-प्रेरित परियोजनाएँ हाथ में लेने की स्वतंत्रता ज्यादा होती है। जबकि औद्योगिक वातावरण में प्रवेश करने पर आर एंड डी कार्मिक समयबद्ध और प्रयोगोन्मुख (एप्लीकेशन-ओरिएंटेड) परियोजनाओं से बँध जाते हैं। इसके अलावा, किसी उत्पाद के विकास या पूर्णता की प्रक्रिया में किसी तार्किक परिणति पर पहुँचने के लिए किए जाने वाले प्रयोगों और परीक्षणों में बरसों लग जाते हैं। इससे बहुत हताशा उपजती है। यह हताशा अकसर औद्योगिक आर एंड डी के आकर्षणों पर भारी पड़ती है। इन परिस्थितियों में अकसर कार्मिकों में असंतोष पैदा हो जाता है और उनका मनोबल गिर जाता है।

प्रेरणा बढ़ाने के लिए

सामान्यतः सभी कार्मिकों और विशेषतः आर एंड डी कार्मिकों के प्रेरणा-स्तर बढ़ाने के लिए अलग-अलग मामले में अलग-अलग आधार पर निम्नलिखित सुझाव आजमाए जा सकते हैं—

- संगठन की अच्छी छवि प्रक्षेपित करने के लिए संगठन के लक्ष्यों और उपलब्धियों, चाहे वे कितने ही छोटे क्यों न हों, के रूप में उसके रचनात्मक पहलुओं को उजागर करें।
- सुपरिभाषित, स्पष्ट और महत्त्वपूर्ण किंतु हासिल किए जा सकने वाले लक्ष्य निर्धारित करें।
- कर्मचारी के लिए हर स्तर पर मौजूद उन्नति के अवसर साफ-साफ परिभाषित और स्पष्ट करने अनिवार्य हैं। प्रतिभाओं की शीघ्रातिशीघ्र पहचान और पोषण भी किया जाना चाहिए। स्वमूल्यांकन, कैरियर-प्लानिंग और विकास में कर्मचारियों की मदद करने के लिए हर संगठन एक छोटा केंद्र स्थापित कर सकता है।
- प्रतिपूर्ति-पैकेज सीधे संगठन के लाभ और प्रगति से जुड़ा होना चाहिए। लोगों को यह साफ-साफ बता दिया जाना चाहिए कि वे संगठन के साथ-साथ ही तैरेंगे या डूबेंगे।
- खेलों, सामाजिक जलसों और सांस्कृतिक कार्यक्रमों जैसी सामूहिक गतिविधियों को प्रोत्साहित करना चाहिए।
- आर एंड डी को संगठन के अभिन्न अंग के रूप में मान्यता देनी चाहिए और उसे भावी प्रगति का वास्तुविद् समझना चाहिए।

निष्कर्ष यह है कि भले ही माइकेल एंजिलो, अल्फ्रेड नोबल, थॉमस एडिसन, अल्फ्रेड ब्रेडर जैसे स्वप्रेरित व्यक्ति दुर्लभ हों, फिर भी औद्योगिक संगठनों को अपने और कर्मचारियों, दोनों के हित में कर्मचारियों की प्रकट संभावनाओं को मान्यता देने के लिए ही नहीं, बल्कि उनकी छिपी संभावनाओं को खोज निकालने के लिए भी भरसक प्रयास करने चाहिए।

रचनात्मक सोच को बढ़ावा दें

आजकल ज्यादातर संगठन कार्य-निष्पादन सुधारने के लिए कार्यक्रम बनाते हैं और उनमें ढेर सारा समय, धन और श्रम लगाते हैं। सुधार होता जरूर है, पर परिणाम बहुत न्यून रहते हैं और देर से प्राप्त होते हैं। कारण यह है कि कर्मचारी अपनी रचनात्मक योग्यताओं का इस्तेमाल करते हुए नई युक्तियाँ और समाधान सुझाने के लिए आगे नहीं आते, वे परंपरागत तरीकों से ही सोचने और काम करने में प्रवृत्त रहते हैं, जिसका परिणाम छोटे और रुक-रुककर होने वाले सुधारों के रूप में सामने आता है।

अमेरिका में के. हैंक्स और जे. पैरी द्वारा हाल ही में किए गए एक अध्ययन 'वेक अप योअर क्रिएटिव जीनियस' से पता चलता है कि 90 फीसदी पाँच वर्षीय बच्चों की तुलना में केवल 2 फीसदी वयस्क अपने रचनात्मक कौशल प्रयुक्त करते हैं। बच्चे बहुत रचनात्मक होते हैं और जैसे-जैसे वे शिक्षा-प्रणाली के जरिए आगे बढ़ते हैं, वैसे-वैसे उनके नवोन्मेषी कौशलों में ह्रास आता जाता है और जॉब-मार्केट में प्रवेश करने के बाद तो वे पूरी तरह से 'डूब' जाते हैं। संगठन आम तौर पर रचनात्मक सोच को प्रोत्साहित करने वाला माहौल उपलब्ध नहीं कराते और आदमी लगातार उन्हीं के अनुकूल ढलने के दबाव में रहता है।

रचनात्मकता योग्यता बढ़ाने का उपाय और उसके मार्ग की बाधाओं को पहचान कर दूर करने की कला है

रचनात्मकता के संबंध में व्याप्त गलतफहमियाँ

क्या ऐसी स्थिति में रचनात्मकता सुधारी या सिखाई जा सकती है या रचनात्मक सोच को उत्प्रेरित करनेवाला माहौल पैदा किया जा सकता है ? कोरनैल विश्वविद्यालय द्वारा किया गया एक

सर्वेक्षण बताता है कि ज्यादातर लोगों का विश्वास है कि रचनात्मकता वंशानुगत होती है। इसके विपरीत, अमेरिका में किए गए शोध दरशाते हैं कि हम सभी रचनात्मक होते हैं, पर उम्र बढ़ने के साथ-साथ हम अपनी रचनात्मकता का प्रयोग कम करते जाते हैं। साक्ष्यों से पता चलता है कि रचनात्मक पाठ्यक्रम न केवल प्राकृतिक ह्रास को रोकते हैं, बल्कि रचनात्मक चिंतन की योग्यता में वृद्धि भी करते हैं।

यह कहना भी एक मिथक ही है कि रचनात्मकता बुद्धि, प्रतिभा और कौशल का प्रत्यक्ष परिणाम होती है। इतिहास में इसके अनेक प्रमाण उपलब्ध हैं। थॉमस एडिसन और अल्बर्ट आइंस्टीन, दोनों स्कूल से निकाल दिए गए थे, क्योंकि पहले को मूर्ख समझा गया था और दूसरा ज्यूरिख पोलीटेक्नीक की प्रवेश-परीक्षा में अनुत्तीर्ण हो गया था।

रचनात्मकता खुले दिमाग, उत्सुकता, करीब से देखने की योग्यता, चतुर्दिक् चिंतन, द्विसंबंधता यानी बाइ-एसोसिएशन (प्रत्यक्षतः असंबद्ध कारकों के बीच संबंध का बोध), अंतर्ज्ञान, नकारात्मक निर्णय की अनुपस्थिति और अनेक आविष्कारों से पहले मौजूद रहती आई लंबी अनिश्चितता के प्रति सहिष्णुता रखने से आती है। रचनात्मक चिंतन प्रश्न से शुरू होता है और रचनात्मकता की गुणवत्ता पूछे गए प्रश्नों की गुणवत्ता से निर्धारित होती है।

बाधाओं का निवारण

रचनात्मक योग्यता बढ़ाने का एक उपाय उसके मार्ग की विभिन्न बाधाओं को पहचानना और उन्हें दूर करना है। वे बाधाएँ निम्नानुसार वर्गीकृत की जा सकती हैं :

प्रत्यक्षज्ञानात्मक : ये बाधाएँ हमें समस्या या उसे जानने के लिए आवश्यक सूचना की स्पष्ट प्रतीति करने से रोकती हैं। एक उदाहरण, ऐसे आँकड़ों को, जो वस्तुतः अपुष्ट धारणाएँ हों, तथ्यों के रूप में स्वीकार करना है।

भावनात्मक : ये बाधाएँ हमारे विचारों को अन्यों द्वारा स्वीकार्य तरीके से संप्रेषित होने से रोकती हैं। इन्हें मनोवैज्ञानिक अवरोधों के रूप में जाना जाता है। गलती होने का डर, असफलता का भय, जोखिम उठाने की अयोग्यता–जो सुरक्षा की अपरिमित आकांक्षा से पैदा होते हैं, इसके कुछ उदाहरण हैं।

सांस्कृतिक : ये बाधाएँ सांस्कृतिक प्रतिमानों के दिए गए सेट के प्रति एक्सपोजर से पैदा होती हैं। उदाहरण है यह विश्वास कि मनोरम कल्पनाओं यानी फैंटेसी में लीन रहना समय की बरबादी है, या यह कि कारण, तर्क और व्यावहारिकता अच्छी हैं, भावनाएँ और अंतर्ज्ञान नहीं।

वातावरणीय : ये बाधाएँ हमारे निकटतम सामाजिक और भौतिक वातावरण द्वारा आरोपित होती हैं। सहकर्मियों में विश्वास और सहयोग का अभाव तथा केवल अपने विचारों को महत्त्व देने वाले निरंकुश बॉस–ऐसी ही दो वातावरणीय बाधाएँ हैं।

बौद्धिक : ये बाधाएँ अक्षम मानसिक तदबीरों के चयन या नए समाधानों के प्रयोग

की अनिच्छा से पैदा होती हैं। उदाहरण के लिए, पूर्व में कारगर रहे समाधानों के ही प्रयोग की जबरदस्त प्रवृत्ति या संस्थांधता। संस्थांध उन्हें कहते हैं, जो किसी कंपनी-विशेष में लंबे समय तक कार्यरत रहने के कारण बाद में समस्याओं को नए नजरिए से देखने में असमर्थ हो जाते हैं।

रचनात्मकता की शैलियाँ

रचनात्मकता के मार्ग की बाधाओं को समझना जितना उपयोगी है, उतना ही उपयोगी रचनात्मकता की शैलियों को समझना भी है, क्योंकि अधिकांश लोग चिंतन के मोटे पैटर्न में व्यवस्थित हो जाते हैं। विलियम मिलर के शोध के अनुसार चिंतन-पैटर्नों की चार श्रेणियाँ हैं। संशोधनात्मक शैली पूछना पसंद करती है कि 'पहले कारगर रही युक्तियों में सुधार लाने के लिए हम क्या अनुकूलन कर सकते हैं ?' जबकि कल्पनात्मक शैली पूछना पसंद करती है, 'आदर्श दीर्घकालिक समाधान के रूप में हम यथार्थवादी ढंग से क्या कल्पित कर सकते हैं ?' प्रयोगात्मक शैली पूछती है, 'हम कौन-सी युक्तियाँ मिला और परख सकते हैं?' और अंतिम, गवेषणात्मक शैली सवाल करती है, 'अपनी धारणाओं को चुनौती देने के लिए हम किन रूपकों का प्रयोग कर सकते हैं ?'

सकारात्मक माहौल

रचनात्मकता के लिए एक सकारात्मक वातावरण अपेक्षित है जिसमें लक्ष्य की स्पष्टता, स्वतंत्रता, प्रोत्साहन और मान्यता उपलब्ध हो। कुछ प्रबंधकों का खयाल है कि आज की लागत-दबाव वाली परिस्थितियों में रचनात्मकता एक विलासिता है। पर साक्ष्य बताते हैं कि रचनात्मकता-सुधार-कार्यक्रमों के जरिए किए गए निवेश पर प्रतिफल अन्य अनेक कार्यक्रमों के जरिए किए जानेवाले निवेश पर मिलनेवाले प्रतिफल से कहीं ज्यादा होता है। कर्मचारी उनसे ज्यादा उत्पादन ही नहीं, ज्यादा संतुष्ट भी हो जाते हैं।

कोई भी प्रथम-पंक्ति प्रबंधन या स्वप्रबंधित टीम रचनात्मकता-सुधार-कार्यक्रम अपना सकती है और इस बात पर ध्यान दिए बिना कि बाकी संगठन में क्या चल रहा है, एक प्रेरक माहौल बनाने का प्रयास कर सकती है।

ऐसे कार्यक्रमों से उदासीन रहने और भय खानेवाले मध्यम श्रेणी प्रबंधक उन्हें ठुकरा देते हैं। लेकिन यह एक आत्मघाती नजरिया है, क्योंकि आज के अति- प्रतिस्पर्धात्मक माहौल में लागत कम करने, प्रतिफल बढ़ाने और ग्राहकों को आकर्षित करने योग्य व्यवसाय करने के लिए संगठन का कार्य के हर क्षेत्र में रचनात्मक होना जरूरी है।

अधीनस्थों को जिम्मेदार बनाएँ

यह देखने में आया है कि ज्यादातर कार्यपालक कारगर ढंग से प्रत्यायोजन यानी डेलीगेशन यानी अपने कार्य, अधिकार आदि अपने अधीनस्थों को सौंपने में कठिनाई महसूस करते हैं। इसके अनेक कारण हो सकते हैं, जिनमें से कुछ इस प्रकार हैं–

1. **आत्मविश्वास की कमी :** कुछ कार्यपालक खुद को अपने काम में असुरक्षित और अनिश्चित महसूस करते हैं। उनके मन में डर छिपा रहता है कि यदि कनिष्ठ बेहतर काम करेंगे तो उनकी नाक कट जाएगी और स्टाफ पर से उनका नियंत्रण खत्म हो जाएगा।

2. **अति-आत्मविश्वास :** कुछ कार्यपालक अपनी क्षमताओं को वास्तविकता से बढ़कर आँक लेते हैं और इसलिए ज्यादातर काम खुद ही करना पसंद करते हैं। हालाँकि कुछ कार्यपालक ऐसा इसलिए भी करते हैं, क्योंकि वे आयोजना, संगठन, समन्वय, नियंत्रण आदि वास्तविक प्रबंधकीय कार्य करने के बजाय नेमी यानी रुटीन काम करने में सुविधा महसूस करते हैं।

प्रत्यायोजन से अधिकार कम नहीं होते बल्कि काम में कुशलता बढ़ती है

3. **कनिष्ठों की क्षमताओं को कम करके आँकना :** कुछ वरिष्ठ अधिकारी डरते हैं कि उनके कनिष्ठ काम अच्छी तरह से नहीं कर पाएँगे या कुछ गलतियाँ कर बैठेंगे, जिनके लिए उन्हें (वरिष्ठों को) जिम्मेदार ठहराया जाएगा। अतः शीर्ष प्रबंधन को संभावनाशील प्रत्यायोजकों को सुरक्षित महसूस करवाकर, काम के भय और कुंठा से रहित माहौल पैदा करके और प्रत्यायोजकों को इस बात से आश्वस्त भी करके कि प्रत्यायोजन के लिए उन्हें दंडित नहीं, पुरस्कृत किया जाएगा; ऐसे शक दूर करने के प्रयत्न

करने चाहिए।

4. भ्रांति : अधिकांश प्रबंधकों के मन में प्रत्यायोजन का महत्त्व ही स्पष्ट नहीं होता। वे शक्ति और प्राधिकार, जिम्मेदारी और जवाबदेही में भेद नहीं कर पाते। आइए, इन शब्दों के विशिष्ट लक्षण समझें—

(क) शक्ति बनाम प्राधिकार : एक कार्यपालक को संगठनात्मक पदानुक्रम यानी हाइरार्की में उसकी स्थिति के नाते कुछ शक्ति दी जाती है, जिसे हम 'स्थितिमूलक शक्ति' कह सकते हैं। जब आप प्रत्यायोजन के जरिए अपने कनिष्ठों का विकास करते हैं, तो आप कुछ वैयक्तिक शक्ति प्राप्त कर लेते हैं जो आपकी स्थितिमूलक शक्ति को, और साथ ही आपकी प्रबंधकीय प्रभावोत्पादकता को भी अधिक सुदृढ़ करती है।

(ख) जिम्मेदारी बनाम जवाबदेही : जिम्मेदारी वांछित परिणाम प्राप्त करने के लिए कुछ करने या करवाने का दायित्व है। ध्यान रखें कि आप प्राधिकार तो प्रत्यायोजित कर सकते हैं पर जिम्मेदारी नहीं, क्योंकि प्रत्यायोजित करने के बाद भी आप कार्य का, जिस रूप में वह होना चाहिए उस रूप में, होना सुनिश्चित करने के लिए अपने बॉस के प्रति जिम्मेदार बने रहते हैं। आप यह जिम्मेदारी प्रत्यायोजिती यानी डेलीगेटी पर नहीं लाद सकते। किंतु आपका प्रत्यायोजिती अपनी चूकों के लिए आपके प्रति जवाबदेह बना रहता है।

प्रत्यायोजन निश्चय ही 'काम देना' या 'जिम्मेदारी त्यागना' नहीं है। वह वैयक्तिक संबंधों के निर्वाह और अच्छा संप्रेषण विकसित करने तथा उसे कायम रखने के कौशल की माँग करता है।

प्रत्यायोजन का मतलब अरुचिकर कामों से पीछा छुड़ाना भी नहीं हैं। कोई काम कैसे और कब करना है, इसके सूक्ष्म ब्योरे देना भी उसका मतलब नहीं है। असल में, जब आप प्रत्यायोजन करते हैं तो आप प्रत्यायोजिती को अपेक्षित विवेकाधिकार और साथ ही जरूरी सहायता भी उपलब्ध कराते हैं, ताकि वह मदद के लिए आपकी ओर ताके बिना महत्त्वपूर्ण निर्णय पूर्णतया स्वयं ले सके। हाँ, आपको कार्य के लिए अपेक्षित तथ्य और आँकड़े अवश्य उसे देने चाहिए। उद्देश्य और प्रत्यायोजिती से अपनी अपेक्षाएँ भी उसे स्पष्ट शब्दों में बता देनी चाहिए। यह भी अवश्य समझना चाहिए कि प्रत्यायोजन पसंद यानी च्वाइस की बात है, न कि मजबूरी, विकल्प या बाध्यता की।

कारगर प्रत्यायोजन की कुछेक पूर्वापेक्षाएँ होती हैं, जैसे—

1. निर्णयकारिता : प्रत्यायोजन को कारगर बनाने के लिए आपको कार्य-विशेष कब और किसे प्रत्यायोजित करना है—इस संबंध में सही निर्णय करना है। और इन सबसे पहले खुद से पूछना चाहिए कि यह किया भी जाना चाहिए या नहीं ?

इस प्रसंग में साहस सबसे ज्यादा महत्त्वपूर्ण कारक है, क्योंकि उसके बिना आप कोई महत्त्वपूर्ण काम अपने कनिष्ठों को सौंपने का जोखिम नहीं उठा सकते। विशेषकर ऐसे काम, जिन्हें आप खुद कहीं ज्यादा बेहतर ढंग से कर सकते हों। लेकिन अपने लोगों में आपकी वास्तविक दिलचस्पी, उनके प्रति आपका सच्चा अनुराग आपको कारगर

प्रत्यायोजन के जरिए उनका विकास करने के लिए प्रोत्साहित करता है।

2. संप्रेषण : कारगर प्रत्यायोजन प्रभावी, दुतरफा संप्रेषण की अपेक्षा रखता है। इसके लिए आपका सही अर्थों में 'खुला' होना जरूरी है। यह दावा करने मात्र से कि आप खुले द्वार (जिसमें कभी भी कोई भी प्रवेश कर सकता है) की नीति का पालन करते हैं, काम नहीं चलेगा। आपको संदर्भों, सूचनाओं और परामर्शों के लिए खुद को मुक्त रखना होगा। सबसे बड़ी बात यह है कि आपको अपना मनोवैज्ञानिक आकार घटाना होगा। अतः खुले और मुक्त बनें तथा अपने कनिष्ठों के लिए सुलभ दिखें।

लोगों को अपने साथ ज्यादा और लगातार अंतःक्रिया यानी इंटरएक्शन करने के लिए प्रोत्साहित करें। कनिष्ठों से उनके कार्य-स्थलों या डेस्कों पर जाकर मिलें, लगातार समूह-बैठकें या कार्य-भोज (वर्किंग लंच) आयोजित करें। इस तरह वे आपको बेहतर तरीके से जान सकेंगे, जो कि आपके द्वारा उन्हें जानने से कहीं ज्यादा महत्त्वपूर्ण है। अगर आपको अपने लोगों से ज्यादा मेज-जोल बढ़ने का डर हो (इस कहावत के आधार पर कि अधिक मेलजोल अवज्ञा को जन्म देता है—अतिपरिचयादवज्ञा, जिसका जिक्र रहीम ने भी अपने इस दोहे में किया है—अति परिचय ते होत है अरुचि, अनादर भाय; मलयागिरि की भीलनी चंदन देत जराय।), तो उसे धीरे-धीरे मन से निकाल दें। पर साथ ही अपने कनिष्ठों को अपनी दोस्ती को तयशुदा (टेकन फॉर ग्रांटिड) भी न मानने दें।

3. कौशल : प्रत्यायोजन एक कौशल है, जो आपके निर्णय करने के कौशल को आपके कनिष्ठों को अंतरित करता है ताकि वे कोई काम स्वतंत्र रूप से, सहायता और मार्गदर्शन के लिए आपका मुँह जोहे बिना कर सकें। प्रत्यायोजन उन्हें अपनी कल्पना और नवीनता का प्रयोग करने, अपनी समस्याएँ रचनात्मक ढंग से हल करना सीखने और स्वतंत्र व सही निर्णय लेने के लिए उत्प्रेरित कर सकता है।

4. अपेक्षाएँ : प्रत्यायोजन कारगर बनाने के लिए यह आवश्यक है कि आप प्रत्यायोजिती को अधिक महत्त्व दें और उससे ऊँची अपेक्षाएँ रखें। तभी वह आपकी अपेक्षाओं पर खरा उतरने का प्रयास करेगा; क्योंकि, जैसा कि पीटर्स और ऑस्टिन ने कहा है, '...आपके आदमी उतना और वैसा ही करते हैं, जितनी और जैसी अपेक्षा आप उनसे करते हैं।' डेविड फ्रीमेंटल तो यहाँ तक कहते हैं कि 'प्रत्यायोजन इस बात की खोज है कि आपके आदमी उससे 100 फीसदी ज्यादा सक्षम हैं, जितना कि आप उन्हें समझ सकते थे।'

5. धैर्य : तत्काल परिणामों की अपेक्षा न रखें। आपके कनिष्ठ मानव हैं, अतिमानव नहीं। नया काम सीखने में उन्हें वाजिब समय लगेगा। याद रखें—उनके उत्कृष्टता हासिल कर लेने के बाद उनकी पीठ थपथपाने की प्रतीक्षा न करें। जब भी कभी वे प्रगति करें, उन्हें तकरीबन विशुद्धताओं के लिए शाबाशी दें। इससे वे और बेहतर परिणाम देने के लिए प्रोत्साहित और उत्प्रेरित महसूस करेंगे। प्रत्यायोजितियों को अपने से भिन्न तरीके से बढ़ता देख धैर्य न खोएँ। क्या पता, वे काम करने का कोई बेहतर तरीका विकसित कर लें। उन्हें यह महसूस कराएँ कि आप उनके साथ हैं।

6. विश्वास : कारगर प्रत्यायोजन का प्रासाद विश्वास की नींव पर निर्मित होता है। आपको अपने लोगों पर विश्वास करना चाहिए और आपके लोगों को भी आप पर विश्वास होना चाहिए। प्रत्यायोजन करते समय हैंडी द्वारा प्रस्तुत 'विश्वास-नियंत्रण दुविधा' याद रखें। हैंडी कहते हैं, और ठीक ही कहते हैं, कि विश्वास और नियंत्रण की मात्रा नियत (कांस्टैंट) रहती है। अतः यदि नियंत्रण बढ़ता है, तो लोग जल्दी ही समझ जाते हैं कि उन पर कम विश्वास किया जा रहा है। इसी प्रकार, जब विश्वास बढ़ता है, तो नियंत्रण आनुपातिक रूप से अनिवार्यतः घट जाता है।

प्रत्यायोजन का मतलब प्राधिकार-समर्पण नहीं है कि जितना ज्यादा आप समर्पित करेंगे, उतना कम आपके पास रह जाएगा। उसका मतलब तो प्राधिकार निहित करना है, जितना ज्यादा आप प्रत्यायोजन करेंगे, उतना ही ज्यादा आपके कनिष्ठ नवीनता और रचनात्मकता, अपनी उन्नति और विकास, अपने स्वाभिमान और कार्य-संतुष्टि, और सबसे बढ़कर द्रुततर कार्रवाई के रूप में आपको समर्पित करते हैं। प्रत्यायोजन आपको रुटीन के श्रम से भी बचाता है और आयोजना, संगठन, समन्वय, नियंत्रण, नीतिगत मामलों में निर्णय आदि के लिए ज्यादा समय भी उपलब्ध कराता है, जो कि प्रबंधक के रूप में आपका असली काम है।

आदमी ही गलती करता है

अपनी गलती स्वीकार करना यह दरशाने का सबसे विनम्र तरीका है कि हम थोड़ा और समझदार हो गए हैं। अंग्रेजी का होते हुए भी हिंदी में अच्छी तरह घुल-मिल गया 'सॉरी' ऐसा शब्द है जो किसी को भी पिघला सकता है और हमारे नए दोस्त बना सकता है।

पर 'सॉरी' कहना आसान नहीं। उसके लिए कुछ ज्यादा साहस की जरूरत होती है, क्योंकि उससे अहं को ठेस लगती है। लेकिन एक बार यह साहस कर लिया जाए तो अंतर्मन खिल उठता है और आदमी हलका अनुभव करता है। वह अपनी ही नहीं, दूसरों की नजर में भी 'हीरो' बन जाता है।

मूलभूत सिद्धांत

लेकिन उसके लिए इन मूलभूत सिद्धांतों का पालन करना जरूरी है—

अपनी गलतियाँ स्वीकार करना और खुद पर हँसना ही हिम्मत का काम है

1. 'सॉरी' इस भावना के साथ कहें कि आपका वाकई वही आशय है और दोबारा वह गलती नहीं होगी।

2. उस गलती से मिले सबक को याद रखें। कोशिश करें कि भविष्य में 'सॉरी' कहने की जरूरत ही न पड़े।

निम्नलिखित बातों का ध्यान रखेंगे तो 'सॉरी' से बचा जा सकता है—

- हर काम में, जितना हम सोचते हैं, उससे ज्यादा समय लगता है। अतः लक्ष्य-तिथि (टार्गेट-डेट) सूचित करने से पहले उसमें 10 से 30 प्रतिशत तक मार्जिन जोड़ लें।

• अप्रिय और मुश्किल काम स्थगित न करें। उन्हें आज ही कर लेंगे तो बाद में निश्चिंत रहेंगे।

• आपके 30 प्रतिशत कर्मचारी आलसी, नासमझ और बेईमान हैं (किसी के भी हो सकते हैं), अपनी गणनाओं में इस तथ्य का ध्यान रखें।

• संभावित गड़बड़ी का विश्लेषण करें। कुछ न कुछ गड़बड़ी हो सकती है, अतः वैकल्पिक योजनाएँ बनाकर चलें।

• जैसे ही पता चले कि नियत तिथि तक कार्य नहीं हो सकेगा, अपने बॉस या ग्राहक को बता दें। वह बेहतर विकल्पों के बारे में सोच सकेगा या स्वयं को तदनुसार तैयार कर लेगा।

गलतियों का समायोजन

अपने मस्तिष्क-पटल पर दूध का गिलास चित्रित करें। और फिर याद करें कि गिरे हुए दूध पर रोने या चिल्लाने से कोई लाभ नहीं। इससे सबक लें।

बल्कि अपनी गलतियों को समग्र बुनावट में लाभदायक ढंग से बुनने का प्रयास करना चाहिए। कैसे ? यह नॉर्मन विंसेंट पील से जानिए, 'दुनिया के अनेक श्रेष्ठतम कालीन मध्य-पूर्व चीन या भारत से बुनकर आते हैं। ये कालीन एक उस्ताद बुनकर के निर्देशन में बच्चों और बड़े लोगों के दलों द्वारा हाथ से बुने जाते हैं। अकसर ऐसा हो जाता है कि अनमनेपन की स्थिति में कोई बुनकर गलती से ऐसे रंग का धागा उसमें लगा देता है जो बुनावट के अनुरूप नहीं होता। ऐसी हालत में उस्ताद बुनकर रंग-क्रम ठीक करने के लिए वह धागा बाहर निकालने के बजाय गलती को समग्र बुनावट में सुसंगत ढंग से समाहित करने का उपाय करता है। आप भी अपनी गलतियों को अपनी जिंदगी की बृहत्तम समग्र बुनावट में लाभदायक ढंग से बुनना सीख सकते हैं। ज्यादातर कठिनाइयों में कोई-न-कोई अंतर्निहित अच्छाई होती है।'

ज्यादा मलाल ठीक नहीं

हमेशा याद रखें कि अपनी गलतियों पर ज्यादा देर तक मलाल भी नहीं करते रहना चाहिए। ऐसा करके हम गलतियों के खाँचे में फँसे रहते हैं, उससे निकल नहीं पाते। गलतियाँ शिक्षक हो सकती हैं, पर वे जोंक भी हो सकती हैं जो हमारी सोच से चिपटी रहकर हमसे पुनः वही गलती करवा सकती हैं। बीते कल की गलतियों को अपना आज बिगाड़ने देना बुद्धिमत्ता नहीं। अपने मस्तिष्क को अपनी सफलताओं से प्रेरित होने, उनसे सबक सीखने के लिए प्रशिक्षित करें। वे आदमी को गलतियों के खाँचे से बाहर निकाल लेती हैं।

दूसरों पर उँगली न उठाएँ

साथ ही, यह भी याद रखें कि जब हम किसी पर एक उँगली उठाते हैं, तो हमारी

तीन उँगलियाँ हमारी अपनी ओर तनी रहती हैं। दूसरों की गलतियाँ निकालते समय अकबर-बीरबल की यह कहानी याद रखें।

बादशाह अकबर ने एक बार अपने प्रधानमंत्री बीरबल को, जो अपनी योग्यता, बुद्धिमत्ता और हाजिरजवाबी के लिए प्रसिद्ध थे, अपनी एक तस्वीर बनाने के लिए कहा। बीरबल ने हफ्ते-भर में तस्वीर बनाकर बादशाह को भेंट कर दी, जिसे देखकर वह बड़ा खुश हुआ। उसने दरबार में उपस्थित अन्य 'नवरत्नों' से बीरबल की कला पर अपनी राय व्यक्त करने के लिए कहा। इस पर एक-एक करके वे सभी उस कलाकृति के पास आए और उनकी नजर में उसमें जहाँ-जहाँ कमी थी, वहाँ-वहाँ बिंदु लगाकर चले गए। तस्वीर बिंदुओं से भर गई और जाहिर है, अकबर बड़ा परेशान हुआ। उसने बीरबल से स्पष्टीकरण देने को कहा।

बीरबल ने कुछ क्षण विचार किया और फिर आठ खाली कैनवस मँगवाकर आठों रत्नों को बादशाह की तस्वीरें बनाने के आग्रह के साथ दे दिए। कोई भी तस्वीर नहीं बना सका। क्योंकि कमियाँ निकालना आसान है, काम करना मुश्किल है।

किसी से भी हो सकती है गलती

एक अमेरिकी कहावत है कि 'अध्यक्ष की पेंसिल के ऊपर भी इरेजर होता है।' कहने का मतलब यह कि बड़े से बड़ा आदमी भी गलती कर सकता है, और उसे अपनी गलती सुधारनी पड़ती है।

हम सब इनसान हैं। अरबी भाषा में 'इनसान' शब्द का मूल अर्थ है भूल करने (या कर सकने) वाला। कर्मचारी भी इनसान ही होते हैं। इनसानों में आलसीपन, लालच, गुस्सा, झूठ बोलना, स्वार्थ आदि अंतर्निहित कमजोरियाँ होती हैं। एक बार जब आप इन कमजोरियों को अपने कर्मचारियों के अंतर्निहित अंग के रूप में जान लेंगे, तो उनसे काम लेते हुए इन्हें ध्यान में रखेंगे। उनसे व्यवहार करते समय आप 'डिस्काउंट-फैक्टर' लागू कर सकते हैं जिसके अंतर्गत कुछ चीजें हिसाब में ही नहीं ली जातीं।

कर्मचारियों में दो मुख्य कमजोरियाँ हो सकती हैं—

1. किसी काम में जितना समय लगना चाहिए, कर्मचारी उसे करने में उससे ज्यादा समय लगा सकते हैं, और,

2. व्यवस्था में निवारक माहौल न हो तो कर्मचारियों में धोखा देने की सहज प्रवृत्ति हो सकती है।

जब कर्मचारी धोखा दें, तो प्रबंधक भी उनके लिए प्रलोभन पैदा करके खुद को धोखा दिए जाने के लिए उतना ही जिम्मेदार होता है। इसलिए अपने कर्मचारियों को कभी स्वयं को धोखा न देने दें। यदि कोई कर्मचारी बेईमान हो और आप उसे लंबे समय तक नजरअंदाज या बर्दाश्त करते रहें तो समझिए कि आप अपने ईमानदार कर्मचारियों को भी बेईमान बनने का लालच दे रहे हैं। याद रखें कि कोई कर्मचारी या तो ईमानदार होता है या बेईमान, वैसे ही जैसे कोई स्त्री या तो गर्भवती होती है या

फिर नहीं होती। वह थोड़ी गर्भवती नहीं हो सकती है। फिर भी, विवेक से काम लें और अगर आपको लगे कि कर्मचारी मूलतः अच्छा आदमी है, तो उसकी कभी-कभार की चूकें माफ कर दें।

गुणों पर ध्यान दें

हमारे ज्यादातर कर्मचारी, सहकर्मी और सहयोगी सेबों की तरह होते हैं। जैसे सेबों के मामूली दाग चाकू से हटा दिए जाते हैं, वैसे ही उनकी छोटी-मोटी कमजोरियाँ अपने दिमागी चाकू से हटा दें और उनके गुणों का पारस्परिक लाभ के लिए उपयोग करें।

माइकेल एंजिलो द्वारा तराशी गई डेविड की मूर्ति मनुष्य द्वारा अभी तक रची गई महानतम कलाकृति मानी जाती है। संगमरमर के जिस शिलाखंड से उसने वह मूर्ति गढ़ी, उसमें दरारें पड़ी हुई थीं और अनेक कलाकारों ने उसे बेकार समझकर छोड़ दिया था। पर माइकेल एंजिलो ने उस शिलाखंड को देखा तो उसे लगा कि उसके भीतर प्रतीक्षारत खड़ा डेविड उससे खुद को आजाद करने की प्रार्थना कर रहा है। माइकेल एंजिलो ने दोष नहीं देखे, उसने संभावनाएँ देखीं। सेब के हलके दाग की तरह उसने दरारों को छीलकर देखा, तो थोड़ी देर की काट-छाँट के बाद ही भीतर से बेहतरीन, अखंड संगमरमर निकल आया।

हम भी माइकेल एंजिलो हो सकते हैं। माइकेल एंजिलो बनने की कोशिश किए बिना हम अपने लोगों में दोष ही दोष पाएँगे, गुण नहीं; फलतः अपना या उनका कुछ भला नहीं कर पाएँगे।

'ट्रायल एंड ऍरर मैथड' यानी परीक्षण-प्रणाली और अभ्यास से हम अपने लोगों की संभावनाएँ देख सकते हैं। उनके मामूली दोष नजरअंदाज कर उनके गुणों से लाभान्वित हो सकते हैं।

अगर आप दूसरों को गलतियाँ करते पाएँ तो उन्हें टोकने में कोई बुराई नहीं, बशर्ते आप खुद प्रवीण हों। पर असली बहादुरी अपनी गलतियाँ स्वीकार करने और खुद पर हँसने में है।

अपेक्षा पर भी निर्भर है मनोबल

आपको यह सोचकर कभी हैरानी हुई है कि कुछ लोग कैसे दूसरों की क्षमताओं को भरपूर उभार पाने में समर्थ हैं ? वे सब हमारे जाने-पहचाने लोग ही होते हैं—मुख्य प्रबंधक, खेल-प्रशिक्षक, माता-पिता, अभिभावक आदि। लगता है, जैसे दूसरों को अभिप्रेरित करने के कौशल पर उनका पूरा अधिकार हो। यह असामान्य कुशलता ही उन्हें जीवन के हर क्षेत्र में सफल बनाती है।

वस्तुतः सबको अपने जीवन में किसी-न-किसी क्षेत्र में औरों को उनकी क्षमता के अनुरूप अभिप्रेरित करने का दायित्व निभाना पड़ता है। प्रायः हर आदमी में अवसर के अनुकूल कार्य करने की क्षमता होती है, क्योंकि अभिप्रेरक पैदा नहीं होते, बल्कि परिस्थितियाँ उन्हें बनाती हैं।

यहाँ कुछ बुनियादी सिद्धांत दिए जा रहे हैं, जिन्हें पूरी तरह से अपनाकर कोई भी व्यक्ति दूसरों की क्षमताएँ उभारने में प्रेरक की भूमिका अदा कर सकता है। साथ ही, ऐसा करते हुए वह आनंद का भी अनुभव कर सकता है।

अभिप्रेरक पैदा नहीं होते बल्कि परिस्थितियाँ उन्हें बनाती हैं

1. सर्वोत्तम की अपेक्षा रखें : जिनका दूसरे लोगों से लगाव होता है और जो विश्वास रखते हैं कि वे जिन लोगों का पथ-प्रदर्शन कर रहे हैं, उनके इरादे ऊँचा उठने के हैं, वे ही दूसरों की क्षमताओं के विकास में अधिक सहायक सिद्ध हो सकते हैं।

हार्वर्ड विश्वविद्यालय के मनोवैज्ञानिक राबर्ट रोजेंथिल और दक्षिण सैन फ्रांसिस्को में एक स्कूल के प्रिंसिपल लेनौर जैकबसन को एक अध्ययन के दौरान पता चला कि शिक्षक यदि छात्रों से ऊँची अपेक्षाएँ रखते हैं, तो छात्र भी उन अपेक्षाओं के अनुरूप

बनने के प्रयास में अच्छा प्रदर्शन करने लगते हैं। सत्र के आरंभ में प्राथमिक कक्षा के अध्यापकों को कुछ होनहार विद्यार्थियों के चयन की जिम्मेदारी सौंपी गई—ऐसे विद्यार्थी, जिनके शिक्षा से लाभान्वित होने की सबसे अधिक संभावना थी।

उन छात्रों का चयन यद्यपि बिना किसी पूर्वधारणा के किया गया, फिर भी उस सत्र के अंत में परीक्षा लिए जाने पर पता चला कि उन 'होनहार' विद्यार्थियों ने अपने बुद्धि-गुणांक अपने अन्य सहपाठियों की अपेक्षा अधिक बढ़ा लिए थे। शिक्षकों ने बताया कि वे विद्यार्थी औसत से कुछ अधिक प्रसन्नचित्त, अधिक स्नेहशील और अधिक जिज्ञासु थे। साथ ही, उन्हें भावी जीवन में सफलता मिलने की संभावना भी अधिक थी। चूँकि शिक्षकों को उन छात्रों से अधिक अपेक्षा रखने की हिदायत थी, इसलिए छात्र भी अपने-आप से कुछ अधिक की ही अपेक्षा रखने लगे थे।

2. दूसरों की जरूरतों का पता लगाएँ : ऐसे बहुत-से मार्गदर्शक, जिनके अभिप्रेरण का अर्थ महज जोशीला और उत्साहवर्धक संवाद मात्र होता है, इसी प्राथमिक और सबसे महत्त्वपूर्ण तथ्य की अवहेलना कर जाते हैं। सही मार्गदर्शन के लिए लोगों की आस्था, उनके मनचाहे कामों और उन्हें अरुचिकर लगने वाले कार्यों की विस्तृत जानकारी रखनी चाहिए। सच्चे मार्गदर्शक को पता होता है कि यदि ध्यान से लोगों की बातें सुनी जाएँ तो लोग खुद ही बता देंगे कि उन्हें किस तरह से सही दिशा में अभिप्रेरित किया जा सकता है।

एक प्रोफेसर ने मुझे बताया कि कैसे उसके विभागाध्यक्ष ने उसे बुलाकर साफ-साफ कह दिया कि उसका वेतन तो नहीं बढ़ाया जा सकता, पर हाँ, उसकी नियुक्ति को एक साल पहले ही स्थायी रूप दिया जा सकता है और अध्यापन-भार भी ,उस पर से कम किया जा सकता है।

'अध्यक्ष को यह मालूम नहीं था', प्रोफेसर ने स्पष्ट किया, 'कि स्थायी घोषित किया जाना मेरे लिए कोई खास प्रलोभन था ही नहीं। और जहाँ तक मेरे ऊपर से अध्यापन-भार हलका करने का सवाल है, यदि उन्होंने गौर किया होता तो वे समझ पाते कि पैसे देकर भी मैं यह 'भार' प्राप्त करने के लिए उत्सुक रहता। हाँ, यदि उन्होंने यह जानने का कष्ट किया होता कि मुझे किस चीज की आवश्यकता है, तो कदाचित् उन्हें मुझे अपने यहाँ रोक पाने में अधिक सफलता मिलती।'

3. ऊँचे मानदंड रखें : सफल परिवारों में, और इसी प्रकार सुचारु ढंग से संचालित कंपनियों में, जो व्यक्ति अगुआ होते हैं, वे छोटों या अधीनस्थों को मनमाने वैयक्तिक व्यवहार की काफी हद तक छूट देते तो हैं, पर कुछ मूलभूत आस्थाओं और ऊँचे मानदंडों पर उनका आग्रह बरकरार रहता है।

एक कला-शिक्षिका को बारी-बारी से पाँच अलग-अलग पब्लिक स्कूलों में जाना होता है। 'जानते हैं, किस स्कूल का मनोबल सबसे गिरा हुआ है ?' उसने बताया, 'उस स्कूल का, जहाँ प्रिंसिपल हरेक को खुश करने में लगा रहता है। वह कुछ इस प्रकार की बातें किया करता है—अगर असुविधा हो तो आज शाम आप स्कूल के समारोह में

न आएँ। इस प्रकार की खुली छूट वाले रवैये से पता चल जाता है कि यह स्कूल ध्यान देने योग्य है ही नहीं।'

मार्गदर्शन के तरीके काफी भिन्न-भिन्न हैं और व्यापक भी; लेकिन एक बात जो सभी सफल अभिप्रेरकों में समान रूप से पाई जाती है, वह है—आदर्शों और कार्यों की श्रेष्ठता के प्रति अटूट निष्ठा।

4. ऐसा वातावरण बनाएँ जहाँ असफलता को अंत न समझा जाए : राजनीति का विशद अनुभव रखने वाली एक महिला, जिसने अनेक चोटी के जन-नेताओं को नजदीक से देखा था, ने एक बार बताया, 'असफल होने की योग्यता ही किसी को स्थायी सफलता की ओर ले जाती है।'

न्यूयॉर्क शहर के टाउन हाल में पहली बार अपना गायन प्रस्तुत करनेवाली अश्वेत महिला मेरियन एंडरसन को अपने कैरियर के शुरू में यही शिक्षा मिली थी। कार्यक्रम की पूर्व तैयारी वह नहीं कर पाई थी और इसी कारण समालोचकों ने उसकी तीखी आलोचना की थी। मेरियन एंडरसन को उसकी चर्च के सदस्यों ने पैसा-पैसा जोड़कर गायन-पथ पर अग्रसर किया था, इसलिए न्यूयॉर्क वाली अपनी उस असफलता के बाद वह उनके सामने आने से कतरा रही थी।

उसकी माँ ने यद्यपि यह समझाने की काफी कोशिश की कि वह अपने-आप पर और अपनी प्रतिभा पर भरोसा रखे, फिर भी उस पहली असफलता के अवसाद से उबरने में उसे एक साल से ज्यादा वक्त लगा। पिछली बातों का स्मरण करते हुए वह महान् गायिका कहती है, 'मेरी आवाज में आज जो कुछ है, वह अपने आप में विश्वास के कारण तो है ही; मेरी माँ के इन शब्दों का भी उसमें बहुत बड़ा योगदान है कि महान् बनने से पहले महान् बनने की पात्रता होनी चाहिए।'

श्रेष्ठ प्रबंधक अपने कर्मचारियों से गलतियों की भी अपेक्षा करते हैं और बार-बार ऐसे कर्मचारियों को बदलने के स्थान पर यही अधिक उचित समझते हैं कि वे लोग अपनी गलतियों से सीख लेकर आगे बढ़ें।

सावधान, आप भी नजर में हैं

कार्यालयों में कर्मचारियों की कुशलता व क्षमता का मूल्यांकन उनके द्वारा किए जाने वाले कार्य के आधार पर किया जाता है। व्यक्ति के कार्य करने का ढंग उसके व्यक्तित्व का आईना होता है। सहकर्मी, मातहत और अधिकारी इस आईने में देखकर ही एक-दूसरे के प्रति अपनी राय बनाते हैं। यह अलग बात है कि आईने में आदमी को अपनी तस्वीर प्रायः वैसी नजर नहीं आती, जैसी वह होती है बल्कि वैसी नजर आती है, जैसी उसने अपनी कल्पना में बनाई होती है।

शिकायत-दर-शिकायत

अधिकारी काम करने के तौर-तरीकों से ही कर्मचारियों को परखकर उनके साथ तदनुरूप व्यवहार करते हैं

अब देखिए, कल रास्ते में विनोद मिल गया। बहुत उदास था। पूछ ही लिया, 'भाई, क्या बात है ?' वह एकदम फट पड़ा, 'आजकल ईमानदारी का जमाना नहीं रहा। मैंने इतना परिश्रम किया, पर परिणाम ? श्याम की पदोन्नति हो गई, मुझे छोड़ दिया गया। तीन साल से दफ्तर का काम घर ले जाकर निबटाता रहा हूँ।'

सोहन मिला। उसकी भी पदोन्नति नहीं हुई थी। उसकी शिकायत थी कि 'ऑफिस में समय न मिलने से, बिना ओवरटाइम-भत्ता लिए देर-देर तक बैठकर काम किया, कभी ना-नुकुर नहीं की। पर फल यह मिला कि कनिष्ठों की तो पदोन्नति कर दी गई, मैं पिछड़ गया।'

कुछ दिन पहले अशोक के दफ्तर जाने का अवसर मिला था। वह काम में इतना व्यस्त दिखा, मानो सिर उठाकर देखने

की भी फुरसत न हो। मेज पर चारों ओर फाइलों का ढेर लगा था। कुछ फाइलें बगल में जमीन पर भी बिखरी पड़ी थीं। लग रहा था, मानो उसका शोषण किया जा रहा है। बात छेड़े जाते ही अशोक ने भड़ास निकाली, 'देखो, कितना काम है मेरे पास ! जान देकर काम करता हूँ, पर किसी को नजर ही नहीं आता। प्रमोशन का समय आया तो बाजी मार ले गया अजीत, जिसकी मेज पर फाइल कभी टिकती ही नहीं। मुझे छोड़ दिया गया। अँधेरगर्दी है, और क्या ! वे अफसर लोग भी बस, खुशामद चाहते हैं। वह मैं कर नहीं सकता। मैं तो काम करके ही अपना हक पाना चाहता हूँ।'

दीनानाथ अपने कार्यालय में प्रशासनिक अधिकारी थे। पदोन्नति का समय आया तो वे रह गए। कहने लगे, 'आजकल काम की कदर नहीं रही। मैं सुबह से शाम तक कुर्सी पर जमा, निरंतर काम करता रहता हूँ। चाय तक यहीं मँगवाकर पीता हूँ। पर न तो मातहत और न ही अधिकारी मुझसे प्रसन्न नजर आते हैं। पदोन्नति से भी वंचित रह गया।'

असलियत कुछ और

उपर्युक्त चारों व्यक्ति जान-पहचान के थे, इसलिए उनसे सहानुभूति होनी स्वाभाविक थी। सो तय किया कि उनके अधिकारियों से मिलकर पूछा जाए कि इन लोगों ने इतनी लगन से काम करके क्या गुनाह किया है जो इन्हें पदोन्नति के योग्य नहीं समझा गया ?

सबसे पहले विनोद के ही कार्यालय गया। उसके अधिकारी का दो-टूक उत्तर था, 'यह सही है कि विनोद फाइलें निबटाने के लिए उन्हें घर ले जाता रहता है। मुझे यह बात मालूम है। पर इसका कारण यह नहीं कि उसके पास काम ज्यादा है या वह कार्य अथवा दफ्तर के प्रति ज्यादा समर्पित है। सच तो यह है कि उसके पास कुल तीन घंटे का काम होता है, उसे भी वह ढंग से नहीं करता। दिन-भर वह चाय पीता रहता है और गप्पें हाँकता है। कार्यालय पर अहसान जताने के लिए फाइलें घर ले जाता है, पर उन्हें अकसर ज्यों-की-त्यों वापस ले आता है। कोई काम समय से नहीं करता, बुलाकर पूछो तो 'सॉरी' कहकर मुँह लटका लेता है। फिर वह काम किसी दूसरे से कराना पड़ता है। ये फाइलें घर ले जानेवाले आदमी अकसर गैर-जिम्मेदार होते हैं। इनमें सोचने-समझने और तत्काल निर्णय लेने की क्षमता कम होती है। हर काम में दोगुना समय लगाकर भी ये लोग उसे समय पर पूरा नहीं कर पाते। आप ही बताइए, क्या ऐसे लोगों को पदोन्नति दी जानी चाहिए ?' जाहिर है, इसके बाद कुछ और कहने-सुनने को शेष नहीं रह गया था।

सोहन के अधिकारी ने बताया, 'मुझे मालूम है कि सोहन देर तक ऑफिस में बैठा रहता है, पर मात्र दिखावे के लिए। मेरे कार्यालय से निकलते ही वह भी खिसक लेता है। उसके पास मुश्किल से दो घंटे का काम रहता है। अकसर ही वह अपनी

सीट से गायब रहता है। जब बुलाओ, तभी नदारद। देर तक बैठकर भी काम तो पूरा कर नहीं पाता, शिकायतें ही आती रहती हैं।' कुछ रुककर अधिकारी ने कहा, 'ये देर तक ऑफिस में बैठने वाले अपने-आपको बहुत चतुर समझते हैं, पर हमारे नजरिए से ये टालमटोल वाली प्रवृत्ति के लोग होते हैं। भला ऐसे लोगों को कौन प्रमोशन देगा !'

निकम्मेपन का सूचक

अशोक के उच्चाधिकारी का कहना था, 'भाई साहब, आपने उसकी मेज पर पड़ी फाइलें नहीं देखीं ? उसने तो रिकार्ड-रूम तक से फाइलें लाकर अपनी मेज पर सजा रखी हैं। जो फाइलें निबटाने के बाद अलमारी में चली जानी चाहिए, उन्हें भी मेज पर फैलाए रहता है। कभी चालू फाइल उनमें मिल जाती है तो घंटों उसे खोजता रहता है। मेरी आँखों में धूल झोंकता है। पर उसे नहीं मालूम कि इस तरह के लोगों से मेरा कितना वास्ता पड़ा है। वह मुझे बेवकूफ समझता है। पर मैं भी अगर ऐसे कामचोरों के झाँसे में आ जाया करूँ तो कर चुका अफसरी। मेज पर फाइलें जमा रखनेवाले लोग या तो मक्कार होते हैं या फिर निकम्मे। उनकी निर्णय-शक्ति क्षीण और सूझ-बूझ भी कम होती है। इस तरह के आदमी की पदोन्नति करना तो एक प्रकार से सिरदर्द मोल लेना है।'

दीनानाथ के अधिकारी ने कहा, 'दीनानाथ के पास प्रशासन अनुभाग है। इस विभाग का काम तब तक ठीक से नहीं चल सकता, जब तक कि अनुभाग अधिकारी समय-समय पर दफ्तर का राउंड लेकर यह न देखे कि कहाँ क्या हो रहा है। दीनानाथ है कि कार्यालय में आकर कुर्सी से चिपककर बैठ जाता है। कहने पर भी राउंड नहीं लेता। फलतः प्रशासन उतना चुस्त नहीं है, जितना होना चाहिए। जो समस्याएँ उसे स्वयं हल करनी चाहिए, उन्हें मेरे पास भेज देता है। यह जिम्मेदारी से बचना नहीं तो और क्या है ? कभी कोई निर्णय लेता भी है तो उसकी पुष्टि के लिए फाइल मेरे पास भिजवा देता है। जरा-जरा सी बात के लिए सलाह लेने आ जाता है और मेरा वक्त भी बरबाद करता है। जब उसमें निर्णय लेने और उत्तरदायित्व निभाने की क्षमता ही नहीं है तो उसकी पदोन्नति की सिफारिश करके मैं क्यों अपनी मुसीबत बुलाऊँ ?'

पोल खोल देती है कार्यशैली

तो ये थे अधिकारियों के विचार। कर्मचारियों के काम करने के ढंग से उन्होंने उनके चरित्र का अध्ययन कर लिया था। वे अपनी जगह ठीक थे। जब विनोद, सोहन, अशोक और दीनानाथ में कर्मठता, जिम्मेदारी की भावना और निर्णय-शक्ति का सर्वथा अभाव था, तो और अधिक जिम्मेदारी वाले काम की आशा वे किस बूते पर कर रहे थे ? उन्हें वही मिला, जिसके वे पात्र थे। आखिर पदोन्नति का मतलब

सिर्फ अधिक वेतन और सुविधाएँ ही नहीं, अपितु अधिक जिम्मेदारी और कार्यक्षमता भी होता है।

कर्मचारी यह नहीं समझते कि उनके कार्य करने का ढंग अधिकारी से उनकी चुगली कर देता है। कोई भी दक्ष और अनुभवी अधिकारी तीन-चार दिन में ही पता लगा लेता है कि उसका कौन-सा कर्मचारी कैसा काम करनेवाला है। उपर्युक्त चारों मामलों में कर्मचारियों के काम करने के तरीकों ने ही स्पष्ट कर दिया कि वे काम को कर्तव्य नहीं, बल्कि बेगारी समझते हैं।

अधिकारी की आँखों में धूल झोंकते समय कर्मचारी यह नहीं समझते कि अधिकारी की चौकस निगाहें हर दम उनका पीछा करती रहती हैं। अधिकारियों को वेतन ही इसलिए मिलता है कि वे मातहतों से काम लें। उनसे काम लेना ही उनका मुख्य काम होता है। और, उनसे काम वे तभी ले सकते हैं, जब वे कर्मठ और कामचोर कर्मचारियों में अंतर कर सकें। अतः वे काम करने के तौर-तरीकों का अध्ययन करके हर किसी को परख लेते हैं और फिर उनके साथ वैसा ही व्यवहार करते हैं।

अधिकारी भी कुछ कम नहीं

कर्मचारियों का ही नहीं, अधिकारियों के काम करने का ढंग भी उनकी क्षमताओं और कमजोरियों को उजागर कर देता है। कुछ अधिकारी अपने मातहतों की झूठी-सच्ची आलोचना सबके सामने करते रहते हैं। अनुभाग या कार्यालय का राउंड लेते समय तीखे व कटु शब्दों में अपने विचार व्यक्त करते हैं। उस समय कर्मचारी अपने-आपको अपमानित महसूस करते हैं। यह तौर-तरीका इस बात की ओर इंगित करता है कि अधिकारी स्वयं कुंठाग्रस्त और हीनभावना का शिकार है।

अकसर ही प्रबंधक या अधिकारी अपने मातहतों द्वारा किए गए अच्छे कार्यों का श्रेय स्वयं ले लेते हैं और गलतियों की जिम्मेदारी मातहतों के मत्थे मढ़ देते हैं। यह बर्ताव बताता है कि ऐसे अधिकारी स्वार्थी और गैर-जिम्मेदार होते हैं। इन दोषों के रहते मातहतों और अधिकारियों के संबंध सामान्य नहीं रह पाते। इससे कार्यालय में अव्यवस्था फैलती है, असंतोष बढ़ता है और उत्पादन कम होता है। ऐसे अधिकारियों को भी पदोन्नति की आशा कभी नहीं करनी चाहिए।

विवाद को लंबा न खींचें

घर हो अथवा संस्थान, अधिकारी हों अथवा कर्मचारी, छोटे हों अथवा बड़े; वैचारिक भिन्नता अथवा अन्य किन्हीं कारणों से परस्पर विवाद होना, भ्रामक धारणाओं अथवा पूर्वग्रहों से ग्रस्त होने या परस्पर स्वार्थों के टकराव के कारण एक-दूसरे का विरोध करना अथवा प्रतिद्वंद्वी होना आम बात है। दैनिक जीवन में भी ये विवाद या विरोध कभी-कभी इतने उग्र हो जाते हैं कि हम अपने विरोधियों को फूटी आँख देखना पसंद नहीं करते।

पारस्परिक विरोधों के कारण हम रात-दिन अपने विरोधियों के अनिष्ट के लिए प्रयास करते रहते हैं। यहाँ तक कि हम उन्हें नुकसान पहुँचाने के लिए खुद कुछ नुकसान उठाकर भी प्रसन्न होते हैं। इस बारे में आज भी मानसिकता यही बनी हुई है कि पड़ोसी की दीवार गिर पड़े, भले ही इससे हमारा स्वयं का कंधा भी जख्मी हो जाए।

भैंसें नहीं मरतीं कौए के चाहने से

किसी भी विवाद को लंबा खींचने से काम प्रभावित होना तय है

लेकिन हमारी हैरत और अफसोस का ठिकाना नहीं रहता, जब हम देखते हैं कि अपने विरोधियों का हम जितना बुरा मनाते हैं, उनका उतना ही अच्छा होता चला जाता है। जरूरी नहीं कि यह सच हो, पर हमें लगता ऐसा ही है। आखिर दूसरे की थाली में घी ज्यादा नजर आया ही करता है। यह देख हम कुढ़ते हैं, उसका और बुरा मनाते हैं, रात-दिन इसी उधेड़बुन में रहते हैं। काम-धंधे में जी नहीं लगता, तनाव पाल लेते हैं, रक्तचाप बढ़ जाता है, बीमारियाँ घेर लेती हैं। विरोधी का बुरा हो या न हो,

पर अपना बुरा जरूर होने लगता है।

सोचने की बात है कि इस प्रकार का मानसिक सोच, आचरण और व्यवहार क्या हमारे स्वास्थ्य और विकास के अनुकूल है ? वैचारिक मतभेद तो स्वाभाविक हैं। केवल मशीनें ही एक-जैसी हो सकती हैं, आदमी नहीं। इसलिए समझदारी इसी में है कि हम समन्वयवादी बन एक-दूसरे के सहयोगी बनें। हम किसी का हित नहीं कर सकते, तो फिर अहित क्यों मनाते हैं ?

समझौतावादी दृष्टिकोण

अतः बेहतर है कि अपने सामाजिक, पारिवारिक और कामकाजी जीवन में अपने विरोधियों से सदैव समझौता करने के लिए तैयार रहें। सम्मानजनक समझौता करने का सोच जहाँ आपको तनावरहित बनाएगा, वहीं आपकी अनेक समस्याओं का समाधान स्वयं ही हो जाएगा। आपका समझौतावादी दृष्टिकोण आपको न केवल बुद्धिमान बनाएगा, बल्कि इससे आपको सफलता के लिए नित्य नए लक्ष्य भी प्राप्त होंगे; क्योंकि यह वह व्यवहार है, जिसे लोग प्रायः अंत में, हताश और निराश होकर अपनाते हैं। जबकि शुरू में ही कर लिया गया समझौता हमेशा लाभदायक होता है।

विवाद चाहे पति-पत्नी का हो अथवा सहकर्मियों का, व्यापारिक हो अथवा व्यावहारिक, उसे लंबा न खींचें। बहुत संभव है कि लोग आपकी बात, विचार अथवा कार्य से सहमत न हों। ऐसे में, हठी अथवा दुराग्रही न बनें और दूसरों को भी अवसर दें। यदि दूसरे आपसे अच्छा काम करते हैं, तो उनसे सीख ग्रहण करें और अपनी कमियाँ दूर कर अपनी योग्यता बढ़ाएँ।

दूसरों की भी सुनें

यह कभी न समझें कि आपसे अधिक योग्य और कोई हो ही नहीं सकता। दूसरों के तर्क और सम्यक् विचार ध्यान से सुनें। उनके युक्तिसंगत विचारों को स्वीकारने में जरा भी संकोच न करें, बल्कि ऐसे विचारों की प्रशंसा करें, उनका समर्थन करें। इस तरह का भावनात्मक समर्थन और सहयोग देकर आप हमेशा दूसरों का दिल जीत सकेंगे। इस प्रकार के समझौते में आपको जीत जैसी प्रसन्नता का अहसास होगा। संस्थानों में होने वाली गोष्ठियों, कार्यशालाओं आदि में हमेशा दूसरों के विचार सुनें। आपको कुछ-न-कुछ नया अवश्य हासिल होगा। ऐसे ही, परिवार में भी अन्य सदस्यों के विचार जानें और निष्कर्ष के रूप में अपने निर्णय और विचार दूसरों पर न थोपें। दूसरों को अपनी गलती का अहसास करने का अवसर दें।

यदि आप ईंट का जवाब पत्थर से देने की मानसिकता अपनाएँगे, तो फिर दूसरों में और आप में अंतर ही क्या रहा ? आपका बड़प्पन, समझदारी और बुद्धिमत्ता तो इसमें है कि आप परिस्थितियों का अध्ययन कर दूसरों से सम्मानजनक समझौता कर लें। यदि किसी ने आपके साथ अभद्र व्यवहार अथवा आपकी मान-मर्यादा के विरुद्ध

आचरण किया भी है, तो उसे उसकी गलती का अहसास कराएँ और यदि वह अपनी गलती स्वीकार करता है अथवा अपनी गलती के लिए पश्चात्ताप करता है, तो उसे क्षमा कर दें। यह उदारता आपके महत्त्व को और बढ़ाएगी।

यदि किसी से आपकी पटरी नहीं बैठती या किसी से आपकी निभ ही नहीं सकती, तो भी उससे इतना तो बनाकर रखें कि समय आने पर आप उससे जुड़ सकें। उसे 'ठीक करने' की कोशिश न करें और न ही उसे 'रास्ते पर लाने' का प्रयास करें। इससे समस्या और बढ़ेगी और आपके विवाद या विरोध भी बढ़ेंगे। विवाद के किसी भी बिंदु पर अपनी ओर से मूल्यांकन अवश्य करें। अगर आपको यह दिखाई दे कि गलती आपकी ही थी, तो फिर अपनी गलती स्वीकारने में संकोच न करें। गलती स्वीकार कर अपने-आप को अपमानित, उपेक्षित या हीन भी न समझें, क्योंकि इससे आपका सम्मान दूसरों के दिलों में बढ़ेगा ही, घटेगा नहीं। हाँ, अपनी गलती पर अड़े रहने या उसे उचित ठहराने की कोशिशों से जरूर आपकी स्थिति खराब हो जाएगी।

लेकिन ये गुंजाइश रहे

संबंध समाप्त करने या उन्हें 'दो-टूक' कर देने से अच्छा है कि आप उन्हें एक स्थान पर विराम दे दें, ताकि जब भी परिस्थितियाँ अनुकूल हों, आप उन्हें एक नया आधार देकर जोड़ सकें। हो सकता है, तब तक आपकी मानसिकता और विचार भी बदल जाएँ।

बशीर बद्र का यह शेर हमेशा याद रखें—

दुश्मनी जमकर करो लेकिन ये गुंजाइश रहे,
जब कभी हम दोस्त हो जाएँ तो शर्मिंदा न हों।

और साथ ही रहीम का यह दोहा भी—

रूठे सुजन मनाइए, जो रूठे सौ बार।
रहिमन फिर-फिर पोइए, टूटे मुक्ताहार॥

मोतियों का हार टूट जाए तो उसे बार-बार पिरोया जाता है। सज्जन भी कितनी ही बार क्यों न रूठ जाएँ, उन्हें बार-बार मना लेने में ही भलाई है।

अपने सहकर्मियों, अधिकारियों अथवा अधीनस्थों से जब भी किसी तरह का समझौता करें, भले ही वह कोई भावनात्मक समझौता क्यों न हो, सदैव विजयी होने का अहसास पालें। दूसरों को अपने से छोटा, गँवार, हीन, अनपढ़ और नौकर समझना, अपने रुतबे पर इतराना और अपने अधिकारों के मद में मत्त हो मनमानी करना उचित नहीं। यदि आप अधिकारी हैं और साधन-संपन्न हैं, तो भी हमेशा दूसरों को ही विजयी होने का अवसर दें। इस प्रकार की पराजय भी आपको विजयी होने

का गर्व अनुभव कराएगी। दूसरों का दिल जीतकर ही आप दूसरों से मान-प्रतिष्ठा प्राप्त कर सकते हैं। जहाँ भी अवसर मिले, अपने प्रति दूसरों के दिलों में फैला हुआ भ्रम दूर करें, उनके हितैषी होने का परिचय दें, उन्हें निस्स्वार्थ भाव से सहयोग दें। इसमें विजय अथवा पराजय का प्रश्न न आने दें।

व्यावसायिक सफलता का आधार

व्यावसायिक सफलता का आधार भी यही समझौतावादी प्रवृत्ति है। व्यापारिक क्षेत्र में तो हमेशा गंभीर प्रकृतिवाला व्यक्ति ही सफल होता है। जब हम जानते हैं कि विरोध अथवा प्रतिशोध से कोई समस्या हल नहीं होती और बिना एक-दूसरे के सहयोग के सफलता नहीं मिलती, तो फिर अपना दृष्टिकोण समझौतावादी ही क्यों न रखें। सम्मानजनक समझौता करने से किसी की नाक नीची नहीं होती, उलटे दोनों की ऊँची हो जाती है।

समझौतावादी व्यवहार लोकतांत्रिक व्यवस्था का मूल है, अतः इस आदर्श को स्वीकारें, क्योंकि जब भी आप समझौता करते हैं, तो कुछ देकर लेते ही हैं। इस प्रकार का व्यवहार न केवल हमारे सामाजिक और पारिवारिक दृष्टिकोण को विकसित करता है, बल्कि हमें दूसरों के अधिक निकट भी लाता है और परस्पर सहयोग बढ़ाता है।

सम्मानजनक समझौता करके हम 'देकर' भी खुश होते हैं, क्योंकि दूसरों को खुश करना मानवीय 'कमजोरी' है। आत्मसंतुष्टि का यह एक ऐसा पक्ष है, जिसे अपनाकर न केवल हम दूसरों को ही खुशी देते हैं, बल्कि अपनी खुशी भी सुनिश्चित करते हैं। बाँटनवारे को लगै, ज्यों मेहँदी कौ रंग। तो फिर ऐसा व्यवहार करने में संकोच क्यों ?

कार्यसंपादन में तेजी और दक्षता लाइए

एक व्यक्ति का केस कई वर्षों से उद्योग मंत्रालय में फँसा पड़ा था। जब वह उसे प्रशासनिक स्तर पर निपटवाने में असफल हो गया, तो उसने एक परिचित सांसद को पकड़ा। सांसद वाणिज्य तथा उद्योग मंत्री के मित्र थे, अतः उन्होंने मंत्री को फोन पर इस केस को जल्दी निपटवाने का अनुरोध किया। मंत्रीजी ने अपने सांसद मित्र से तीन-चार दिन बाद फोन करने को कहा, ताकि वे इस बीच केस के बारे में पूछताछ कर लें। नियत दिन सांसद ने फोन किया तो मंत्रीजी ने बताया, 'अरे भाई, मैंने पता किया था। वह केस तो विचाराधीन है।'

'मित्र, जब तुम कहते हो कि केस विचाराधीन है, तो मैं यह मानकर चलता हूँ कि संबंधित फाइल गुम हो गई है।' सांसद ने कहा।

मंत्रीजी सकपकाए। फिर तत्काल आश्वस्तकारी लहजे में बोले, 'विश्वास करो भाई, वह केस जोर-शोर से विचाराधीन है।'

याद रखिए, कोई आपकी कार्रवाई की आतुरता से प्रतीक्षा कर रहा है

सांसद भी कम घुटे हुए नहीं थे। नहले पर दहला जड़ते हुए बोले, 'अच्छा, तो इसका मतलब यह हुआ कि गुमशुदा फ़ाइल की तलाश की जा रही है।'

मंत्रीजी निरुत्तर हो गए।

अकुशल, अकर्मण्य प्रशासन

प्रशासन की अकुशलता, अकर्मण्यता और कार्यनिष्पादन में ढिलाई पर यह एक सटीक टिप्पणी है। भारतीय प्रशासन आज प्रेस, संसद् तथा जनता में आलोचना का पात्र बना हुआ है। उसकी

विश्वसनीयता समाप्त हो गई है। आम आदमी यही सोचने लगा है कि प्रशासन में अपने-आप कुछ नहीं होता। अगर हमें कुछ कराना है, तो खुद ही प्रयास करना होगा। बिना जोड़-तोड़, सिफारिश तथा भाग-दौड़ के सरकारी कर्मचारी से कुछ भी कराना असंभव है।

किस्सा मशहूर है कि भारत के प्रशासनिक संगठनों का अध्ययन करने आया एक रूसी प्रशासक यहाँ के हालात देखकर ईश्वर के अस्तित्व में विश्वास करने को मजबूर हो गया था। बकौल उसके सरकारी कर्मचारियों द्वारा काम न करने पर भी अगर प्रशासन जीवित है, तो जरूर इस पर ईश्वर की कृपा होगी।

बेशक, हमारी सरकारी सेवाएँ अकुशल और अकर्मण्य हैं। इसका दुष्परिणाम हम सभी भुगतते हैं। इसलिए अपने ही हित में हमें इस स्थिति को बदलने का प्रयास करना चाहिए। हममें से जो भी जिस भी रूप में सरकारी सेवा से जुड़े हों, उन्हें पूरी ईमानदारी, दक्षता और तत्परता से अपने दायित्वों का निर्वाह करना चाहिए। एक कुशल जनसेवक जनता का चहेता तो होता ही है, प्रशासन में भी उसे पूरे सम्मान से देखा जाता है। अपने दायित्वों का कुशल संपादन आत्म-संतुष्टि भी देता है। मन को संतोष होता है कि हम हरामखोरी नहीं कर रहे। हमें जो वेतन मिलता है, करदाता का जो पैसा हम पर खर्च होता है, उसकी पूरी भरपाई हम सरकार को कर रहे हैं।

कार्य-संपादन में तेजी

यह दक्षता या कार्यकुशलता आखिर है क्या ? कार्यकुशलता कार्य-संपादन की एक विशेष शैली, पद्धति या प्रक्रिया है। यह एकपक्षीय नहीं, बहुपक्षीय होती है। इसका पहला पक्ष है कार्य-संपादन में तेजी। हमें अपना काम तेजी से करना चाहिए। हम फाइलों पर कार्रवाई कर रहे हों या काउंटर पर किसी जन-सेवा यानी पब्लिक-डीलिंग में संलग्न हों, हमें बिना देरी के अपने दायित्वों की पूर्ति करनी चाहिए। रेलगाड़ी ने सीटी दे दी है और आपके काउंटर पर चार आदमी टिकट लेने के लिए हड़बड़ी मचा रहे हैं, पर आप हैं कि आराम से सिगरेट सुलगाकर पड़ोस में बैठे साथी से गप्पें मारने में व्यस्त हैं। यह अकुशलता की सीमा है। यही नहीं, यह अकुशलता आपकी हृदयहीनता, निष्ठुरता और निर्लज्जता की भी परिचायक है। आपको इस बात का अहसास ही नहीं कि कुछ लोगों की ट्रेन छूट जाएगी।

इसी तरह जब भी कोई फाइल आपके पास आती है तो आप उसे निर्जीव कागजों का बंडल मात्र समझकर हफ्तों-महीनों तक रैक या मेज पर पड़ी रहने देते हैं। शायद आप भूल जाते हैं कि उन निर्जीव कागजों के पीछे एक या अनेक सजीव प्राणी हैं, जो आपकी कार्रवाई की आतुरता से प्रतीक्षा कर रहे हैं। फाइलें निपटाने में देरी जनहित में नहीं है। इससे लोगों को कष्ट और परेशानी होती है।

गति और गुणवत्ता का समन्वय

अतः सरकारी सेवा में दक्षता प्राप्त करने के लिए आवश्यक है कि आप अपने कार्य-संपादन में तेजी लाएँ। अनुस्मारक यानी रिमाइंडर की प्रतीक्षा न करें, न ही संबंधित व्यक्ति (जिसका केस आपके पास है) को दौड़ाएँ। अपने समय के एक जाने-माने कुशल प्रशासक ने एक बार कहा था, 'अनिर्णय से एक गलत निर्णय कहीं ज्यादा श्रेयष्कर है।' इस टिप्पणी में अनिर्णय की भर्त्सना की गई है, गलत निर्णय का पक्ष नहीं लिया गया है। श्रेयष्कर तो यही है कि निर्णय जल्दी लिया जाए और वह गलत भी न हो। अगर आपकी निगाहें कैलेंडर पर टिकी हैं और आप केवल तेजी में विश्वास रखते हैं, तो आप उस ट्रक-ड्राइवर जैसे हैं, जो अपनी मंजिल पर पहुँचने की जल्दी में राहगीरों और अन्य वाहन-चालकों का जीवन संकट में डाल देता है।

एक मंत्रालय में एक महिला अवर सचिव अपने पास आनेवाली फाइलों का निबटारा बिजली की गति से कुछ इस तरह करती थीं—कुछ के हाशिए पर 'कृपया चर्चा करें' लिखकर वापस नीचे भेज देतीं, तो कुछ पर 'उपसचिव कृपया निर्देशार्थ देख लें' लिखकर अपने उच्चाधिकारी को भिजवा देतीं। यानी कुछ फाइलें नीचे, कुछ ऊपर। अपनी मेज साफ। समस्याएँ जहाँ की तहाँ, पर अपने पास नहीं। ऐसी कार्यकुशलता किस काम की ?

सरकारी कार्यालयों में दक्षता के लिए यह आवश्यक है कि कार्य तेजी से हो, पर इस तेजी के कारण निर्णय का स्तर न गिरे। सच तो यह है कि दक्षता के मूल में तेजी और गुणवत्ता, दोनों का सुंदर समन्वय निहित है।

प्रभावोत्पादकता

प्रभावोत्पादकता कार्यकुशलता का एक अन्य महत्त्वपूर्ण पक्ष है। आज हमारा प्रशासन उस क्रीड़ास्थल में तबदील हो गया है, जहाँ निरंतर अनिर्णीत मैच खेले जा रहे हैं। फाइलें फुटबाल की तरह इधर-उधर ठुकराई जा रही हैं। कभी वित्त मंत्रालय, कभी विधि मंत्रालय तो कभी किसी तकनीकी विभाग में। अंतर्विभागीय परामर्श के लिए फाइलें वर्षों तक इधर-उधर घूमती रहती हैं। सारे कर्मचारी व्यस्त रहते हैं। यह दक्षता नहीं, दक्षता का दिखावा है। हमारा प्रयोजन है तेजी से सही निर्णय लेकर उद्देश्यों की पूर्ति, लक्ष्यों की प्राप्ति। गोल करना हमारा लक्ष्य है। अनिर्णीत मैच खेलने की रणनीति कार्यालयी कुशलता के विपरीत है।

तो यह है सरकारी सेवा में दक्षता का स्वरूप। सामूहिक रूप से प्रशासन कितना ही अकुशल हो, उससे आपको कोई सरोकार नहीं। आप तो स्वयं अपने लिए उत्तरदायी हैं। आपको तो स्वयं को कुशल और दक्ष बनाना है। अपने अहं की तुष्टि के लिए, आत्मसम्मान की रक्षा के लिए और जन-सेवा के हित में आपको कार्यकुशल होना ही पड़ेगा। इसका कोई विकल्प नहीं है।

ध्यान रखने योग्य बातें

संक्षेप में, सरकारी सेवा में दक्षता-प्राप्ति के लिए निम्नलिखित बातें सदैव ध्यान में रखें :

1. जो भी दायित्व आपको सौंपा जाए, उसे पूरा करने में देरी मत कीजिए। याद रखिए, कोई आपकी कार्रवाई की बाट जोह रहा है।

2. कार्य-संपादन में केवल काम पर नहीं, लक्ष्य-प्राप्ति पर अपनी दृष्टि केंद्रित रखिए। फाइल को इधर-उधर टरका देना या संबंधित व्यक्ति को एक काउंटर से दूसरे काउंटर पर नचाना कार्यकुशलता नहीं।

3. अपनी विचारधारा को सकारात्मक बनाइए, नकारात्मक नहीं। अधिकांश सरकारी कर्मचारी 'ना' करने को कुशलता का पर्याय मानते हैं। यह गलत है। आपका प्रमुख उद्‌देश्य है सेवा। जहाँ तक संभव हो, 'हाँ' कहिए। यदि माँग अनुचित या नियम-विरुद्ध हो, तभी ना कहिए, अन्यथा मदद कीजिए। सहायता तथा सेवा करके जो संतोष और सुख मिलता है, यह अवर्णनीय है।

4. अधिकांश सरकारी कर्मचारी नियमों और प्रक्रियाओं की आड़ में अपनी अकुशलता छिपाते हैं। कहते हैं, 'हम क्या करें ? कानून इसकी इजाजत नहीं देता। प्रक्रिया ही इतनी जटिल है।' सच तो यह है कि नियम तथा प्रक्रियाएँ तो माध्यम (मींस) हैं, न कि अंतिम लक्ष्य (ऐंड्स)। जो सरकारी कर्मचारी माध्यम को अंतिम लक्ष्य बना लेते हैं, वे अकुशल होते हैं। आप ऐसी गलती न करें। प्रक्रियाएँ, नियम और कार्यप्रणाली तो सहायक होते हैं, कार्य को सुचारु रूप से संपादित करने में। उनमें उलझकर मुख्य उद्‌देश्य को मत भूल जाइए।

5. कार्यकुशलता के लिए आपको बाह्य नहीं, आंतरिक प्रेरणा की आवश्यकता है। ज्यादातर सरकारी कर्मचारी निराशा के रंग में रँगे रहते हैं। कहते हैं—कुशलता से क्या लाभ ? यहाँ तो कुशल-अकुशल सब समान हैं। न कुशलता को पुरस्कार, न अकुशलता को दंड। फिर क्या लाभ दक्ष बनने में ? यह सोच गलत है। दक्षता एक संपूर्ण जीवन-दर्शन है। अकुशल कर्मचारियों की ओर मत देखिए। कुशल और दक्ष कर्मचारियों का अनुकरण कीजिए। चूँकि दक्ष तथा कार्यकुशल कर्मचारियों की संख्या कम होती है, अतः वे कम दिखाई पड़ते हैं। बहुसंख्यक अकुशल कर्मचारियों के गिरोह से निकलकर देखिए। अंदर और बाहर दोनों जगह आप सम्मान के पात्र बन जाएँगे।

सीखें और दायित्व पूरा करें

कॉरपोरेट-जगत् हर साल व्यवसाय-प्रबंधन में स्नातकोत्तर डिग्री/समकक्ष डिप्लोमा अर्थात् एमबीए, पीजीडीबीए, पीजीडीएचआरएम, एमएमएस आदि करने वालों के स्वागत में लाल कालीन बिछाने को तैयार रहता है। ये एमबीए अब रोमांचक कैरियर की उच्चतम सीमा पर हैं। वे अब एक अलग उच्च वर्ण के से हो गए हैं, क्योंकि कंपनियाँ न केवल कैंपस में भर्ती होने के समय से ही उन्हें शानदार वेतनों का लालच देकर फुसलाती रहती हैं, बल्कि नियुक्ति करने के बाद भी उन्हें अच्छी तरह से तैयार किए गए परिचय-कार्यक्रमों (इंडक्शन-प्रोग्राम्स) द्वारा तराशती-सँवारती रहती हैं।

एक ओर जहाँ कंपनियाँ इन हाई-फ्लेयर्स यानी उच्चाकांक्षी एमबीए लोगों को अपने यहाँ रोके रखने के लिए यथासंभव प्रयास करती हैं, आइए वहीं इन एमबीए लोगों को भी हम सलाह दें कि वे कैसे उस कंपनी में, जिसकी सेवा उन्होंने ग्रहण की है, व्यवस्थित होकर उसे अपना योगदान दे सकते हैं।

तब जाकर सफलता आपके कदम चूमेगी और नए अवसरों के द्वार खुलते जाएँगे

पहली नौकरी में दिल लगाएँ

एमबीए लोगों पर अकसर 'बहुत जल्दी में रहने' और अपने कंधों पर 'चिप' लिए फिरने का आरोप लगाया जाता है। यह सच है कि एमबीए अपने संस्थानों में भली-भाँति प्रशिक्षित और तैयार किए जाते हैं, पर इसी से वे पूरी तरह से दक्ष नहीं बन जाते। एक समझदार एमबीए को अपनी पहली नौकरी में अपना दिल लगाना चाहिए और ज्यादा-से-ज्यादा सीखना चाहिए।

जितना जल्दी वह वहाँ व्यवस्थित होगा, उतना ही 'यथार्थता-आघात' यानी 'रियलिटी-शॉक' के प्रभाव से बचेगा। अनेक नए कर्मचारियों को अपनी गिरफ्त में ले लेने वाले इस 'यथार्थता-आघात' का मतलब है यह टीस कि उसने कंपनी के बारे में क्या सोचा था और वह क्या निकली ! उन्हें अपने वरिष्ठों का आदर करना भी सीखना चाहिए और अपने सिद्धांतों व अवधारणाओं का शक्ति-प्रदर्शन करने के बजाय गौर से उनकी बात सुननी चाहिए। उदासीनता, प्रतिरोध और रोष उनका कुछ भला नहीं करेंगे, जबकि थोड़ी-सी विनम्रता उन्हें अनेक बाधाएँ पार करा देगी।

धैर्य और दृढ़ता

धैर्य वह सद्‌गुण है, जिसकी मदद से एमबीए अपने संगठन में बहुत-कुछ करके दिखा सकते हैं। प्रबंधन-प्रशिक्षुओं के रूप में ज्वाइन करने वाले एमबीए अकसर यह शिकायत करते पाए जाते हैं कि प्रशिक्षण तो प्रबंधन-शिक्षा का एक और वर्ष जान पड़ता है।

कुछ हद तक यह सही भी हो सकता है, पर संगठनों की अपनी जटिलताएँ होती हैं जिनकी ठोस जानकारी पाना एमबीए लोगों के लिए बहुत उपयोगी और आवश्यक होता है। यह भी गौरतलब है कि वह एमबीए लोगों के लिए संगठन का प्रवेश-द्वार होता है, अतः उन्हें धैर्य और दृढ़ता के गुण विकसित करने होंगे।

हो सकता है, उन्हें कोई जरूरी फाइल या किसी वरिष्ठ प्रबंधक से मुलाकात का मौका यानी अपाइंटमेंट पहले ही प्रयास में न मिल पाए, पर जब तक सफल न हों, प्रयास करते रहें। इससे विभिन्न वरिष्ठों को आपकी लगन और निष्ठा के संकेत भी मिलेंगे। इसके अलावा, यदि आपको लगे कि आप अभी भी विस्तारित एमबीए ही कर रहे हैं, तो भी उसे करें। मत भूलें कि उसके लिए आपको वेतन तक दिया जा रहा है। इसलिए शिकायत नहीं करें।

शुरू के कुछ महीनों में अपनाई जाने वाली सर्वोत्तम रणनीति यह है कि जितना हो सके, सीखें; सौंपे गए सारे काम समय पर करें और अत्यधिक उत्साह दिखाएँ।

काम ज्यादा, बात कम

किसी भी काम को तुच्छ या नेमी यानी रूटीन नहीं समझना चाहिए और उसे पूरी सावधानी के साथ करना चाहिए। कहा भी गया है कि 'बी सीन, नॉट हर्ड' यानी 'काम ज्यादा, बात कम'। जब तक आप संगठन में व्यवस्थित न हो जाएँ और समकक्षों व वरिष्ठों का विश्वास प्राप्त न कर लें, तब तक संगठन की नीतियों, प्रक्रियाओं व प्रथाओं जैसे संवेदनशील मुद्‌दों पर जबान चलाना उचित नहीं। आलोचना करने, निर्णय देने और शेखी बघारने से तो पूर्णतया बचना चाहिए।

साथ ही 'मैं ज्यादा जानता हूँ' के दर्प से भी समझदारी से बचना चाहिए। दूसरों को गलत साबित करके खुद को सही साबित करने की कोशिश न करें। यह अकसर

ऐसी स्थितियों की तरफ धकेल देता है, जहाँ आदमी खुद अपनी कब्र खोदता नजर आता है। हमेशा याद रखना चाहिए कि वरिष्ठ और सहकर्मी भी योग्य हैं और काम करने में हमारे जितने ही सक्षम हैं, बल्कि हमसे भी ज्यादा।

यदि आप सोचते हों कि आप महान् हैं, तो इसे साबित करें। संगठन में नए पदधारी एमबीए का यह एकमात्र लक्ष्य होना चाहिए। परियोजनाएँ और कार्य हाथ में लीजिए और उन्हें सफलतापूर्वक पूरा कीजिए। यह सुनिश्चित करें कि काम निर्धारित तिथियों में हो जाएँ और गुणवत्ता उच्चस्तरीय रहे। जिस भी बैठक में भाग लेना हो, उसके लिए पूरी तैयारी करें। इससे आपका आत्मविश्वास भी बढ़ेगा और आपके वरिष्ठ भी आपसे प्रभावित होंगे।

यह महसूस करें कि जिस ब्ल्यू-चिप (यानी विश्वसनीय) कंपनी में आप आए हैं, वह अब तक आपके बिना भी सफलतापूर्वक चलती रही है। इसलिए छिद्रान्वेषण करने के बजाय इस पर ध्यान दें कि आप उसकी सफलता में और चार चाँद कैसे लगा सकते हैं।

पहले काम, फिर कुछ और

संक्षिप्तता (कनसाइजनेस), लाघव (ब्रेविटी) और उत्साह वरिष्ठों के मन में आपकी अच्छी छाप छोड़ने में बहुत सहायक हो सकते हैं। याद रखने योग्य एक अन्य महत्त्वपूर्ण पहलू यह है कि काम पहले है, और पिकनिक, मौज-मस्ती, मुलाकातें (डेट्स) और फिल्में बाद में। आप में इन चीजों को काम की श्रेष्ठता के परिणामों के रूप में अर्जित करने की योग्यता होनी चाहिए।

अपने आसन्न (इमीडिएट) वरिष्ठ अधिकारियों से निरंतर संप्रेषणीयता बनाए रखें। अनेक वरिष्ठ अधिकारियों की प्रवृत्ति काम खराब होने पर तो नकारात्मक फीड-बैक देने और अन्यथा चुप रहने की होती है। आप अपने बॉस से अपने कार्य-निष्पादन के बारे में निरंतर फीड-बैक माँगते रहें और अपनी क्षमताएँ बढ़ाएँ तथा कमियाँ दूर करें। अपने बॉस को विश्वास में लें और उसे कभी झाँसा नहीं दें। यह सतत इंटरएक्शन ही अकसर परिवीक्षा (प्रोबेशन) के अंत में व्यक्तिपरक (सब्जेक्टिव) मूल्यांकनों में बदलवा देता है।

यह स्वीकार करना भी जरूरी है कि अपनी जिंदगी में आप अपनी पत्नी तक का चुनाव कर सकते हैं, पर बॉस का नहीं। अतः सर्वोत्तम रणनीति उससे बढ़िया संबंध बनाए रखना ही है। उसके गुणों से प्रेरणा लें और उसकी कमजोरियों को नजरअंदाज कर दें। उसे अपनी क्षमताओं से अवगत कराएँ और देखें कि आपका और उसका साहचर्य आपके अपने और साथ ही विभाग व कंपनी के भी कार्य-निष्पादन को कैसे सुधार सकता है।

यदि आप एक हाई प्रोफाइल एमबीए हैं, तो संगठन में बने रहने और उसकी उन्नति में योगदान करने का साहस दिखाइए। यह शेखी बघारना तो बहुत आसान

है कि तीन महीने के भीतर ही आपको दूसरी नौकरी का प्रस्ताव मिल गया है, पर असली चुनौती विषमताओं का सामना करने और अपना योगदान करने में है।

जॉब-हॉपर का ठप्पा

आपके लिए पहले अपने वर्तमान संगठन के प्रति निष्ठा और प्रतिबद्धता साबित करना जरूरी है, वरना आप पर एक के बाद एक नौकरी छोड़कर दूसरी नौकरी पकड़ते रहनेवाले यानी जॉब-हॉपर होने का ठप्पा लग जाएगा। यहाँ निष्ठा से तात्पर्य किसी संगठन में की गई सेवा के वर्षों से नहीं है, बल्कि संगठन को किए गए योगदान से है। जॉब-हॉपर तेजी से आगे बढ़ते दिखाई देते हैं, पर अंततः वे गायब हो जाते हैं। डेढ़-दो साल का समय स्वयं को प्रमाणित करने और संगठन को, जिसने कि आपको नौकरी दी है, प्रतिदान करने के लिए पर्याप्त है।

अंत में, इस पुरानी सूक्ति को कार्यान्वित करें, कि 'श्रीगणेश अच्छा हो गया तो समझिए कि आधा काम हो गया' यानी 'वेल बिगन इज हाफ डन'। कैंपस से ही अपने लिए सही कंपनी का चुनाव करें। नाम, ग्लैमर या वेतन/सुविधाओं पर ही न जाएँ। ऐसा संगठन चुनें, जहाँ पर्याप्त स्वतंत्रता और जिम्मेदारी मिले और जो प्रोफेशनल ढंग से प्रबंधित हो।

एक बार वहाँ व्यवस्थित हो जाएँगे और अपना योगदान करने लगेंगे तो आपको काम करने में आनंद आने लगेगा और सफलता भी मिलेगी। आपका असली एसिड-टेस्ट यानी साख की परख इस बात से होगी कि जब कभी आप कंपनी छोड़ना चाहेंगे तो आपका इस्तीफा भरे दिल से स्वीकार किया जाता है या सहर्ष।

असुरक्षा से पैदा होती है निंदा

'सर, आप नए हैं। एक बात से मैं आपको आगाह करना चाहूँगा। यह दफ्तर ही छोटा नहीं, यहाँ के कर्मचारी भी छोटे, तंगदिल और टुच्चे हैं। वे आपके पास आकर दूसरों की बुराई करेंगे...' चमनलाल ने कहा।

मैं मौन रहा। कोई प्रतिक्रिया व्यक्त नहीं की। मन ही मन मुस्कराया भी। अंतर में कोई कह रहा था, 'चमनलाल, तुम भी तो उन्हीं जैसे हो। तुम क्या कर रहे हो ?'

चमनलाल कहता रहा, 'सर, कुमार साहब वैसे तो संयुक्त प्रबंधक हैं, पर हर समय कमरे में बैठे शेयर खरीदने-बेचने का धंधा करते रहते हैं। कुमारी शांता को किताबें लिखने से फुरसत नहीं। जुगलकिशोर को आप कभी सीट पर नहीं पा सकते। सर, कहाँ तक बताऊँ। एक से बढ़कर एक नमूना भरा है इस दफ्तर में।'

'ठीक है चमन, मैं देखूँगा।'

मैंने देखा। खूब परखा। उस कार्यालय में अधिकांश कर्मचारियों को परनिंदा का शौक था। दूसरों की बुराई, विशेषकर पीठ-पीछे, भारतीय संस्कृति की एक विशेषता रही है। किसी भी संस्था या गली-मुहल्ले में चले जाइए। आप लोगों को दूसरों की बुराई करते पाएँगे।

अधिकारियों को चाहिए कि परनिंदकों को प्रोत्साहन न दें

परनिंदा का सुख

संभवतः दूसरों की निंदा करने में जो सुख, संतोष और आनंद मिलता है, वह अन्य किसी माध्यम से नहीं मिलता। सिनेमा, टेलीविजन, रेडियो, संगीत, साहित्य जैसे मनोरंजन के

साधनों में भी यह बात कहाँ ! चार आदमी या औरतें एकत्र हों, परनिंदा का बाजार गरम हो, फिर देखिए कैसी रस-वर्षा होती है। परनिंदा में रत प्राणी बाकी सब-कुछ भूल जाता है।

आखिर कार्यालयों में पीठ-पीछे बुराई का यह रोग महामारी जैसा क्यों फैलता जा रहा है ? क्या कारण हैं, जिनके वशीभूत हो असंख्य कर्मचारी इस बुराई के दुष्चक्र में फँस जाते हैं ? संभवतः पीठ-पीछे बुराई करने का सबसे बड़ा कारण है खुद का मनोरंजन। लोगों को आत्मिक आनंद मिलता है ऐसा करके। यह भी एक तरह का खेल है, कुश्ती या मुक्केबाजी जैसा। लोग दूसरों की झूठी-सच्ची बुराई करके उसकी प्रतिष्ठा को ध्वस्त करना चाहते हैं और परोक्ष रूप से स्वयं को प्रतिष्ठित करना चाहते हैं। दो मुक्केबाजों में से एक धराशायी होता है तो दर्शक खूब खुश होते हैं, तालियाँ बजाते हैं। गिरे हुए पर ताने कसते हैं। विजयी होता मुक्केबाज इस प्रतीक्षा में रहता है कि जैसे ही धराशायी प्रतिद्वंद्वी उठे, उसे दो मुक्के फिर जड़ दे, ताकि वह फिर कभी न उठ पाए।

पीठ-पीछे बुराई की तह में भी यही मनोवैज्ञानिक गुत्थी काम करती है। हार-जीत की खेल-भावना नहीं, सामनेवाले को धराशायी करने का कुचक्र प्रेरित करता है पीठ-पीछे बुराई करने के लिए।

हीनभावना की द्योतक

डॉक्टर मैक्नील नामक प्रसिद्ध अमेरिकी मनोवैज्ञानिक ने इस क्षेत्र में विशेष अध्ययन किया है। उन्होंने अनेक कार्यालयों में असंख्य कर्मचारियों से साक्षात्कार किया। अनेक परीक्षणों द्वारा वे इस निष्कर्ष पर पहुँचे कि पीठ-पीछे बुराई करने वाले अधिकांश कर्मचारी हीनभावना से ग्रस्त थे। उनकी पारिवारिक पृष्ठभूमि विशेष सुखद नहीं थी। अतः वे अपनी हीनभावना को अप्रत्यक्ष रूप से परनिंदा के माध्यम से प्रकट करते थे।

यह सच है। मैंने स्वयं अनुभव किया है कि दफ्तर में कुछ तो ऐसे कर्मचारी होते हैं, जो इस बुराई से दूर रहते हैं। वे सामान्यतः सहृदय, आत्मविश्वासी तथा अपने कार्य में दक्ष होते हैं। जिसे अपने ऊपर विश्वास है, वह कभी पीठ-पीछे दूसरों की बुराई नहीं करेगा।

इसके विपरीत कुछ लोग अपने-आपको असुरक्षित महसूस करते हैं। उन्हें हर समय कोई न कोई आशंका सताती रहती है। कहीं मेरा तबादला न हो जाए ? इस बार पदोन्नति होने वाली है—नहीं हुई तो ? कहीं किसी ने अफसर के सामने मेरी बुराई तो नहीं की ? अफसर मुझसे नाराज तो नहीं है ? वह मेरा कैरियर खराब न कर दे ! अकसर ये भय निर्मूल होते हैं। फिर भी, कुछ क्या, अधिकांश कर्मचारी भयग्रस्त रहते हैं। इस असुरक्षा की भावना से बचने के लिए, स्वयं को सुरक्षित करने

के लिए वे भयभीत कर्मचारी दूसरों की बुराई को अपने बचाव की तकनीक के रूप में इस्तेमाल करते हैं।

पीठ-पीछे दूसरों की बुराई करके व्यक्ति अपने को सुरक्षित महसूस करने लगता है। परंतु वास्तव में ऐसा होता नहीं। यह तो अपने लिए एक विशाल खाई खोदने जैसा मूर्खतापूर्ण काम है। दूसरों की बुराई करके हम सुरक्षित नहीं, एकदम असुरक्षित हो जाते हैं। यदि हमारे द्वारा की गई बुराई झूठ पर आधारित है (और ऐसा शत-प्रतिशत मामलों में होता है), तो इस झूठ का देर-सबेर पता लग ही जाता है। फलतः जब हमारा असली चेहरा सामने आएगा तो वह, जिसकी हमने पीठ-पीछे बुराई की है, हमारा घोर शत्रु हो जाएगा। यही नहीं, उस अफसर की नजरों में भी हम गिर जाएँगे, जिसके सामने हमने बुराई की थी। हमारी स्वयं की प्रतिष्ठा खाक में मिल जाएगी। हमारी विश्वसनीयता को धक्का लगेगा। अफसर अंतिम रूप से तय कर लेगा कि इस चुगलखोर, झूठे व्यक्ति पर भरोसा नहीं किया जा सकता।

स्पष्ट है कि यद्यपि हम अपनी सुरक्षा के लिए परनिंदा करते हैं, किंतु परिणाम यह होता है कि इस तरीके से हम अपने स्वयं के लिए असुरक्षा, अविश्वास और अपमान की गहरी खाई खोद लेते हैं। सच्चाई प्रकट होते ही हम इस खाई में गिरकर अपना सब-कुछ गँवा देते हैं।

स्वार्थ-सिद्धि के लिए

कई बार लोग अपनी स्वार्थ-पूर्ति के लिए पीठ-पीछे बुराई का सहारा लेते हैं। विदेश में प्रशिक्षण के लिए केवल एक व्यक्ति को जाना था। चमनलाल चाहता था कि उसे भेजा जाए। बस, उसने अन्य संभावित प्रत्याशियों के खिलाफ बुराई का जेहाद छेड़ दिया, 'सर, मोहन की तो प्रशिक्षण में आस्था ही नहीं। फिर उसे बाहर भेजने से फायदा ? और सुकुमार जल्दी ही सेवानिवृत्त हो जाएगा। उसे प्रशिक्षण पर भेजना ही निरर्थक है।' किंतु चमनलाल के मुँह से दूसरों की बुराई सुनते-सुनते प्रबंधक आजिज आ चुका था। उसने फैसला किया कि किसी भी अवस्था में चमनलाल को नहीं भेजा जाएगा, बेशक अन्य चाहे जो जाए। और ऐसा ही हुआ। एक अन्य अधिकारी को जापान भेज दिया गया।

अपने अधिकारों के लिए लड़ना बुरा नहीं। अपने हितों की रक्षा करने के लिए संघर्ष करना भी अनुचित नहीं। पर इसके लिए दूसरों की बुराई क्यों ? दूसरों को गिराने की बजाय खुद को ऊँचा उठाइए। फिर देखिए, सफलता निश्चित है।

बुराई को बढ़ावा

पीठ-पीछे दूसरों की बुराई करना एक सामाजिक बीमारी है। बुराई करना इसका एक पक्ष है, तो बुराई सुनना दूसरा। कुछ अफसर हैं, जो इस बुराई को प्रोत्साहित करते हैं। यदि आपके सामने आपका अधीनस्थ कर्मचारी अपने साथियों की बुराई

करता है और आप उसका रसास्वादन करते हैं या उससे प्रभावित होकर बुराई के शिकार व्यक्तियों को बुरा समझने लगते हैं या किसी अन्य तरीके से परनिंदा करने वाले को प्रोत्साहित करते हैं, तो आप भी उतने ही दोषी हैं। आपने प्राकृतिक न्याय का तकाजा पूरा नहीं किया। संबंधित कर्मचारी का पक्ष जाने बिना, उसे बचाव का अवसर दिए बिना आपने उसे सजा सुना दी है। आपमें और बुराई करनेवाले में फिर कोई अंतर नहीं रह जाता। इसलिए पीठ-पीछे बुराई करनेवालों को प्रोत्साहन न दें। यदि बुराई के माध्यम से अन्य व्यक्तियों के बारे में कोई सूचना मिलती है, तो उस पर आँख मूँदकर विश्वास न करें। उसकी जाँच-पड़ताल करें। ध्यान रहे, जो आदमी दूसरों की बुराई आपके सामने कर सकता है, वह आपकी बुराई भी दूसरों के सामने कर सकता है। ऐसा आदमी समझता है कि आपकी न आँखें हैं, न कान, न नाक और न दिमाग। इसीलिए वह आपको अपनी आँखों से दिखाने, अपने कानों से सुनाने, अपनी नाक से सुँघाने और अपने दिमाग से समझाने की कोशिश करता है।

ऐसे लोगों को इस तथ्य का आभास करा दीजिए कि आप खुद समझदार हैं। अपनी आँखों से सब देख रहे हैं, अपने कानों से सब सुन रहे हैं, अपनी नाक से कार्यालय में चलनेवाले सब कुचक्र को सूँघ रहे हैं। अपने विवेक तथा बुद्धि से प्रत्येक कर्मचारी का मूल्यांकन कर रहे हैं। इस प्रक्रिया में आपको परनिंदकों के सहयोग की कोई आवश्यकता नहीं। यह कार्यशैली अपनाइए। आत्मनिर्भर बनिए। अपनी सूझ-बूझ का पूरा परिचय दीजिए। पीठ-पीछे बुराई करने की प्रवृत्ति स्वतः समाप्त हो जाएगी।

प्रगति के लिए जरूरी है प्रतिभा

दफ्तर में तहलका मच गया। रमेश अवर सचिव था। पदोन्नति के लिए उपयुक्त अधिकारियों की सूची में उसका नंबर 104 था, जबकि उपसचिव के रिक्त स्थान केवल 20 थे। इसका अर्थ था कि उसकी पदोन्नति लगभग असंभव थी। किंतु पाँच सचिवों की पदोन्नति-समिति ने 105 अधिकारियों की वार्षिक गोपनीय रिपोर्टों का अध्ययन करके गुण तथा दक्षता के आधार पर जिन 20 अधिकारियों को चुना, उनमें रमेश भी था। चयनित अधिकारियों की सूची में रमेश का नाम तीसरे नंबर पर था।

कई वर्षों से अवर सचिव के पद पर काम कर रहे अपने 100 वरिष्ठ अधिकारियों को लाँघकर रमेश को पदोन्नति मिली थी। यह एक अभूतपूर्व सफलता थी उसके लिए। दफ्तर में तहलका तो मचना ही था। चर्चाओं का बाजार गरम हो गया। इस प्रकार की बिन बारी पदोन्नति ईर्ष्या उत्पन्न करती है। जितने मुँह, उतनी बातें। कोई कहता, उसके राजनीतिक संपर्क हैं। किसी ने कहा, वह नंबर एक का मक्खनबाज है। चापलूसी करके बढ़िया रिपोर्टें मार लीं।

सिर्फ चमचागिरी के सहारे सफलता का ख्वाब देखना व्यर्थ है

पर उसका अभिन्न मित्र सुधांशु, जो उससे वरिष्ठ था और पदोन्नति पाने से वंचित रह गया था, उसके घर आया बधाई देने। साथ में एक मिठाई का डिब्बा भी लेकर आया। बस इतना ही बोला, 'यार, तू इस पदोन्नति का वास्तव में पात्र था। सच, दक्षता को ही पुरस्कार मिलता है।'

रमेश अभिभूत हो गया। सुधांशु की सज्जनता कल्पनातीत थी। अपनी आंतरिक व्यथा को उसने रमेश की खुशी में शामिल

होकर नकार दिया था और साथ ही परिचय दिया था अपनी कद्रदानी का।

प्रेरित करती है पदोन्नति

कौन नहीं चाहता कि वह प्रगति करे ? उसे तरक्की मिले ? पदोन्नति से केवल रुतबा ही नहीं बढ़ता, वेतन में वृद्धि तथा शक्ति एवं अधिकार-क्षेत्र का विस्तार भी होता है। कर्मचारियों को सतत प्रेरित करने के लिए प्रत्येक संगठन में एक सुनिश्चित कार्मिक-पदोन्नति-नीति का पालन किया जाता है। यदि कर्मचारियों के लिए पदोन्नति के समुचित अवसर न हों और वे दीवार में ठुकी कील की तरह जीवनपर्यंत एक ही पद पर बने रहें, तो उनकी कार्यक्षमता में उतार आने लगेगा। फलतः संगठन अपने लक्ष्यों की प्राप्ति में सफल नहीं हो पाएगा।

पदोन्नति के संबंध में निजी तथा सार्वजनिक यानी सरकारी क्षेत्र के दृष्टिकोण में आधारभूत अंतर है। निजी क्षेत्र में वरीयता के स्थान पर दक्षता तथा कुशलता को ज्यादा महत्त्व दिया जाता है, जबकि सार्वजनिक क्षेत्र में वरिष्ठता यानी सीनियरिटी की भूमिका महत्त्वपूर्ण होती है।

निजी क्षेत्र में पदोन्नति

निजी क्षेत्र में पदोन्नति पाने के लिए निम्नलिखित तथ्यों पर ध्यान देना चाहिए :

एक जगह टिककर काम करें। निजी क्षेत्र में यह अत्यावश्यक है कि आप जमकर एक ही संगठन में काम करें। तनिक-सी परेशानी या तरक्की में देरी या मालिकों से मतभेद होने पर संगठन बदलने की प्रवृत्ति न अपनाएँ। जो जल्दी-जल्दी नौकरियाँ बदलते हैं, उन पर मालिकों का विश्वास नहीं जमता। साथ ही, उनके विषय में एक और धारणा बनती है कि इस आदमी को संगठन से कोई लगाव नहीं, इसे तो बस अपनी प्रगति की ही चिंता है। अतः थोड़े धैर्य से काम लीजिए। टिकिए, जमिए, अपनी कंपनी के साथ रागात्मक संबंध स्थापित कीजिए। फिर देखिए, आप कहाँ से कहाँ पहुँचते हैं।

निजी क्षेत्र में दक्षता, कुशलता, श्रम तथा साहस को पुरस्कृत किया जाता है। सरकारी क्षेत्र में तो कई बार अन्य कारणों से भी तरक्की मिल जाती है, परंतु निजी क्षेत्र में दक्षता और परिश्रम ही पदोन्नति की कुंजी है। चूँकि निजी कम्पनी में लाभ, लक्ष्य-प्राप्ति आदि को ही सर्वोपरि महत्त्व दिया जाता है, अतः कंपनी की प्रगति के साथ ही कर्मचारियों की तरक्की जुड़ी होती है।

निजी क्षेत्र में तरक्की की एक और महत्त्वपूर्ण शर्त है—ईमानदारी। आप अपनी कंपनी, उसके मालिकों के प्रति वफादार हैं, तो आपकी तरक्की सुनिश्चित है। कार्यकुशलता के साथ यह ईमानदारी और वफादारी भी पदोन्नति के लिए अत्यंत आवश्यक है।

कदाचित् निजी क्षेत्र में तरक्की के लिए सबसे ज्यादा महत्त्वपूर्ण तथ्य है आपका

निर्णय-आधारित कार्य-संपादन। सरकारी क्षेत्र में कर्मचारी निर्णय लेने से कतराते हैं। यही नहीं, फाइलें शटल-कॉक की तरह एक मेज से दूसरी मेज तक उड़ती रहती हैं। परंतु इसका परिणाम क्या होता है ? शून्य। सरकारी क्षेत्र में व्यस्तता को महत्त्व दिया जाता है। व्यस्तता के परिणामस्वरूप लक्ष्यों की प्राप्ति होती है या नहीं, इस पर ध्यान नहीं दिया जाता। परंतु निजी क्षेत्र में व्यर्थ की व्यस्तता तरक्की की मंजिल तक नहीं ले जाती। वहाँ निर्णय-क्षमता और लक्ष्य-प्राप्ति के आधार पर आपकी उपयोगिता आँकी जाएगी। इसी उपयोगिता के आधार पर आपको तरक्की मिलेगी।

सरकारी सेवा में पदोन्नति

सरकारी सेवा में तरक्की के कुछ सुनिश्चित नियम होते हैं। ये नियम इतने महत्त्वपूर्ण होते हैं कि अगर उनका पालन न किया जाए अथवा उनके क्रियान्वयन में कोई त्रुटि रह जाए, तो कर्मचारी न्यायालय की शरण में जा सकता है। भारत के विभिन्न न्यायालयों में ऐसे हजारों मामले विचाराधीन हैं।

पदोन्नति के लिए सरकारी सेवाओं में प्रायः चार प्रणालियाँ प्रयुक्त होती हैं—

1. बरीयता एवं उपयुक्तता : अर्थात् तरक्की वरिष्ठता के क्रम से मिलती चली जाती है, बशर्ते आप उसके लिए उपयुक्त यानी फिट हों। दूसरे शब्दों में, यदि आपकी वार्षिक गोपनीय रिपोर्टों में आपके प्रतिकूल कोई टिप्पणी नहीं है, फिर चाहे रिपोर्टें कितनी ही साधारण या बोरिंग क्यों न हों, तो आपको समय आने पर तरक्की मिल जाएगी। इसे वरिष्ठता-एवं-उपयुक्तता यानी सीनियरिटी-कम-फिटनेस कहते हैं। यह तरीका प्रायः निचली श्रेणी के कर्मचारियों पर लागू किया जाता है।

2. गुणों के आधार पर चयन : इसे 'सेलेक्शन ऑन मेरिट' कहते हैं। इसमें वरिष्ठता-क्रम से कर्मचारियों की सूची बना ली जाती है। फिर उन्हें गोपनीय रिपोर्टों के आधार पर तीन श्रेणियों में बाँट दिया जाता है—उत्कृष्ट, बहुत अच्छा, अच्छा। बस, इसी क्रम के आधार पर तरक्की मिल जाती है। इस तरीके में कर्मचारी की गुणवत्ता, अनुभव, कार्य-शैली आदि को महत्त्व दिया जाता है।

3. साक्षात्कार : सरकारी सेवा में साक्षात्कार द्वारा भी तरक्कियाँ दी जाती हैं। विशेषकर महत्त्वपूर्ण, उच्च पदों पर, जहाँ नीति-निर्धारण एवं नीति-क्रियान्वयन का गंभीर उत्तरदायित्व निभाना पड़ता है। तरक्की द्वारा नियुक्ति के लिए कर्मचारियों का चयन साक्षात्कार द्वारा ही होता है। साथ ही, कर्मचारियों की सालाना गोपनीय रिपोर्टें भी देखी जाती हैं। साक्षात्कार के माध्यम से कर्मचारी की योग्यता, बुद्धिमत्ता, ज्ञान, अनुभव, हाजिरजवाबी, निर्णय-क्षमता और संकट के क्षणों में भी शांति तथा धैर्य बनाए रखने की क्षमता का मूल्यांकन हो जाता है।

4. सीमित विभागीय प्रतियोगी परीक्षा : सरकार की कई सेवाओं में इस प्रकार का विधान है। जब निचले स्तर पर कर्मचारियों की संख्या बहुत ज्यादा हो और ऊपर के स्तर पर पद कम, तो सामान्यतया इस पदोन्नति-प्रणाली को अपनाया जाता है।

इसमें एक विभागीय परीक्षा आयोजित की जाती है, जिसमें एक निश्चित आयु, अनुभव तथा स्तर के कर्मचारियों को बैठने की अनुमति होती है। लिखित परीक्षा के आधार पर जो योग्यता-सूची यानी मेरिट लिस्ट बनती है, वही पदोन्नति की सूची होती है।

कार्यकुशलता जरूरी

उपर्युक्त विवेचन से स्पष्ट है कि पदोन्नति के लिए माध्यम, प्रणाली या नियमों का इतना महत्त्व नहीं, जितना कर्मचारी के व्यक्तित्व, उसकी कार्यकुशलता तथा दक्षता का है। निजी क्षेत्र हो या सरकारी सेवा, लगन और मेहनत से काम करने वाले कार्यकुशल कर्मचारी की पदोन्नति सुनिश्चित है।

सवाल उठता है कि क्या पदोन्नति के लिए केवल कार्यकुशलता ही काफी है, या बॉस की चमचागिरी भी आवश्यक है ? इस संबंध में एक बात निश्चित है कि कार्यकुशलता के बिना केवल चमचागिरी के आधार पर पदोन्नति मिलना असंभव है। यदि गिनती के कुछ लोग अपवादस्वरूप इस तरीके से पदोन्नति पा भी जाएँ, तो वे ज्यादा दिन उच्च पद पर नहीं टिक पाते। इसलिए पदोन्नति के लिए केवल चमचागिरी से काम नहीं चलने वाला।

अलबत्ता यह समझना जरूरी है कि बॉस भी एक आदमी ही है। हर आदमी की तरह वह भी चाहता है कि उसके अधीनस्थ उसकी सराहना करें। उसके साथ सद्भाव, शालीनता तथा सज्जनता से पेश आएँ। उसके हर काम में, यहाँ तक कि उसके निजी कामों में भी उसकी सहायता करें। बेशक, बॉस को प्रसन्न रखना ही चाहिए। इस दृष्टिकोण को कुछ लोग चाटुकारिता या मक्खनबाजी की संज्ञा देते हैं तो दें। इससे बचा नहीं जा सकता।

बॉस भी आप ही जैसा आदमी है

बॉस की सही स्थिति, उसके अधिकारों, उसकी कार्य-प्रणाली और उसकी प्रकृति को लेकर मातहतों में अकसर मूर्खतापूर्ण भ्रांतियाँ बनी रहती हैं। कुछ मातहत बॉस को भारी-भरकम, ऊपर वाला, रूखा और बदमिजाज आदमी समझते हैं। कुछ के लिए वह हौवा होता है, तो कुछ उसे सर्वशक्तिमान भविष्य-निर्माता समझकर उसकी पूजा करते हैं।

ये सारी विचारधाराएँ एकांगी और भ्रांतिपूर्ण हैं। बॉस भी एक सामान्य प्राणी ही होता है। फर्क सिर्फ यह है कि प्रशासनिक या संगठनात्मक दृष्टि से उसे दफ्तर में ऐसा पद मिला होता है, जिसमें नीति-निर्धारण और निर्णय करने के अतिरिक्त कुछ अधीनस्थ कर्मचारियों के काम का निरीक्षण भी उसे करना होता है। पर इससे वह अतिमानव नहीं हो जाता। वह एक सहज और सामान्य व्यक्ति ही रहता है। उसकी विचारधारा और कार्यशैली विशिष्ट हो सकती है। परंतु उसे जो अपने पद के दायित्वों का निर्वाह करना होता है, वे सब जगह समान होते हैं, फिर चाहे वह सरकारी क्षेत्र में हो अथवा निजी कंपनी में।

उससे अच्छे संबंधों का अधीनस्थों को ही ज्यादा लाभ होता है

बॉस का प्रमुख दायित्व है अपने कार्यक्षेत्र का संतोषजनक संचालन। जिन उद्देश्यों के लिए उसे नियुक्त किया गया है, उनकी प्राप्ति। वह अपने कार्य-निष्पादन में सफल होना चाहता है। इसके लिए उसे अपने अधीनस्थों, मातहत कर्मचारियों पर निर्भर रहना पड़ता है। सच तो यह है कि बॉस की सफलता बहुत हद तक मातहत कर्मचारियों की दक्षता पर निर्भर करती है। उधर मातहतों को दक्ष और कुशल बनाने में बॉस की भूमिका कम महत्त्वपूर्ण नहीं होती। इस प्रकार बॉस और अधीनस्थ

कर्मचारी का शाश्वत, घनिष्ठ और अटूट संबंध होता है। एक-दूसरे की सफलता इन्हीं आपसी संबंधों की पुख्ता नींव पर टिकी होती है। कुछ व्यक्ति ऐसे भी हैं जो इन संबंधों की तुलना सास-बहू और मकान-मालिक व किराएदार के कटुतापूर्ण संबंधों से करते हैं। नहीं, यह एक निराशावादी विचारधारा है। बॉस न सास है, न मकान-मालिक। वह पर्यवेक्षक है, मातहत को सौंपे गए काम पर नजर रखता है, बस।

अतः बॉस को खुश किया जा सकता है। बॉस और मातहत के संबंधों को सहज व मधुर बनाया जा सकता है। ऐसा नहीं कि इस प्रक्रिया में केवल बॉस का ही भला होगा। बल्कि इससे अधीनस्थ कर्मचारी को ज्यादा फायदा होने की आशा रहती है। बॉस खुश तो मातहत सुखी। पदोन्नति अथवा मनचाही पोस्टिंग मिलने की पूरी संभावना बन जाती है। और कुछ नहीं, तो माहौल खुशगवार तो रहता ही है, जिससे दिमागी सुकून बना रहता है।

बॉस को प्रसन्न करने के लिए किसी विशेष अनुष्ठान या कारगुजारी की आवश्यकता नहीं। मातहत को बस अपना व्यवहार व कार्यशैली इस तरह से नियंत्रित करनी चाहिए कि कार्य संपादित होता रहे, मानवीय संबंध मधुर बने रहें और संगठन के उद्देश्यों और लक्ष्यों की पूर्ति होती रहे। इसके लिए कुछ सुझाव नीचे दिए जा रहे हैं :

अपने भीतर कार्यकुशलता और दक्षता उत्पन्न कीजिए : बॉस को खुश करने के लिए यह अत्यावश्यक है कि आप कार्यकुशल व निपुण हों। अकुशल, अयोग्य, आलसी और कामचोर मातहत कभी भी बॉस को प्रसन्न नहीं कर सकता।

यह एक भ्रांति है कि कुशल कर्मचारियों को बॉस पसंद नहीं करते, क्योंकि वे उनकी कुर्सी के लिए खतरा बन जाते हैं। यह स्थिति राजनीति में सही हो सकती है। निजी क्षेत्र में यह स्थिति आ ही नहीं सकती। नौकर कभी भी मालिक की कुर्सी नहीं हथिया सकता। सरकारी सेवाओं में भी तरक्की के निश्चित नियम होते हैं। उन्हीं के अनुसार पदोन्नतियाँ होती हैं। अतः कोई मातहत अपने बॉस पर कब्जा नहीं कर सकता।

इसलिए अपनी कुशलता बढ़ाने पर ध्यान देना चाहिए। जो काम दिया जाए, उसे पूरे मन, लगन और ईमानदारी से करें। आप सफल होते हैं तो बॉस भी सफलता में भागीदारी करता है। उसे प्रशंसा व पदोन्नति मिलती है। यदि आप विफल होते हैं तो उसे आपकी विफलता बाँटनी पड़ती है। आपकी कुशलता और अकुशलता, दोनों उसे प्रभावित करती हैं। उसके अनुसार वह आपको पुरस्कृत या दंडित करता है। अतः बॉस को खुश करने के लिए स्वयं को कार्यकुशल और दक्ष बनाना अत्यंत आवश्यक है। बॉस दस मूर्ख और अकुशल मातहतों की अपेक्षा एक बुद्धिमान और कुशल मातहत लेना पसंद करता है।

सहायता कीजिए : कई बार बॉस इतना व्यस्त हो जाता है कि उसे अतिरिक्त सहायता की आवश्यकता पड़ जाती है। उदाहरण के लिए, मान लीजिए कि बॉस

को सायं चार बजे तक बैठक में जाना है, जो पाँच बजे तक चलेगी। साथ ही उसे पाँच बजे तक एक नोट लिखकर एक जरूरी फाइल मंत्रीजी के पास भी भेजनी है। बॉस चाहता है कि यह नोट आप लिख दें, उसकी ओर से। यद्यपि यह 'प्रेत-लेखन' यानी घोस्ट-राइटिंग आपको पसंद नहीं, फिर भी ऐसी संकटपूर्ण स्थिति में बॉस की मदद करना उचित होगा।

बॉस नहीं चाहता कि मातहत उसके लिए समस्याएँ पैदा करें। आप बॉस के लिए समस्याएँ नहीं, उत्पन्न समस्याओं के समाधान प्रस्तुत कीजिए। यह सिद्ध कर दीजिए कि आप उसके लिए उपयोगी हैं और बॉस आप पर किसी भी संकट के समय निर्भर रह सकता है।

बॉस का कार्यक्षेत्र अधीनस्थ के दायरे से ज्यादा बड़ा और विस्तृत होता है। उसकी व्यस्तता और समस्याएँ उसे तनावग्रस्त कर देती हैं। अकसर कार्यालयी व्यवस्था में वह अपने निजी कार्य पूरे नहीं कर पाता। गृह-कर जमा कराना है। बीमे की पॉलिसी की किस्त देनी है। आयकर-विवरणी भरनी है। ऐसे अनेक व्यक्तिगत कार्य हैं, जिनमें आप बॉस की सहायता कर सकते हैं। बॉस खुश ही नहीं, आभारी भी होगा।

कुछ लोग, हो सकता है, इससे सहमत न हों। सोचते हों कि बॉस के व्यक्तिगत काम करना क्या चमचागिरी नहीं है ? मैं ऐसा नहीं सोचता। काम कौन-सा है और किस भावना से किया जा रहा है, इस पर निर्भर करता है कि आपकी सहायता उपयोगिता की श्रेणी में आती है या चमचागिरी के अंतर्गत। घरेलू नौकर मत बनिए। पर एक सहृदय अधीनस्थ कर्मचारी बनने में कोई बुराई नहीं।

प्रशंसा कीजिए : बॉस की आलोचना भूलकर भी मत कीजिए। बॉस के विरुद्ध कुछ कहना ही है तो संयत और शालीन भाषा में उसके मुँह पर कह दीजिए। यदि बॉस सहृदय और परिपक्व है तो वह निष्पक्ष सदाशयतापूर्ण समालोचना का स्वागत करेगा।

बॉस की पीठ-पीछे उनकी प्रशंसा कीजिए। तनिक-सी असावधानी आपको ले डूब सकती है। आपने किसी के सामने उसकी जरा बुराई की नहीं कि वह खूब नमक-मिर्च, सोंठ-चटनी मिलाकर बॉस तक पहुँचा दी जाएगी। बॉस इस स्थिति को कभी बर्दाश्त नहीं करेगा। प्रशंसा कीजिए। बॉस खुश होगा। आजकल जिसे देखिए, वही एक-दूसरे की निंदा करने में व्यस्त है। बुराई करने में लोगों को मजा आता है। प्रशंसा एक दुर्लभ चीज हो गई है। आप बॉस की तारीफ कीजिए, उसकी कार्य-शैली की, उसकी भाषा की, उसकी मानवीयता की। अपनी प्रशंसा सुनकर कौन नहीं खिल उठता ?

पर एक सावधानी जरूर बरतें। प्रशंसा और चापलूसी के बीच एक बहुत बारीक विभाजन-रेखा है। बॉस के उन्हीं गुणों की प्रशंसा कीजिए जो वास्तव में प्रशंसनीय हों। झूठी प्रशंसा चापलूसी कहलाती है। चापलूसी मत कीजिए।

उत्तरदायित्वपूर्ण व्यवहार कीजिए : बॉस को प्रसन्न करने के लिए स्वयं को विश्वसनीय बनाना बहुत जरूरी है। आपको बॉस का यह विश्वास जीतना है कि वह आप पर भरोसा कर सकता है। कैसा भी कार्यालयी संकट हो, कैसी भी मुश्किल जिम्मेदारी हो, आपमें क्षमता है उसे पूरा करने की, उसका सामना करने की। यह विश्वास जीतने के लिए आपको बॉस की चमचागिरी करने की आवश्यकता नहीं। इसके लिए तो आपको एक के बाद एक परीक्षा में खरा उतरना है। बॉस जब भी चुनौती-भरा उत्तरदायित्व सौंपे, उसे पूरी ईमानदारी, कुशलता और अपनी संपूर्ण क्षमता से पूरा कीजिए।

उदाहरण के लिए, मान लीजिए कि दफ्तर बंद होने के करीब दो घंटे पहले बॉस आपको बुलाता है और बीसेक पृष्ठों की एक रिपोर्ट आपको देते हुए कहता है कि इसकी पाँच प्रतियाँ टाइप करके आज ही अधिकारियों के पास भिजवानी हैं, क्योंकि अगले दिन सुबह साढ़े नौ बजे तक आपात बैठक है। आप जानते हैं कि इस सारे काम में तीन-चार घंटे लग जाएँगे। कार्यालय-समय के बाद भी बैठना पड़ेगा। यदि आप इस चुनौती-भरे, सामान्य से काम को करने में तनिक भी अरुचि या हिचकिचाहट दिखाते हैं, तो बॉस मन ही मन अप्रसन्न हो जाएगा। पर यदि आप इसे सफलतापूर्वक संपन्न कर देते हैं, तो बॉस के मन में आपके प्रति विश्वास का बीज जम जाएगा। बस, बार-बार इसी प्रकार की कुशलता दिखाने पर आपकी साख और विश्वसनीयता कायम हो जाएगी।

बॉस को खुश करने के लिए अपूर्व धैर्य की आवश्यकता होती है। कई बार बॉस बिगड़ जाता है, डाँट-फटकार देता है। ऐसी स्थिति में कुछ मातहत अपने बॉस से भिड़ जाते हैं। पर इस तरह अप्रियता और कटुता उत्पन्न करने से मातहतों को ही नुकसान होता है।

बॉस से झड़प हो ही जाए तो

'बॉस मेरा वेतन बढ़ाना नहीं चाहते थे, पर मैंने ही बात उठाई,' रमाकांत ने बताया।

वह राजधानी के एक प्रकाशन-संस्थान में काम करता था। उसने कहा, 'बहस बढ़ते-बढ़ते इस हद तक पहुँच गई कि हम दोनों औरों के वेतनों से मेरे वेतन की तुलना और मेरी राय में और लोग किस काबिल थे और मैं कितना काबिल हूँ, तक पर पहुँच गए। इसके बाद जल्दी ही मैंने वह कंपनी छोड़ दी।'

रमाकांत ने अपने बॉस से निपटने में मूल नियम का उल्लंघन किया था, जो यह है : जिस झगड़े में आप जीत ही नहीं सकते, उसे शुरू ही मत कीजिए। तो क्या इसका अर्थ यह है कि वरिष्ठ अधिकारियों से किसी भी सूरत में टकराव होने ही न पाए ? कदापि नहीं। अपने बॉस से असहमति प्रकट करने में आप कितने कारगर सिद्ध होते हैं, बहुत-कुछ इसी पर आपका व्यावसायिक जीवन निर्भर करता है।

नौकरी बचाए रखने के लिए इन नियमों को ध्यान में रखिए

आखिर ऐसा कौन है, जिसकी अपने बॉस से कभी न कभी कोई मुठभेड़ न हुई हो ? 'असहमति की स्थितियों से बचना थोड़े समय के लिए तो हितकर सिद्ध हो सकता है, पर दीर्घकाल के लिए नहीं।' सेंट लुईस के एक कार्मिक-प्रबंध-सलाहकार रॉबर्ट लेफ्टन कहते हैं, 'कर्मचारी की नींद उड़ जाती है और वह अपनी नजरों में गिर जाता है, तो दूसरी ओर बॉस भी ऐसी सूचनाओं-सलाहों से वंचित हो जाता है जो उसे अपना कामकाज बेहतर

ढंग से करने में उपयोगी सिद्ध हो सकती हैं।'

बहरहाल, अगर आपको अपने बॉस से झगड़ा करना पड़ ही जाए, तो इन नियमों को ध्यान में रखिए, जो आपको संकट से बचाएँगे—

1. **समय के चयन में सावधानी बरतें :** 'आमने-सामने होने से पहले बॉस के निजी सचिव से उनकी मनःस्थिति के बारे में जानकारी प्राप्त कर लीजिए,' रमाकांत, जो इन दिनों स्वयं एक छोटे-से प्रकाशन-संस्थान का स्वामी है, कहता है, 'यदि वे क्षुब्ध, चिड़चिड़े, तनावग्रस्त हों तो उस समय उनसे किसी तरह की माँग करना उचित नहीं होगा।'

बॉस का कोई सचिव न होने पर भी उपयुक्त अवसर के चयन के कुछ गुर हैं—

- बॉस से उस समय बात मत कीजिए, जब वे कोई काम आदि पूरा करने की हड़बड़ी में हों।
- उनके पास भोजन-काल से ठीक पहले न पहुँचिए, क्योंकि उस समय उनका ध्यान बँटा हुआ हो सकता है या उठने की जल्दी भी हो सकती है।
- उनसे उस समय भी मत मिलिए, जब वे छुट्टी पर जानेवाले हों या छुट्टियाँ मनाकर अभी-अभी लौटे हों।

2. **क्रुद्ध अवस्था में मिलने न जाएँ :** लोगों को पदोन्नति-विषयक सलाह देनेवाले वाशिंगटन निवासी मनोविज्ञानी रॉबर्ट स्मिथ कहते हैं, 'यदि आप क्रुद्ध हैं, तो इससे आपके बॉस को भी ताव आ सकता है। अतः पहले अपने चित्त को शांत कीजिए।'

और, आपको जो बात उठानी है वही उठाइए, न कि मन की सारी भड़ास ही निकालने बैठ जाएँ। हैरिस/3 एम. डॉक्यूमेंट प्रोडक्ट्स के अध्यक्ष वेसली कैंट्रेल कहते हैं, 'यदि कोई कर्मचारी अपनी कंपनी के बारे में ही नकारात्मक रुख रखने लगता है, तो आप यह समझने लगते हैं कि उसे खुश रखने का प्रयास निरर्थक है और यह भी कि वह अपने लिए कोई अन्य नौकरी खोज ले तो उचित होगा।'

3. **मुद्दे स्पष्ट करें :** बात विकट रूप भी ग्रहण कर सकती है, यदि बॉस या उसका अधीनस्थ कर्मचारी यही न समझें कि दूसरे के दिमाग में कौन-सी परेशानी घर किए है। 'कभी-कभी मुद्दों के स्पष्टीकरण-भर से झगड़ा मिट जाता है,' एक वाक्-शक्ति सलाहकार लिल्यन वाइल्डर का कहना है, 'कर्मचारी को अपनी बात साफ-साफ तथा थोड़े शब्दों में प्रस्तुत करनी चाहिए, ताकि बॉस उसे समझ सके।'

रजनी टेंगशे मुंबई की एक वित्तीय संस्था के अध्यक्ष के लिए कार्य करती हैं और अपने बॉस से विरले ही झगड़ती हैं। पर कभी किसी अवसर पर इन्हें जो महत्त्वपूर्ण लगता है, बॉस उससे सहमत नहीं होते तो ये अपने विचार एक कागज पर लिखकर उनके सामने रख देती हैं। वे बताती हैं कि इससे मुद्दा तरतीब से उभरकर सामने आ जाता है और यह तरीका एकाधिक बार कारगर सिद्ध हुआ है।

4. **समाधान प्रस्तुत करें :** न्यूयॉर्क विश्वविद्यालय के आयुर्विज्ञान-केंद्र में मनोरोग के नैदानिक सह-प्रोफेसर डॉक्टर नॉरमन सूसमान कहते हैं, 'आपके बॉस के मस्तिष्क

पर आपके बढ़ाए बिना भी पहले से ही काफी भार होता है। यदि आप कोई तात्कालिक समाधान प्रस्तुत नहीं कर सकते, तो कम से कम समस्या को किस ढंग से लिया जाए, इसके लिए सुझाव तो दे ही सकते हैं।'

सूसमान आगाह करते हैं कि अपने बॉस के समक्ष जो लोग अकसर समस्याएँ तो पेश करते रहते हैं, पर उनके समाधान के सुझाव नहीं रखते, उन्हें शीघ्र ही यह अनुभव हो जाएगा कि उनकी पहुँच बॉस के सचिव तक सीमित होकर रह गई है। सूसमान स्पष्ट करते हैं, 'बॉस भले ही इसका कारण न बताए, पर वह यह जानता है कि फलाँ-फलाँ सज्जन जब भी उसके पास आते हैं, तो उसे इतना अच्छा महसूस नहीं होता। अतः कुछ दिनों के बाद फलाँ-फलाँ को भीतर जाने ही नहीं दिया जाता।'

5. अपने को बॉस की जगह रखकर देखें : 'अपने बॉस से कारगर ढंग से निपटने के लिए उसके लक्ष्यों तथा तनावों को समझना बहुत जरूरी है', सलाहकार लेफ्टर कहते हैं, 'आप अपने को अपने बॉस के भागीदार की स्थिति में रखकर चलें तो वह आपके लक्ष्यों की उपलब्धि के लिए आपके साथ सहयोग करने को स्वाभाविक रूप से कहीं ज्यादा इच्छुक होगा।'

कार्नेगी मेलन विश्वविद्यालय में व्यवसाय-प्रबंध के प्रोफेसर रॉबर्ट केली कैलीफोर्निया की एक कंप्यूटर कंपनी के एक-अंक कार्यक्रम तैयार करनेवाले अपने बॉस का यह किस्सा सुनाते हैं : उन दोनों के बीच एक-अंक कार्यक्रम-विशेष के बारे में विवाद था। केली बताते हैं, 'मैंने सुझाव दिया कि हम आपस में भूमिकाओं की अदला-बदली करने के बाद बहस करें। पाँच मिनट के बाद, जब हमें अपनी मूढ़ता ज्ञात हो गई तो हम हँस पड़े और जल्दी ही समाधान निकल आया।'

6. सहज-बुद्धि का प्रयोग करें : याद रखिए, बॉस अधिकारों से संपन्न होता है और विवाद सीमा से ज्यादा आगे बढ़ने का फल यह भी हो सकता है कि इससे असली मुद्दा तो पीछे छूट जाए और आपकी नौकरी पर बन आए। इसलिए विवेक से काम लीजिए। याद रखिए, जिस लड़ाई में आप जीत नहीं सकते, उसे शुरू मत कीजिए, और यह भी कि कभी लड़े बीर तो कभी भागे बीर, यानी कभी लड़ने में वीरता होती है, तो कभी भागने में।

कौशल-विकास

कार्य
मातहत,
सचिव,

कैसा प्रबंधक बनना चाहेंगे आप

सफलता अकसर उनके कदम चूमती है, जो अपने लक्ष्य निर्धारित करते हैं और फिर उन्हें हासिल करने के लिए हर संभव प्रयत्न करते हैं। लक्ष्य निर्धारित करके चलनेवाले लोग इसलिए सफल होते हैं, क्योंकि वे जानते हैं कि वे कहाँ जा रहे हैं। उन्हें दिशाबोध होता है, वे दिग्भ्रमित नहीं होते।

क्या आपने कभी लक्ष्य, जिसे अंग्रेजी में 'गोल' कहते हैं, से रहित जीवन की कल्पना की है ? उदाहरण के लिए, हॉकी या फुटबॉल में गोल न हों तो खेल का स्वरूप कैसा होगा ? क्या तब भी हम खेल का मजा ले पाएँगे ? क्या खिलाड़ियों को जहाँ कहीं भी गेंद को हिट करते या किक लगाते देखना अजीब नहीं लगेगा ? और अगर वहाँ घड़ी या समय-सीमा न हुई तो खेल अजीब ही नहीं, निरर्थक भी होगा।

सफलता और विफलता के अंतर को मेहनत से ही पाटा जा सकता है

अपनी पुस्तक 'पॉजिटिव थॉट्स फॉर द डे' में नॉर्मन विंसेंट पील लिखते हैं, 'एक चैंपियन गोल्फर का कहना है कि गोल्फ खेलते समय आप जो कुछ सोचते हैं, वह आपके खेल का सर्वाधिक महत्त्वपूर्ण भाग है। वह एकाग्रता के महत्त्व और जो कुछ हम पाना चाहते हैं, उसकी सजीव कल्पना करने के अभ्यास पर बल देता है। चैंपियन आत्मविश्वास के साथ अपने मन में हूबहू गेंद की वह दशा-दिशा कल्पित कर लेता है, जहाँ वह उसे ले जाना चाहता है। कल्पना का यह सिद्धांत जिंदगी में लक्ष्य निर्धारित और हासिल करने में भी काम आता है। आपको अपने लक्ष्य का सूक्ष्म ज्ञान होना चाहिए। उस लक्ष्य की दृढ़ परिकल्पना द्वारा आप उस पर अपना बल केंद्रित कर लेते हैं और फिर आप

उसे पा सकते हैं।'

किंतु अकसर हममें से अनेक लोग बिना लक्ष्य और समय-सीमा निर्धारित किए काम करते नजर आते हैं। क्या यह निरर्थक नहीं है ? एक वास्तविक लक्ष्य धुन या सनक या दीवानगी-जैसा होता है। जब आप एक यथार्थ लक्ष्य निर्धारित कर लेते हैं, तो आपको विश्वास होता है कि आप उसे पा सकते हैं।

सनक को एक ऐसा खयाल बताया गया है, जिसे हम अपने मन में जमा लेते हैं। हम उसके अंतिम परिणामों की तस्वीर में खुद को इस तरह रख लेते हैं कि हम उन्हें महसूस कर सकते हैं, देख सकते हैं, सुन सकते हैं, सूँघ सकते हैं, चख सकते हैं।

लक्ष्य का एक सार्थक अंत और उसे हासिल करने के लिए एक तिथिवार कार्य-योजना होनी चाहिए। लक्ष्य-निर्धारण के प्रति लोगों के नजरिए को देखते हुए हम दो प्रकार के प्रबंधकों का विश्लेषण कर सकते हैं—

1. भूसे के ढेर की तरह के प्रबंधक, और
2. आम के पेड़ की तरह के प्रबंधक।

भूसा-प्रबंधक : अकसर नजर आ जानेवाला यह एक ऐसा प्रबंधक होता है, जो बदहवास और दिग्भ्रमित रहता है, हमेशा जल्दी में दिखता है, बहुत तेज गति से पर अकसर अधूरे वाक्य बोलता है और स्वयं को अत्यंत व्यस्त दिखाने के लिए या कार्य की प्राथमिकता तय न कर पाने के कारण या फिर दोनों ही कारणों से एक काम से दूसरे काम पर कूदता-फाँदता रहता है। वह एक अग्निशामक की तरह व्यवहार करता है, जो कभी यहाँ पानी फेंकता है तो कभी वहाँ। अपनी कंपनी में ऐसे प्रबंधकों की तलाश शुरू कीजिए, जल्दी ही आप उन्हें जान जाएँगे। उनकी बुरी आदतों का अध्ययन कीजिए और उनके पद-चिह्नों पर मत चलिए।

आम्र-प्रबंधक : वह होता है, जो हमेशा शांत-निरुद्वेग रहता है और जो कुछ कर रहा होता है, उसके बारे में निश्चित होता है। वह अपने 90 प्रतिशत काम अपने सचिव और अधीनस्थों को सौंपे रखता है। वह जाँच-सूची यानी चेक-लिस्ट, अनुवर्ती कार्रवाई-सूची यानी फॉलोअप-लिस्ट और छक्के यानी दिन में किए जानेवाले छह सर्वाधिक महत्त्वपूर्ण कामों की सूची बनाकर उन्हें एक-एक करके निपटाने की अवधारणा का पालन करता है, और खुद थोड़े ही काम करता है, पर उन्हें बेहतरीन ढंग से करता है। वह जानता है कि कब 'नहीं' कहना चाहिए। वह कार्य पूरे होने की यथार्थपूर्ण तिथियाँ देता है, जिन्हें 30 प्रतिशत सुरक्षा-मार्जिन जोड़ते हुए निकाला गया होता है, क्योंकि वह जानता है कि कामों में देर लगती है या उनमें कोई अड़चन आ सकती है, और कामों को नियत तिथियों से पहले पूरा कराने के लिए अपने स्टॉफ के साथ खुद भी अतिरिक्त समय देने के लिए तैयार रहता है। वह अपनी गलतियाँ शालीनता से स्वीकार कर लेता है और कनिष्ठ-वरिष्ठ समस्त सहकर्मियों

द्वारा उत्तेजित किए जाने पर भी उत्तेजित नहीं होता।

आम्र-प्रबंधक ऐसा कैसे कर पाता है ? इस तरह से–

1. लक्ष्य : वह अपने कारोबार और निजी जीवन, दोनों में मासिक, त्रैमासिक और वार्षिक आधार पर अपने लक्ष्य निर्धारित करता है। आम के पेड़ का तना इसे भली-भाँति निरूपित करता है।

2. मुख्य परिणाम-क्षेत्र : वह अपने लक्ष्यों की पूर्ति के लिए वे मुख्य परिणाम-क्षेत्र यानी 'की-रिजल्ट एरियाज' निश्चित करता है, जहाँ वह अपनी टीम के साथ अधिकतम परिणाम हासिल कर सकता है। आम के पेड़ की शाखाएँ इसे प्रतिबिंबित करती हैं।

3. कार्य : वह एक मुख्य परिणाम-क्षेत्र के भीतर लक्ष्य और जिम्मेदारियाँ तय कर देता है, ताकि कार्य-विशेष पूरा हो सके। आम के पेड़ की टहनियाँ इसकी द्योतक हैं।

4. क्रियाकलाप : वह प्राथमिकता के आधार पर किया जानेवाला वास्तविक और विशिष्ट कार्य स्पष्टतया परिभाषित कर देता है, ताकि वह कार्य कराया जा सके। यह आम के पेड़ के पत्तों द्वारा प्रतिबिंबित होता है।

लक्ष्यों, मुख्य परिणाम-क्षेत्रों, कार्यों और क्रियाकलापों का संबंध निम्नलिखित उदाहरण से समझा जा सकता है–

लक्ष्य : कंपनी-विशेष के स्टॉफ सदस्यों, डीलरों, विपणन-कर्मचारियों और सहयोगी संस्थाओं से संवाद।

मुख्य परिणाम-क्षेत्र : त्रैमासिक गृह-पत्रिका का 31 मार्च तक प्रकाशन।

कार्य : (1) पांडुलिपि–स्टाफ सदस्यों के लेख और डीलरों से प्राप्त सामग्री।

(2) विज्ञापन-एजेंसी द्वारा संपादन और चित्रण।

(3) मुद्रण।

(4) डाक-सूची और प्रेषण।

क्रियाकलाप : (1) संपादकीय लिखना और मुख्य विषय का चयन करना, इस संबंध में शोध और सहकर्मियों के विचार जानना।

(2) संपादकीय तथा अन्य सामग्री के ले-आउट और चित्रण के संबंध में एजेंसी से वैकल्पिक सामग्री की व्यवस्था करवाना।

(3) नियत तिथि पर अंक निकालने के लिए वैकल्पिक सामग्री तैयार रखना।

अब मान लीजिए कि आज 6 जनवरी है, और सुबह हमने तय किया है कि हमें पत्रिका को पाइपलाइन में रखने के लिए उस पर काम शुरू कर देना है, ताकि वह 31 मार्च तक प्रकाशित हो सके। हमें अंक-विशेष की विषयवस्तु का अनंतिम रूप से मोटा स्वरूप निर्धारित करने के लिए अपनी डीलरशिप-मैनेजमेंट-लाइब्रेरी में अच्छा-खासा समय गुजारना चाहिए। यह संपादकीय, मुख्य लेख, सहायक लेखों तथा पूरक सामग्री, फोटोग्राफ, समाचार-विचार आदि के अलावा होगा, जिन्हें कि हम अंक को औपचारिक रूप से पाइपलाइन में डालने से पहले इस दिन के लिए एक फोल्डर

में एकत्र करते रहते हैं। मतलब यह कि उत्कृष्ट तरीके से किए जाने वाले हर काम को पर्याप्त समय दिया जाना जरूरी है। आम के पेड़ की किस्म वाला प्रबंधक ऐसा ही करेगा।

और भला भूसा-प्रबंधक क्या करेगा ? वह 15 फरवरी तक तो काम शुरू ही नहीं करेगा। 25 फरवरी तक वह संपादकीय और मुख्य लेख के संबंध में निर्णय नहीं लेगा, और 20 मार्च तक पांडुलिपि एजेंसी को नहीं देगा। फिर एजेंसी भी गृह-पत्रिका 30 अप्रैल से पहले छापकर नहीं दे सकेगी। इस बीच लेखों के टंकण, पुनःटंकण सहित यह हर चरण में 'संकट द्वारा प्रबंधन' यानी 'मैनेजमेंट बाई क्राइसिस' होगा।

तय करें कि आप किस तरह के प्रबंधक बनना चाहते हैं। विफलताओं की शर्मिंदगी और सफलताओं की मुस्कान का अंतर ज्यादा मेहनत से काम करने के बजाय ज्यादा चतुराई से काम करने में निहित है।

लोगों को पहला स्थान दें

सितंबर 1981 में ब्रिटिश एयरवेज (बीए) के तत्कालीन मुख्य कार्यपालक रॉय वाट्स ने स्टाफ के लिए प्रकाशित एक विशेष बुलेटिन में लिखा, 'बीए अपने जीवनकाल के भयंकरतम संकट से गुजर रही है...अगले अप्रैल तक हमारा घाटा 250 मिलियन पौंड तक पहुँच जाएगा...जैसा कि मैंने बताया, हमारा धन 200 पौंड पति मिनट की दर से रिसता जा रहा है।' और वास्तव में अप्रैल 1982 में बीए का घाटा 545 मिलियन पौंड तक जा पहुँचा था।

कर्मचारियों को और अधिक मूल्यवान बनाने का सतत प्रयास करते रहना चाहिए

दिवालियापन के कगार से विश्व की सर्वाधिक लाभ कमाने वाली एयरलाइंस के रूप में बीए की वापसी सफलता की एक आश्चर्यजनक कहानी है। 'बिजनेस वीक' ने उसके इस कायाकल्प को 'ब्लडी ऑसम' (बुरी तरह से लहूलुहान) से 'ब्लडी ऑपुल' (महान् रक्तपिपासु) के रूप में वर्णित किया। इसे संभव बनाने वाले दो व्यक्ति थे—सर (बाद में लॉर्ड) जॉन किंग, जो फरवरी 1981 में उसके अध्यक्ष नियुक्त किए गए थे और (बाद में नाइट की उपाधि से विभूषित) कॉलिन मार्शल, जिन्हें किंग ने फरवरी 1983 में मुख्य कार्यपालक बनाया। अस्सी के दशक के उत्तरार्ध में बीए न केवल अपनी संचित हानि से उबर गई, बल्कि लगातार तीन सालों तक उसने अच्छा-खासा लाभ भी कमाया—1988 में 241 मिलियन पौंड, 1989 में 340 मिलियन पौंड और 1990 में 402 मिलियन पौंड।

जनोन्मुख संस्कृति

किंग और मार्शल ने कैसे यह चमत्कार किया ? असल में उन्होंने दत्तचित्त होकर संगठन की संस्कृति बदलकर उसे जनोन्मुख बनाने और बीए में ग्राहक-सेवा को हरेक की सर्वोच्च प्राथमिकता बनाने पर ध्यान दिया। मुख्य कार्यपालक बनने के पहले दिन से ही मार्शल ने ग्राहक-सेवा को अपना निजी जिहाद बना लिया। पहले तीन सालों तक उसका जोर 'ग्राहक-सेवा, ग्राहक-सेवा और ग्राहक-सेवा के अलावा कुछ नहीं' पर रहा। एक सशक्त वाचिक संप्रेषक होने के बावजूद मार्शल ने उपदेश द्वारा नहीं बल्कि उदाहरण द्वारा, टर्मिनलों और वर्क-स्टेशनों पर एक सक्रिय रोल-मॉडल बनकर, सुबह-शाम स्टाफ के साथ समय बिताकर संगठन की संस्कृति बदलने का काम किया। ग्राहक-सेवा के महत्त्व को समझाने के लिए उन्होंने अनेक कार्यक्रम भी शुरू किए।

पीपीएफ कार्यक्रम

दिसंबर 1983 में 'लोगों को पहला स्थान दें' कार्यक्रम यानी 'पुट पीपल फर्स्ट' (पीपीएफ) प्रोग्राम की शुरुआत बीए के कायाकल्प में सबसे महत्त्वपूर्ण घटना थी। एक बाहरी एजेंसी—टाइम मैनेजर इंटरनेशनल द्वारा चलाए गए इस कार्यक्रम में सबसे पहले अग्रिम पंक्ति के यानी फ्रंटलाइन स्टाफ को शामिल किया गया। हर बैच में 150 सहभागी रखे गए और कार्यक्रम दो दिन तक चला। पीपीएफ कार्यक्रम कर्मचारियों के विशेषतः कार्य-विषयक संबंधों पर नहीं, बल्कि सामान्यतः लोगों के साथ सकारात्मक संबंधों पर फोकस करते हुए उनके अंतर्वैयक्तिक संबंधों को और अधिक प्रभावशाली बनाने में मदद करने की दृष्टि से तैयार किया गया था। कार्यक्रम सहभागियों को अपने परिवारों, मित्रों, सहकर्मियों और ग्राहकों सहित अन्य लोगों के साथ अपनी अंतःक्रिया की जाँच करने के लिए प्रेरित करता था। सहभागियों द्वारा कार्यक्रम को इतना सराहा और स्वीकारा गया कि अग्रिम पंक्ति से इतर कर्मचारियों ने भी स्वयं को कार्यक्रम में शामिल किए जाने का अनुरोध किया। अंततः 40,000 बीए-कर्मचारियों ने पीपीएफ कार्यक्रम, जो कि जून 1985 तक चलाना पड़ा, का लाभ उठाया।

कार्यक्रम की सफलता का असली कारण मुख्यतः उसके संदेश की ईमानदारी, आयोजन-शैली की उत्कृष्टता और प्रबंधन का ठोस समर्थन रहा। कर्मचारियों को कार्यक्रम का संदेश निष्कपट लगा और उन्होंने सर्वसम्मति से माना कि उनके साथ कोई चालाकी नहीं बरती जा रही है। अपने साथ सम्मानजनक व्यवहार किए जाने पर उन्होंने संतोष व्यक्त किया। कर्मचारियों को व्यक्तिगत निमंत्रण भेजे गए, प्रबंधकों और स्टाफ के साथ एक-जैसा व्यवहार किया गया और उन्होंने स्वच्छंदता से अंतःक्रिया (इंटरएक्शन) की। हर पीपीएफ कार्यक्रम के प्रश्नोत्तरनुमा समापन-सत्र में एक वरिष्ठ निदेशक मौजूद रहता था। कॉलिन मार्शल खुद अकसर इन समापन-सत्रों में भाग लेते थे और सहभागियों के सवालों के जवाब देते थे।

एमपीएफ कार्यक्रम

1985 में पीपीएफ कार्यक्रम की समाप्ति के बाद बीए ने एक नया कार्यक्रम शुरू किया—'पहले जन-प्रबंधन करें' यानी 'मैनेजिंग पीपुल फर्स्ट' (एमपीएफ)। इसमें विश्वास, खुलापन, कल्पना यानी विजन, नेतृत्व और फीडबैक जैसे मूल्यों और मुद्दों पर जोर दिया गया। एमपीएफ के सत्र में भाग लेने के बाद एक वरिष्ठ प्रबंधक का कहना था, 'यह तो जैसे कमाल ही हो गया ! मुझे नहीं लगता कि मैं एमपीएफ से पहले कभी संस्कृति पर ध्यान भी देता था। इसके बाद से मैंने सोचना शुरू किया कि वह क्या चीज है, जो लोगों को बुरा बना देती है ? लोग वैसा क्यों करते हैं, जैसा वे करते हैं ? लोग काम करने क्यों आते हैं ? लोग क्यों कुछ लोगों के लिए वह काम कर देते हैं जो वे दूसरों के लिए नहीं करते ?'

1990 तक अधिकांश स्टाफ और प्रबंधन को महसूस हो गया कि संगठन की संस्कृति बदलकर बेहतर हो गई है। उन्हें अहसास हो गया कि वहाँ 'ठोस ब्रिटिश इंजीनियरिंग और परिचालन-चालित संस्कृति के स्थान पर ग्राहक-सेवा के जरिए ग्लोबल मार्केटिंग पर जोर देने वाली संस्कृति के रूप में एक विकासपरक बदलाव' आ गया है।

कथनी-करनी में फर्क

आजकल प्रबंधकों द्वारा यह कहने का फैशन है कि 'लोग हमारी असली परिसंपत्तियाँ हैं।' पर असलियत में हम इस तरह प्रबंधन करते हैं, मानो लोग कुछ अर्थ ही न रखते हों। लोगों को मूल्य-विशेष पर खरीदी जा सकने वाली वस्तु समझा जाता है। एक बार नियुक्त कर लिए जाने पर उन्हें 'टेकन फॉर ग्रांटिड' समझ लिया जाता है और भुला दिया जाता है। लोगों से संबंधित मुद्दों को तब तक प्राथमिकता नहीं दी जाती, जब तक कि वे गंभीर संघर्ष या औद्योगिक संबंध विषयक एक बड़ी समस्या के रूप में सामने नहीं आ जाते; पर तब वह संघर्षमूलक तरीके से किया गया संकट-प्रबंधन होता है, जिसकी परिणति जीत-हार (एक की जीत, दूसरे की हार) में होती है। सार्वजनिक क्षेत्र की ही नहीं, निजी क्षेत्र की कंपनियों और संस्थाओं में भी मानव-प्रतिभाओं, रचनात्मकता और उत्पादकता का कितना भारी अपव्यय और संसाधनों का कितना न्यून उपयोग हो रहा है !

तेजी से उभरते भीषण प्रतिस्पर्धात्मक माहौल में अस्तित्व की लड़ाई में गुणवत्ता, उत्पादकता, सेवा और लागत-दक्षता निर्णायक होने जा रही है, इसे खूब समझा और स्वीकारा जा रहा है। पर इन्हें हासिल करने की चाबी संगठन में सभी स्तरों पर काम कर रहे लोगों की मनोवृत्ति, संलग्नता और मनोबल है—हमारे प्रबंधन-मानस में यह बात बैठनी अभी बाकी है।

लोग ही हैं हर सिद्धि की चाबी

जापानियों से मार्केट-शेयर वापस जीतनेवाली पहली यूएस कंपनी जेरोक्स के अध्यक्ष और मुख्य कार्यपालक अधिकारी पॉप ऑलेयर ने पिछले कुछ वर्षों में अपने 17.8 बिलियन डॉलर के जेरोक्स संगठन को पुनः डिजाइन किया है। उनका कहना है, 'हमारा ऐसी कंपनी रचने का इरादा है, जिसमें दोनों दुनियाओं की सर्वोत्तम चीजों का मेल हो—एक छोटे, अत्यंत फोकस्ड संगठन का अंग होने से आनेवाली गति, लचीलापन, जवाबदेही और रचनात्मकता तथा एक विशाल संगठन द्वारा उपलब्ध कराई जा सकने वाली बड़े पैमाने की किफायतें, संसाधनों तक पहुँच और रणनीतिक विजन। इसकी सिद्धि की चाबी हैं लोग—जिनकी नए कौशल-प्रबंधकों को सर्वाधिक जरूरत है—अलावा उस व्यक्तित्व और चरित्र के, जो कि उनमें होना ही चाहिए।' इस शिल्प के तीसरे घटक को ऑलेयर 'सॉफ्टवेयर' नाम देते हैं, जिसका प्रयोग सर्वाधिक कठिन, पर संभवतः सर्वाधिक महत्त्वपूर्ण है : लोगों को परस्पर जोड़नेवाले अनौपचारिक नेटवर्क और प्रथाएँ, मूल्य-तंत्र, संस्कृति। अपने संगठनात्मक प्रयास में इन्हें शामिल न करनेवाली कंपनी बड़ी भारी गलती करती है।

अपने क्रांतिकारी प्रबंधन-विचारों के लिए प्रख्यात जैक वैल्श इसे सरल शब्दों में इस प्रकार बताते हैं, 'किसी व्यवसाय में मापने योग्य तीन महत्त्वपूर्ण चीजें होती हैं—ग्राहक-संतोष, कर्मचारी-संतोष और नकदी-प्रवाह। यदि आप ग्राहक-सेवा बढ़ा रहे हैं तो आपका ग्लोबल मार्केट-शेयर बढ़ना भी तय है। कर्मचारी-संतोष आपको उत्पादकता, गुणवत्ता, गर्व और रचनात्मकता प्रदान करता है। और नकदी-प्रवाह कंपनी की नाड़ी है—उसकी जीवंतता का महत्त्वपूर्ण लक्षण।'

एक मुख्य कार्यपालक अधिकारी के लिए आवश्यक गुणों के बारे में पूछे जाने पर वैल्श कहते हैं, 'बेशक, इस पद पर आनेवाले व्यक्ति में कंपनी के लिए एक विजन और लोगों को अपने पीछे जुटाने की क्षमता होनी चाहिए। उसमें उच्चतम मानदंडों वाली निष्ठा होनी चाहिए। उसे यकीन होना चाहिए कि लोग ही हर ताले की चाबी हैं और परिवर्तन डरने की नहीं, रस लेने की चीज है। जो आदमी बहुत ज्यादा अंतर्मुखी है, ग्राहकों में रस नहीं लेता और परिवर्तन के लिए प्रस्तुत नहीं, वह सफल नहीं हो सकता।' वे बलपूर्वक कहते हैं, 'मेरे खयाल से जो कंपनी नब्बे के दशक में सफलता चाहती है, उसे अपने हर कर्मचारी के मस्तिष्क के उपयोग का उपाय खोजना होगा...अगर आप हर वक्त हर आदमी को और मूल्यवान बनाने के लिए प्रयासरत नहीं, तो आपके सफल होने की कोई संभावना नहीं।'

निंदक नियरे राखिए...

श्रीकांत ने एक कार्यालय में प्रशासनिक अधिकारी का कार्यभार सँभाला। कार्यालय की कार्यक्षमता काफी घटिया स्तर पर पहुँची हुई थी। उनके पूर्वाधिकारी की ढुलमुल नीति से पूरा ढाँचा चरमरा गया था। कुछ दादा लोग भी पैदा हो गए थे। श्रीकांत ने स्थिति का पूरा अध्ययन करके अपना कार्य आरंभ किया। बहुत-से काम कार्यालय की उन्नति और कर्मचारियों की भलाई के लिए किए। शिकायतों पर तत्काल ध्यान दिया जाने लगा। भुगतान जल्द होने लगा। यूनियन वालों की पूछ घटी (कार्यालय की अव्यवस्था के कारण ही तो वे फलती-फूलती हैं), तो वे श्रीकांत की बुराई करने लगे। उनकी शिकायत ऊपर भेजने लगे। श्रीकांत परेशान होकर तनावग्रस्त रहने लगे।

राममोहन ने नगर निगम का चुनाव जीता। जी-जान से अपने हलके की उन्नति में जुट गए। विरोधी पार्टी ने जब बाजी हारती देखी, तो उनकी आलोचना में जुट गए। पैसा खाने से लेकर लंपट होने तक के आरोप उन पर लगा दिए। निगम की बैठक में भी उन पर छींटाकशी करते रहते। पर राममोहन सुलझे हुए व्यक्ति थे। इन आलोचनाओं को सुनकर उन्होंने संतुलन नहीं खोया। आलोचना के सही पक्ष को स्वीकार करके अपना परिमार्जन किया। बकवास पर ध्यान नहीं दिया। धीरे-धीरे जनता ने उनके कार्य का महत्त्व समझा और प्रशंसा की। विरोधी खामोश हो गए।

निंदा या आलोचना का उपयोग अपने उत्कर्ष में करना चाहिए

एक नई कॉलोनी की आवास-समिति ने सत्यकाम को खजांची चुना। मुख्य काम था हिसाब रखना व चंदा उगाहना।

काम भारी नहीं था, पर कठिन अवश्य था। लोग तरह-तरह के प्रश्न पूछते। सुविधाओं के न होने की शिकायत करते। अपव्यय के आरोप लगाते। कुछ मीठा बोलते, कुछ तीखा। दो-चार बार बात सहन न होने से क्रोध में आकर कुछ गलत भी कह गए। तू-तू मैं-मैं हो गई। सत्यकाम संतुलन खो बैठे। कुछ समय बाद त्यागपत्र दे दिया।

आलोचना मानवीय स्वभाव है

जनसेवा में लगे लोगों की आलोचना तो होती ही रहती है। लोग तो उन्हें भी नहीं छोड़ते जिन्होंने अच्छाई की है। एक बार ईश्वरचंद्र विद्यासागर से किसी ने कहा कि अमुक व्यक्ति आपकी बुराई कर रहा था। उन्होंने मजाक करते हुए कहा, 'जहाँ तक मुझे याद है, मैंने तो उसके साथ कोई भलाई नहीं की, फिर वह मेरी बुराई क्यों कर रहा है ?'

लिंकन आलोचना से टूट गए होते, यदि उन्होंने उसका उत्तर दिया होता। उन्होंने कहा, 'उत्तर देने की बात तो दूर, यदि मैंने अपनी सारी आलोचना को पढ़ा भी होता तो मैं और कोई काम नहीं कर सकता था। मैं भरसक अपनी योग्यतानुसार काम करता हूँ और इसी प्रकार करता जाऊँगा। यदि अंत में सफलता मिलती है तो जो कुछ मेरे विरुद्ध कहा गया है, उसकी कोई कीमत नहीं होगी। पर यदि सफलता नहीं मिलती तो मुझे कोई नहीं बचा सकता।'

ज्यों ही युवावस्था में पदार्पण कर कोई कैरियर या व्यवसाय चुना जाता है, तो संपर्क-क्षेत्र एकदम बढ़ता है। हर किसी की पूरी कोशिश रहती है कि सफल हो। ज्यों ही सफलता मिलने लगती है, आदमी दूसरों की आँखों में गड़ने लगता है। फिर ईर्ष्या-द्वेषवश वे आलोचना व निंदा करने लगते हैं। उन तीखी-कड़वी बातों को सुनकर यदि संतुलन खोया तो फिर भविष्य कंटकमय हो जाता है। अतः आलोचना को सही परिप्रेक्ष्य में लेना चाहिए। उपर्युक्त उदाहरणों में किसी ने संतुलन खोकर नुकसान उठाया तो किसी ने संतुलन कायम रखकर, आलोचना का सही मूल्यांकन करके लाभ उठाया।

सुधार में सहायक

अपनी निंदा या आलोचना को न सह पाना आदमी की बड़ी कमजोरी होती है। वह निंदक के प्रति असहिष्णु व अनुदार होता है। अपनी प्रशंसा तो हर कोई सुनना चाहता है, पर निंदा से बचना चाहता है। देखा जाए तो निंदा प्रशंसा का ही दूसरा पक्ष है। दोनों एक ही सिक्के के दो पहलू हैं। कैसी विडंबना है कि जो व्यक्ति जितने प्रशंसित व चर्चित होते हैं, उनकी उतनी ही निंदा व आलोचना होती है।

बुरे कार्यों में लगे आपराधिक प्रवृत्ति के व्यक्तियों की निंदा दूसरे प्रकार की होती है। उसे हम भर्त्सना या प्रताड़ना कह सकते हैं। यहाँ हम आम आदमियों की निंदा या आलोचना की बात कर रहे हैं।

इस तरह की निंदा या आलोचना को सहज भाव से लेने से अपना सुधार करने में सहायता मिलती है। आलोचना को यदि रचनात्मक दृष्टि से देखा जाए तो उससे अपने उत्कर्ष की दिशा मिलती है। अपनी कमियों, दोषों, कमजोरियों का ज्ञान होता है। स्वयं को तो इनका पता नहीं चलता। हमारे व्यवहार से जो दूसरे लोग प्रभावित होते हैं, वे ही बतला सकते हैं। उचित तो यही है कि हम जानें कि हमारी रीति-नीति का, आचरण का, व्यवहार का दूसरों पर क्या प्रभाव पड़ता है। उनसे दूसरों का हित होता है या अहित। अपने व्यवहार या आचरण की परख दूसरों द्वारा की गई आलोचना के प्रकाश में ही ठीक से की जा सकती है।

भावनात्मक संतुलन जरूरी

आलोचना उसी की होती है जो कुछ करता है। कुछ करेगा तो कभी कोई गलती होना भी स्वाभाविक है। गलती होने पर आलोचना होना भी तय है। आलोचना होने का मतलब ही है कि आप कुछ कर रहे हैं और आपके प्रति लोगों की नजरें उठ रही हैं। कभी-कभी आलोचना किसी गलती की वजह से नहीं, ईर्ष्यावश भी की जाती है।

अगर कोई चाहता है कि उसके बारे में कोई कुछ न कहे, कोई आलोचना न करे तो आसान नुस्खा है : न कुछ कहो, न करो। पर परिणामस्वरूप व्यक्तित्व कुंठित हो जाएगा। जीवन में वह कुछ कर नहीं पाएगा।

इतिहास साक्षी है कि जिस किसी ने नई दिशा में कदम उठाया है, समकालीन लोगों ने उसकी आलोचना ही नहीं, निंदा भी की। उस आलोचना के प्रहार से यदि उसने अपना कदम वापस खींच लिया होता, तो संसार इतनी प्रगति न कर पाता।

अतः आलोचना किए जाने पर भावात्मक संतुलन बनाए रखना आवश्यक है। आलोचना के प्रहार से बचने और उसे सहने के लिए हमें अपने विचार संयमित रखने होंगे और विवेक से काम लेना होगा। आलोचक जो-जो बातें हमारे ध्यान में लाता है, हमें उनकी जाँच करनी चाहिए और तदनुसार आगे का मार्ग तय करना चाहिए। आलोचना हमें सोचने पर मजबूर करती है, जबकि प्रशंसा प्रसन्न करके छोड़ देती है। अतः जब भी अपनी आलोचना के बारे में विचार करें तो ईमानदारी से सोचें कि उसमें कितनी सच्चाई है। यदि आलोचना सही है, तो उसे स्वीकार करके अपनी गलती सुधार लें। आलोचक को भी संतोष होगा। पर यदि आलोचना केवल आलोचना के लिए की गई है तो परवाह न करें। यदि वह व्यर्थ ही बदनाम करने के लिए की गई है तो उसका उत्तर मौन से दें। बदला लेने का प्रयास न करें।

कुछ तो लोग कहेंगे

हर कोई आपको पसंद नहीं कर सकता। हर किसी के सोचने का ढंग अलग होता है, जो इस बात पर निर्भर करता है कि वह किस परिवेश और वातावरण से

आया है। कुछ लोग जरा भी विचार न मिलने पर आलोचना करते हैं। कुछ अकारण ही करते हैं। इसलिए, गालिब बुरा न मान जो वाइज बुरा कहे। ऐसा भी कोई है कि सब अच्छा कहें जिसे ? यह मानकर चलें कि आलोचना से कोई बच नहीं सकता। हमारे जीवन की स्थिरता इस पर निर्भर करती है कि हम उसे कैसे सहते हैं।

लगातार आलोचना सुनते-सुनते कमजोर दिलो-दिमाग वाले आत्मविश्वास खोकर कुछ भी करने से पहले 'लोग कहेंगे' का विचार करने लगते हैं। हमें तो अपनी इच्छा-अनिच्छा, अच्छे-बुरे का ध्यान रखना है और यह सोचकर आलोचना पर विजय पानी है कि 'कुछ तो लोग कहेंगे।'

लोकतंत्र अन्य सब शासन-प्रणालियों से श्रेष्ठ इसीलिए माना जाता है क्योंकि उसमें सत्ता पक्ष के अतिरिक्त एक सबल विपक्ष भी होता है, जो शासकों की त्रुटियाँ बतलाता चलता है, उसकी आलोचना करता रहता है। उसका अंकुश और उसके विरोध का भय शासकों को मनमानी करने से रोकता है।

अतः निंदा या आलोचना से रुष्ट या दुःखी होने अथवा बदला लेने की बात सोचने की बजाय उसका रचनात्मक उपयोग करना चाहिए, इसी में भला है। निंदा व आलोचना का उपयोग अपने उत्कर्ष, आत्म-परिष्कार के लिए किया जाना चाहिए। अतः निंदा के प्रयास में अपने दुर्गुणों व दोषों को तलाशें और निंदक के प्रति सहिष्णुता बरतें। निंदक या आलोचक हमारा प्रच्छन्न प्रशंसक होता है, हमारे व्यक्तित्व का परिमार्जक होता है। तभी तो कबीर ने कहा है कि--निंदक नियरे राखिए...।

विवेक का दामन न छोड़िए

केवल चेहरा देखकर चरित्र बताने का दावा करनेवाले एक ज्योतिषी ने शिष्य-मंडली के मध्य विराजमान यूनान के जाने-माने दार्शनिक सुकरात को लक्ष्य करके कहा, 'इस व्यक्ति में क्रोध कूट-कूटकर भरा है, इसके नथुनों की रचना से यही झलकता है। इसके माथे और सिर की रचना के हिसाब से यह निश्चित रूप से एक लालची व्यक्ति होगा। इसकी ठुड्डी बताती है कि यह बिलकुल सनकी है। इसके होंठ और दाँतों के आकार को देखकर लगता है कि यह हमेशा देशद्रोह के लिए लालायित रहता है।'

सुकरात ने ज्योतिषी की बातों को शांतिपूर्वक सुना और उसे पुरस्कार देकर ससम्मान विदा किया।

शिष्यों के मनोभावों को देखते हुए सुकरात ने उन्हें समझाया, 'ज्योतिषी ने जो कहा है, ठीक ही कहा। उसके द्वारा इंगित समस्त अवगुण मेरे भीतर मौजूद हैं। परंतु मैं अपने विवेक द्वारा उन सभी अवगुणों पर अंकुश लगाए रखता हूँ। बस, ज्योतिषी यही बताना भूल गया।'

विवेकशील प्रबंधन गलतफहमियों व अफवाहों के बहकावे में नहीं आता

विवेक का अंकुश

सुकरात ने जो बात अपने बारे में कही थी, वह वास्तव में हम सब पर, मनुष्य मात्र पर लागू होती है। चंचल मन मदोन्मत्त हाथी की भाँति उद्दंडतापूर्वक आचरण करना चाहता है। केवल विवेक का अंकुश ही मन-रूपी मस्त हाथी को नियंत्रित कर सकता है। गीता में अर्जुन मन की चंचलता के प्रति अपनी

अवशता की ओर इंगित करते हुए कहते हैं, 'यह मन बड़ा चंचल और मथनेवाला है तथा बड़ा दृढ़ और बलवान है। इसलिए इसे वश में करना मैं वायु को वश में करने की भाँति अति दुष्कर मानता हूँ (चञ्चलं हि मनः कृष्ण प्रमाथि बलवद्‌दढम्। तस्यां निग्रहं मन्ये वायोरिव सुदुष्करम्)। अर्जुन के कथन से सहमति प्रकट करते हुए कृष्ण ने कहा कि अभ्यास और विरक्ति द्वारा मन को वश में किया जा सकता है (असंशयं महाबाहो मनो दुर्निग्रहं चलम्। अभ्यासेन तु कौन्तेय वैराग्येण च गृह्यते)।

प्रकृति ने मनुष्य मात्र को अवगुणों की ओर ले जानेवाला मन और उस पर अंकुश लगाने में समर्थ विवेक प्रदान किए हैं। अंतर केवल यह है कि कोई उस विवेक का इस्तेमाल करता है, कोई नहीं। महात्मा सुकरात उस अंकुश का प्रयोग करने में समर्थ थे, ज्योतिषी नहीं; अन्यथा वह पात्र का विचार करने के उपरांत ही अपनी बात कहता। यदि उसने विवेक से काम लिया होता तो वह सत्य कथन करने में समर्थ होता। विवेक के अभाव में उस ज्योतिषी की स्थिति कहानी के उस लाल बुझक्कड़ की तरह हो गई, जिसने 'गोल-गोल है और बीच में छिद्र है', इतना अता-पता बताने पर मुट्ठी में बंद वस्तु को अँगूठी न कहकर चक्की का पाट बता दिया था। शायद ऐसे व्यक्तियों को लक्ष्य करके ही यूरोप के चिंतक मैकियविली यह कहने पर विवश हुए होंगे कि साधारण मनुष्य सत्य का बाहरी लक्षणों से ही अनुमान लगाते हैं। नेत्र सभी के होते हैं, किंतु किसी-किसी को ही विवेक द्वारा प्रेरित अतलदर्शी सामर्थ्य का वरदान प्राप्त होता है।

सक्षम चालक

सचमुच विवेक की शक्ति अपार है। विवेकी मनुष्य को पाकर गुण वैसे ही सुंदरता को प्राप्त होते हैं, जैसे सोने से जड़ा रत्न अत्यंत सुशोभित होता है। कोई भी मशीन हर तरह से दुरुस्त होने पर भी उसके कुशल संचालन के लिए जिस प्रकार के सक्षम चालक की अपेक्षा होती है, उसी प्रकार मानव-रूपी संयंत्र के कुशल संचालन के लिए भी एक सक्षम चालक की आवश्यकता होती है, जिसे विवेक कहते हैं। विवेक का लक्षण भले व बुरे, शुभ व अशुभ, शिव व अशिव और सत्य व मिथ्या के मध्य अंतर स्थापित करके उचित पक्ष को ग्रहण करना है। कहा जाता है कि हंस पक्षी दूध के अंश को ग्रहण कर लेता है और उसमें मिले हुए पानी के अंश को छोड़ देता है। यह उसका 'नीर-क्षीर-विवेक' कहलाता है। उसके इस विवेकी स्वरूप को लक्ष्य करके ही स्व-रूप को जान लेने वाले सिद्ध पुरुष को हंस या परमहंस की उपाधि से विभूषित किया जाता है।

विवेक सचमुच बुद्धि की पूर्णता है। अंग्रेजी विद्वान् एडिसन ने एक स्थान पर लिखा है कि 'मनुष्य के मन-मस्तिष्क में अनेक गुण होते हैं, परंतु विवेक जितना उपयोगी कोई नहीं। विवेक शेष गुणों को सार्थकता प्रदान करता है और उनमें से प्रत्येक को सही दिशा में प्रेरित करता है, जिससे वे अपने स्वामी या धारक का

हित-साधन कर सकें। विवेक के अभाव में समस्त ज्ञान पांडित्य-प्रदर्शन एवं मिथ्याभिमान बनकर रह जाता है, बुद्धिमानी धृष्टता का रूप ले लेती है, सद्गुण दुर्बलता के द्योतक बन जाते हैं और अंततः विवेकहीन मनुष्य अपने पूर्वग्रहों का दास बनकर रह जाता है। समस्त गुण होने पर भी विवेक के अभाव में व्यक्ति जीवन और जगत् के लिए अनुपयोगी बना रहता है; किंतु केवल विवेक का गुण होने पर ही व्यक्ति अपने जीवन में इच्छानुसार अग्रसर होता चला जाता है।' सुकरात-सदृश महापुरुषों की महानता का रहस्य यही रहा है कि अपने विवेक के बल पर वे सही समय पर सही निर्णय लेने में समर्थ रहे।

सच्चा बल

विवेक हमारा वास्तविक बल है। 'रामचरितमानस' में धर्मरथ का निरूपण करते हुए भगवान् राम स्पष्टतः इंगित करते हैं कि 'बल विवेक दम परहित घोरे।' अर्थात् मानव के शरीर-रूपी रथ का वास्तविक बल विवेक है। महर्षि पतंजलि ने विवेक को उच्चतम स्तर पर मनुष्य का पथप्रदर्शक बताया है, 'भौतिक बंधन से मुक्त होने का उपाय है पूर्ण विवेक से काम लेना।'

अंग्रेजी के प्रसिद्ध नाटककार शेक्सपीयर ने इसी बात को काव्योचित शैली में इस प्रकार व्यक्त किया है, 'अपने विवेक को अपना शिक्षक बनाओ, शब्दों का कर्म और कर्म का धर्म से मेल कराओ।' शेक्सपीयर के कथन को हृदयंगम करने के लिए इस फ्रांसीसी कहावत का मनन कीजिए, 'थिंक व्हाट यू लाइक, से व्हाट यू ऑट।' अर्थात् तुम्हें क्या अच्छा लगता है, इस पर विचार करो, और कहने का अवसर उपस्थित होने पर वही कहो, जो तुम्हें कहना चाहिए।'

जिंदगी में अनेक अवसर ऐसे आते हैं, जब आदमी को और प्रबंधक को विशेष रूप से विवेक-रूपी गाय की पूँछ ही परिस्थितियों के भवसागर से सकुशल पार लगाती है। अपना स्वार्थ सिद्ध करने के लिए दफ्तर के कर्मचारी प्रबंधक को किसी अधिकारी या कर्मचारी-विशेष के प्रति भड़का सकते हैं, उसकी चुगली कर सकते हैं, उसके प्रति गलतफहमियाँ पैदा कर सकते हैं। कान का कच्चा, विवेकहीन प्रबंधक उन पर विश्वास करके अपने अनुचित और पक्षपातपूर्ण रवैये से सचमुच उस कर्मचारी को अपने खिलाफ कर लेता है और विभाग तथा कार्यालय को उसकी प्रतिभा और आत्मिक योगदान से वंचित रखता है। विवेकशील प्रबंधक ऐसा कभी नहीं करेगा।

पथ-प्रदर्शक

संकट और संशय के अवसर उपस्थित होने पर विवेक ही हमारा मार्गदर्शन करता है। विवेकहीन व्यक्ति गलत निर्णय लेता है और विवेकशील व्यक्ति सही। विवेकशील व्यक्ति कचरे में पड़े हुए रत्न को भी ग्रहण कर लेता है और विवेकहीन भीलनी हाथी के मस्तक में उत्पन्न मोती को त्यागकर गुंजा की माला धारण करती है। विवेक-विमुख

कैकेयी को राम को वनवास दिलाकर आजन्म आत्मग्लानि में गलना पड़ा और विवेक के ही अभाव में अपने हिताहित का सम्यक् ज्ञान न रख पाने के कारण त्रिलोकजयी रावण ने भी सर्वनाश को आमंत्रित किया। विवेक वास्तव में जीवन को सुरक्षित भी रखता है और उसे जीने-योग्य भी बनाता है। 'विवेक जीवन का नमक है' यह कथन किसी ऐसे व्यक्ति ने कहा होगा, जो ज्ञान-वृद्ध होने के साथ-साथ अनुभव-वृद्ध भी रहा होगा। संभवतः विवेक का पर्याय होने के कारण ही नमक को 'रामरस' कहा जाता है।

अंग्रेजी की एक बहुत प्रसिद्ध लोकोक्ति है कि 'इफ यू लूज द हैड, यू लूज द बैटल।' अर्थात् अगर तुमने सिर गँवा दिया तो तुम युद्ध में हार गए। इसमें 'सिर' शब्द में श्लेष है, यानी उसके दो अर्थ हैं—सिर और विवेक। जैसे सिर कटते ही आदमी लड़ाई हार जाता है, वैसे ही विवेक खोते ही आदमी जिंदगी की लड़ाई हार जाता है, असफल हो जाता है। इसलिए जीवन में विजयी होने के लिए विवेकी होना अनिवार्य है।

प्रशंसा करने में कंजूसी न बरतें

अमेरिका के पूर्व राष्ट्रपति अब्राहम लिंकन का नाम कौन नहीं जानता ? उन्होंने एक बार अपने एक पत्र का आरंभ इस प्रकार किया था, 'प्रत्येक व्यक्ति प्रशंसा पसंद करता है।'

जी हाँ, प्रशंसा। यह एक ऐसा स्फूर्तिदायक टॉनिक है, जिससे बढ़कर शायद ही कोई दूसरा मानसिक टॉनिक संसार में उपलब्ध हो। इसे नन्हा शिशु, बालक, किशोर, युवा एवं वृद्ध, सभी समान रूप से पसंद करते हैं, और सब पर यह समान रूप से गहरा असर भी करता है।

जब आप किसी विद्यार्थी की पढ़ाई की प्रशंसा करते हैं, तो वह दोगुने उत्साह से अध्ययन करता है। जब आप किसी डॉक्टर से उसके इलाज करने के तरीके की प्रशंसा करते हैं, तो वह अपने मरीजों पर और ज्यादा ध्यान देता है। जब आप किसी लेखक की रचना की प्रशंसा करते हैं, तो वह साहित्य को और भी अच्छी कृतियाँ देने का प्रयत्न करता है।

जब आप किसी पत्र-पत्रिका की प्रशंसा में दो शब्द लिखते हैं, तो उसका संपादक अपने श्रम को सार्थक समझ पाठकों की और बेहतर सेवा करने का प्रयास करता है। जब आप किसी कारीगर की प्रशंसा करते हैं, तो वह और भी अच्छी, मजबूत और टिकाऊ चीजें बनाकर आपको देता है। जब आप अपने कर्मचारी के किसी काम की प्रशंसा करते हैं, तो वह भविष्य में भी प्रशंसा के लायक काम करने की कोशिश करता है।

प्रशंसा पाकर व्यक्ति के काम करने का उत्साह दूना हो जाता है

स्तुति से कौन प्रसन्न नहीं होता

आदमी तो आदमी, देवता तक स्तुति से प्रसन्न हो जाते हैं और स्तुति करनेवाले पर अपनी कृपा की वर्षा कर देते हैं। कालिदास भी लिखते हैं, 'स्तोत्रं कस्य न तुष्टये,' अर्थात् विश्व में कोई भी प्राणी ऐसा नहीं, जो अपनी स्तुति यानी प्रशंसा से प्रसन्न न हो जाता हो। इसलिए वेदों से लेकर इतिहास, पुराण और काव्य तक में देवी-देवताओं के स्तोत्र यानी स्तुतियों के श्लोक भरे पड़े हैं। मृत्युंजय-स्तोत्र तो काल के गाल तक से प्राणी को खींच लाता है। प्रशंसा का इतना माहात्म्य है।

असल में जब आप किसी की प्रशंसा करते हैं, तो उसे उसके महत्त्वपूर्ण होने का अहसास दिलाते हैं। महत्त्वपूर्ण होना भला कौन नहीं चाहता ? अपने व्यक्तित्व को प्रधानता दिए जाने की इच्छा मानव-मात्र में होती है। सभी चाहते हैं कि वे जो कुछ कर रहे हैं, उसका प्रतिफल उन्हें अवश्य ही मिले। शासक से लेकर जनसामान्य तक सभी की यह हार्दिक इच्छा होती है। क्या बुद्धिजीवी और क्या श्रमजीवी, क्या मिल-मालिक और क्या मजदूर, सभी चाहते हैं कि उनके कार्यों की प्रशंसा दिल खोलकर की जाए।

पहले प्रशंसा, फिर काम

इसलिए जब आपको किसी व्यक्ति से काम लेना हो, तो सीधे उससे अपने काम का उल्लेख न कीजिए। पहले उसके किसी गुण के आधार पर उसकी सच्ची प्रशंसा की छोटी-सी भूमिका बाँधिए। उसे यह महसूस करवाइए कि उसके अलावा कोई अन्य आदमी उस काम को उतनी अच्छी तरह से नहीं कर सकता।

एक छोटा-सा उदाहरण लें। अमेरिका के पूर्व राष्ट्रपति लिंकन की महिला-स्टेनो उनके दफ्तर में आई। राष्ट्रपति ने उसे देखते ही अभिवादन किया और मुस्कराते हुए उसके कपड़ों की प्रशंसा की, 'आज तो तुमने बड़े लुभावने कपड़े पहन रखे हैं।'

'जी, धन्यवाद।' स्टेनो ने खुश होकर कहा।

फिर राष्ट्रपति ने एक मोटी-सी फाइल निकाली और स्टेनो की ओर बढ़ाते हुए बोले, 'हो सके तो आज ही यह सारा काम निपटा लेना, बहुत जरूरी है।'

स्टेनो ने मुस्कराते हुए स्वीकृति दी और अपने कमरे की ओर चली गई। राष्ट्रपति का अनुमान था आज-भर में यह काम पूरा होना कठिन है। किंतु स्टेनो ने दफ्तर छोड़ने से पहले वह काम करके राष्ट्रपति की मेज पर ला रखा। अब राष्ट्रपति ने उसकी और भी प्रशंसा की, जिससे स्टेनो अपनी सारी थकान भूल गई।

प्रशंसा सच्ची होनी चाहिए

यहाँ यह बात स्मरणीय है कि राष्ट्रपति ने अपनी स्टेनो की जो प्रशंसा की थी, वह सब सच्ची प्रशंसा थी। राष्ट्रपति चाहते तो सख्ती से आदेश देकर भी अपना काम करवा सकते थे, पर उसमें उनका प्रबंध-कौशल कहाँ झलकता !

कई बड़ी कंपनियाँ प्रबंधकों की नियुक्ति के समय यह जानने का प्रयास करती हैं कि वे किसी चीज की कितनी सच्ची प्रशंसा कर सकते हैं। जिसमें यह गुण सर्वाधिक होता है, निस्संदेह वह अपने इस गुण से कंपनी की यथेष्ट उन्नति भी करता है।

प्रशंसा करके तो देखिए

कुछ लोगों का यह स्वभाव होता है कि उनके मुँह से किसी के लिए प्रशंसा के दो शब्द भी नहीं निकलते। नौकर या कर्मचारी ने काम ठीक तरह से न किया, तो उसके ऊपर बिगड़ जरूर उठेंगे, उसे दो-चार खरी-खोटी भी जरूर सुना देंगे। पर यदि उसने काम अच्छी तरह से किया और वे उससे पूरी तरह संतुष्ट भी हुए, तो भी उनके मुँह से उसकी प्रशंसा में कोई शब्द नहीं निकलेगा।

पर वे उसे जरा-सा यह कहकर तो देखें, 'अरे वाह, तुमने तो सारा काम चुटकी बजाते कर लिया', या 'तुमने आज कपड़े बड़े ही अच्छे धोए हैं' आदि, और फिर कर्मचारी या नौकर के चेहरे की ओर देखें। प्रसन्नता की किरणें उसके चेहरे से फूट रही होंगी। और, वह उसी क्षण से नए उत्साह से दूसरे काम में लग जाएगा।

मैं एक गृहिणी को जानता हूँ, जो अपने नौकर की हर अच्छे काम के लिए प्रशंसा किया करती थी। एक दिन उसने नौकर से कहा, 'अरे वाह भोलू, आज तो तुम बड़े अच्छे और सस्ते बैंगन ले आए हो।'

दूसरे दिन निश्चय ही भोलू ने दुकान-दुकान घूमकर कम भाव में अच्छी सब्जियाँ खरीदी होंगी।

कुछ लोगों की धारणा है कि लोग अपनी प्रशंसा सुनकर घमंडी हो जाते हैं, फिर वे सीधे मुँह बात नहीं करते, अपने काम की ओर से भी वे लापरवाह होने लगते हैं। किंतु यह बात उतनी ही गलत है, जितना यह कहना कि तैरनेवाला हर आदमी डूब जाता है।

प्रशंसा और चापलूसी दो भिन्न चीजें हैं। यदि कोई आपकी सच्ची प्रशंसा करता है, तो आप तुरंत जान जाएँगे। किंतु यदि कोई अपना उल्लू सीधा करने के लिए आपकी तारीफ करता है, तो उसे पहचानते आपको देर नहीं लगेगी। प्रशंसा या गुणग्राहकता सच्ची होती है, जबकि चापलूसी झूठी।

सर्वव्यापी प्रभाव

मनुष्य ही नहीं, समस्त प्राणियों का यह स्वभाव है कि वे अपनी प्रशंसा से खुश होते हैं और फटकार से नाराज। आप अपने कुत्ते की प्रशंसा कीजिए, उसे पुचकारिए, वह आप पर लट्टू हो जाएगा। पूँछ हिला-हिलाकर वह अपनी प्रसन्नता जाहिर करेगा। संभव है, प्रसन्नता से वह अपने दो पाँव आपकी छाती पर टिका दे और खुशी के मारे आपको चूम भी ले। आपकी पुचकार, आपकी प्रशंसा का एहसान वह आपके पीछे-पीछे दुम हिलाते हुए घूमकर चुकाने की कोशिश करेगा।

जब एक निरीह जानवर को प्रशंसा की इतनी भूख होती है, तो मनुष्य को क्यों कर न होती होगी ? किंतु जब आप अपने कुत्ते को जोर से डाँट लगाते हैं, या उसे डंडा दिखाते हैं, तो शायद वह भी गुर्रा उठे। जाहिर है कि फटकार, दूसरे शब्दों में अपनी आलोचना, कुत्ते को भी पसंद नहीं।

इसी तरह जब सरकस का रिंग-मास्टर शेर के सिर पर प्यार से हाथ फेरता है, तो वह भी खुश होता है। किंतु जब रिंग-मास्टर उस पर कोड़े बरसाता है, तो वह भी दहाड़ उठता है। इस प्रकार, जानवर भी अपना विरोध पसंद नहीं करते। तब फिर हम-आप अपनी आलोचना क्यों बर्दाश्त करेंगे ?

कुछ लोग कहते पाए जाते हैं कि उन्हें अपनी आलोचना, अपनी बुराई सुनने में कोई दुःख नहीं होता। लेकिन हकीकत यह है कि उन्हें दुःख होता है। उनके दिल को ठेस पहुँचती है। अपनी आलोचना सहन न कर सकना मानव-स्वभाव की कमजोरियों में से एक है।

बापू के तीन बंदर

इसलिए जहाँ तक हो सके, बुराई करने से बचें और दूसरों को भी बचाएँ। बापू के तीन बंदरों के संदेश याद रखें—न बुरा बोलो, न बुरा सुनो, न बुरा देखो। संस्कृत की एक प्रसिद्ध सूक्ति भी है कि 'सत्यं ब्रूयात प्रियं ब्रूयात, न ब्रूयात सत्यमप्रियम।' सत्य बोलो, प्रिय बोलो, पर अप्रिय सत्य मत बोलो। तात्पर्य यह है कि सच को प्रिय लगने वाले ढंग से बोलना चाहिए।

बुराइयाँ और आलोचना आदमी का उत्साह भंग कर देती हैं, उसकी उच्चाकांक्षा नष्ट कर देती हैं। ऐसा करना शत्रुता मोल लेना है। दूसरी ओर, यदि आप किसी की प्रशंसा में दो शब्द कह देते हैं, तो वे उसके लिए अनमोल वचन हो जाते हैं। आप द्वारा की गई इस प्रशंसा का वह कभी न कभी, किसी न किसी रूप में मूल्य अवश्य चुकाएगा। लेकिन शर्त यही है कि यह प्रशंसा सच्ची होनी चाहिए।

दूसरों से प्रेरणा लें

दूसरों की कार्यक्षमता बढ़ाने की कला के बुनियादी सिद्धांतों में आदर्श व्यक्तियों के उदाहरण प्रस्तुत करना बहुत उपयोगी रहता है। अच्छे अभिप्रेरक कहानी सुनाना खूब जानते हैं, क्योंकि उन्हें पता होता है कि पुस्तकीय सिद्धांतों की अपेक्षा व्यक्तिगत उदाहरणों का हम पर अधिक प्रभाव पड़ता है।

'ब्रिंगिंग आउट द बेस्ट इन पीपुल' के लेखक एलन लाय मैकगिनिस इस पुस्तक में अपने जीवन का एक संस्मरण प्रस्तुत करते हुए लिखते हैं, 'मुझे याद आती है भोजन के दौरान होने वाली वह बातचीत, जो मैं बचपन में सुना करता था, और अब समझ में आता है कि मेरे पिता अपने बेटों यानी हम दोनों भाइयों को प्रेरणा देने के लिए इतने प्रभावी ढंग से श्रेष्ठ नायकों के उदाहरण क्यों दिया करते थे। वे एक विचारशील और मृदुभाषी व्यक्ति थे।

'हमारे कस्बे के उन सफल लोगों के बारे में वे अकसर टिप्पणी किया करते, जिनके लिए उनके मन में भरपूर सराहना के भाव थे—उस व्यवसायी के बारे में जो शाम को कानून की पढ़ाई करने जाया करता था, उस युवा किसान के बारे में जो पत्राचार के माध्यम से पढ़ाई जारी रखे हुए था।

आदर्श व्यक्तियों के उदाहरण कार्यक्षमता बढ़ाने में उपयोगी रहते हैं

'मेरे भाई ने और मैंने आगे चलकर डॉक्टर की उपाधियाँ प्राप्त कीं, और अब समझ में आया है कि हमारे पिता ने उन उदाहरणों के माध्यम से हमें सफलता की ओर प्रेरित करने में कितनी प्रभावशाली भूमिका निभाई थी। उन्होंने वही किया, जो एक सफल शिक्षक को करना चाहिए—हमारे सामने उन्होंने सुदृढ़

मूल्य रखे थे और उन मूल्यों को साकार करनेवाले व्यक्तियों के उदाहरण प्रस्तुत किए थे।'

उपलब्धि को पहचानें और सराहें : अधिकांश कर्मचारियों की यह शिकायत रहती है कि 'जब तक कहीं कोई गड़बड़ी नहीं होती, तब तक मेरा अफसर मेरे काम के बारे में कभी कुछ नहीं कहता।' केनेथ ब्लैंचर्ड और स्पेंसर जॉनसन ने अपनी पुस्तक 'दि वन मिनट मैनेजर' में सलाह दी है : अपने अधीनस्थ व्यक्तियों को पकड़िए जरूर, मगर कोई ठीक काम करते समय, और फिर झटपट उनकी सराहना भी कर डालिए।

जिन्होंने हमारी समय पर सहायता की हो, ऐसे लोगों को धन्यवाद देने के लिए समय निकालना एक ऐसी मूलभूत शिष्टता है, जो तमाम मानवीय संबंधों पर लागू होनी चाहिए। हम सभी चाहते हैं कि हमारी सराहना की जाए, और जब कोई सच्चे दिल से धन्यवाद देता है तो हम काफी समय तक उस व्यक्ति का खयाल रखते हैं। अंग्रेजी समालोचक सैमुअल जॉनसन ने कहा था, 'एक अकेले मनुष्य की प्रशंसा का भी बड़ा महत्त्व है।'

टीम-भावना विकसित करें : अधिकांश अगुआ व्यक्तियों में ऐसी कौन-सी विशेषता होती है, जिससे कि वे अपने दल का गठन इस प्रकार कर लेते हैं कि उसमें संघीय भावना और एक-दूसरे के प्रति अटूट निष्ठा बनी रहती है ?

विलियम मानचेस्टर तो अपनी पुस्तक 'अमेरिकन सीजर' में उस उत्कट निष्ठा का विश्लेषण करते हैं, जो प्रथम विश्व-युद्ध के दौरान अमेरिकी कर्नल डगलस मैकआर्थर को अपने अधीनस्थों से मिली थी। यही मूल कारण था कि 'बदले में वह भी उन्हें बहुत पसंद करता था।' अपनी तमाम अहम्मन्यताओं के बावजूद मैकआर्थर अपने अधीनस्थ लोगों को यह भान करा पाने में समर्थ हुआ कि उनमें उसकी कितनी निष्ठा है।

अच्छे अगुआ सिर्फ अपने प्रति ही निष्ठा-भाव उत्पन्न नहीं करते, बल्कि अपने संगठन के भीतर भी एक-दूसरे के प्रति निष्ठा-भावना का संचार करते रहते हैं। ऐसे संगठन ही अच्छे माने जाते हैं, जिनमें लोग काम के ऊँचे मानदंड स्थापित करने की जिम्मेदारी अपने ऊपर लेते हैं।

कुछ साल पहले एक मित्र ने एक कारखाना खरीदा। उसका कहना था कि 'अपने कर्मचारियों में मुझे पुराने और अनुभवी लोगों का एक ऐसा दल भी मिला, जो नियमित रूप से श्रेष्ठतम काम कर दिखाता था। जब वे लोग चाय-अवकाश के दौरान इकट्ठे होते तो एक-दूसरे को अपना काम दिखाया करते। जो काम जरा खराब ढंग से किया गया होता, उसका वे मजाक उड़ाते और अच्छी तरह से किए गए काम की सराहना करते। वहाँ पर एक दलगत गर्व-भावना काम कर रही थी। प्रत्येक का प्रयास रहता कि किसी से भी कोई चूक न होने पाए। अपेक्षाकृत अच्छा काम वे इसलिए करते थे, क्योंकि उनमें विभागीय प्रतियोगिता और निष्ठा की भावना मौजूद थी।'

इस तरह उस कारखाने के मालिक को उस दलगत मनोबल के द्वारा अपना अधिकतर काम पूरा करवाने की महत्त्वपूर्ण सीख मिल गई थी।

सहयोगियों को आगे बढ़ाएँ : श्रेष्ठतम मार्गदर्शक उन्हें ही माना जाता है, जो ऐसे अनुयायी बनाने की क्षमता रखते हैं जो समय आने पर उनसे भी आगे निकल जाएँ।

धावक ही आगे चलकर प्रशिक्षक बन जाते हैं और ऐसे खिलाड़ियों को प्रशिक्षित करते हैं जो एक दिन उनके भी कीर्तिमान तोड़ डालते हैं। प्रशासक अपने मातहतों को ऐसी कुशलता से अभिप्रेरित करते हैं कि वे समय बीतने पर उनसे भी ऊँचे अधिकारी बन जाते हैं। स्नेहशील माता-पिता बच्चों को अपने समकक्ष ला खड़ा करते हैं, उन्हें अपने से भी ऊँचा उठने के लिए प्रोत्साहित करते हैं।

अमेरिका के हैरी और एडा के यहाँ जब पहली संतान हुई, तो प्रसव के लिए उन्हें अपने पशु-फार्म (रैंच) से 360 किलोमीटर दूर एल पासो (टेक्सास) तक की यात्रा करनी पड़ी। नवजात बच्ची सांड्रा के लिए उस घर का जीवन बड़ा कठिन था। धूप में सुखाई ईंटों के उस चार कमरों वाले मकान में न नल का प्रबंध था, न बिजली का। आसपास इतनी दूर पर कोई स्कूल भी न था, जहाँ कार से पहुँचा जा सके।

लेकिन इस दंपति ने अपने आसपास के वातावरण को अपने और अपनी बच्ची के ऊपर हावी नहीं होने दिया। हैरी को अपने पिता की मृत्यु के कारण विवश होकर स्टैनफोर्ड विश्वविद्यालय में प्रवेश लेने के स्थान पर पशु-फार्म का काम सँभालना पड़ा था, लेकिन उसने यह आशा कभी नहीं छोड़ी कि एक दिन उसकी बेटी भी वहाँ पढ़ेगी। कालांतर में उनके यहाँ एक बेटे ने भी जन्म लिया। बच्चों की माँ ने शुरू में उन्हें घर पर ही पढ़ाया और इस बात का ध्यान रखा कि घर में पत्र-पत्रिकाओं और पुस्तकों की कोई कमी न रहने पाए। एक बार गर्मियों में मियाँ-बीवी दोनों बच्चों को मिसिसिपी के पश्चिम में स्थित 21 राज्यों की राजधानियाँ दिखाने ले गए।

सांड्रा आखिर एक दिन स्टैनफोर्ड विश्वविद्यालय में ही कानून की पढ़ाई करने के लिए गई और फिर अमेरिका के सर्वोच्च न्यायालय की प्रथम महिला न्यायाधीश बनी। जिस दिन उसे शपथ दिलाई जा रही थी, सारा परिवार वहाँ उपस्थित था। 'उसने चारों तरफ नजर दौड़ाई, हमें देखा और फिर अपनी नजरें हम पर ही टिकाए रहीं', उसके भाई एलन ने लिखा है, 'और तत्काल उसकी आँखों से आँसू बह चले।'

वह कौन-सी शक्ति थी, जिसने सांड्रा डे ओ कानर जैसी महिला को उस ऊँचाई पर पहुँचने की प्रेरणा दी ? निस्संदेह बुद्धिमत्ता, पर साथ ही आंतरिक प्रेरणा भी। लेकिन इसका अधिकांश श्रेय उस माँ को जाता है, जो अपने पशु-फार्म में धूप से सुखाई ईंटों के मकान में बैठी बच्चों को किताबें पढ़कर सुनाती थी और अपने पति के साथ-साथ अपने बच्चों को साथ लिए एक राज्य से दूसरे राज्य के विधानभवनों की सीढ़ियाँ चढ़ती-उतरती रहती थी।

नामुमकिन नहीं है हरफनमौला होना

समाज में तरह-तरह के लोग देखने में आते हैं। कुछ लोग किसी एक क्षेत्र में विशेषज्ञता हासिल किए होते हैं, पर बाकी सब क्षेत्रों में कोरे होते हैं। कुछ लोग बहुत-से क्षेत्रों की थोड़ी-बहुत जानकारी रखते हैं, पर विशेषज्ञता किसी में नहीं रखते। और कुछ लोग 'जैक ऑफ ऑल ट्रेड्स' यानी हरफनमौला होते हैं। हरफनमौला यानी बहुत-सी कलाओं में माहिर होना।

कैप्टन सुभाष एक अच्छे पायलट हैं। साथ ही, वे अच्छा गा भी लेते हैं। गाने के अलावा उन्हें चित्रकला का भी शौक है। समय मिलने पर वे अपना आयातित कैमरा लेकर शूटिंग पर भी निकल पड़ते हैं। अपने चित्रों की एक प्रदर्शनी भी वे लगा चुके हैं।

क्या एक ही व्यक्ति यह सब कर सकता है ? क्या यह सिर्फ किस्से-कहानियों अथवा सिनेमा में ही संभव है, या वास्तविक जीवन में भी कोई अनेक कलाओं में माहिर हो सकता है ? अवश्य, 'हरफनमौला' शब्द का होना अपने-आप में इसका प्रमाण है। अगर आदमी हर कला में माहिर न हो सकता, या अतीत में ऐसे व्यक्ति न हुए होते, तो 'हरफनमौला' शब्द भी चलन में न आया होता।

किसी शौक का होना व्यक्तित्व के विकास के लिए बहुत जरूरी है

बहुमुखी व्यक्तित्व

सर्वांगीण व्यक्तित्व बनाना ज्यादा कठिन नहीं है। थोड़ी-सी लगन और मेहनत से आदमी अपने व्यक्तित्व को बहुमुखी बना सकता है।

शेखरजी मंत्री थे। हर प्रकार की सहूलियतें होने पर भी उन्होंने सिर्फ बैंकों में पैसा भरने या जमीन-जायदाद जोड़ने पर ही ध्यान नहीं दिया। हाँ, मगर उन्होंने कई शौक पाले। उनके पास कई नस्लों के अच्छे कुत्ते हैं। कुत्ते ही नहीं, उन्होंने एक शेर भी पाल रखा है। अब वे उस शेर की जीवन-शैली का वैज्ञानिक तौर-तरीके से निरीक्षण और अध्ययन कर रहे हैं। उन्हें ग्लाइडिंग का भी शौक है। अच्छे गुलाब के फूल कैसे खिलाए जाते हैं, यह भी वे जानते हैं। उनका संस्कृत का ज्ञान पंडितों को भी अचंभे में डाल देता है। यह सब वे कैसे कर पाते हैं ? हर क्षेत्र में सिद्धहस्त होना क्या नामुमकिन है ?

आम तौर पर हर इनसान हर क्षेत्र में सिद्धहस्त नहीं हो पाता। कभी परिस्थिति अनुकूल नहीं होती, तो कभी साधनों का अभाव आड़े आ जाता है। कभी-कभी आदमी को अपनी रुचियाँ ही स्पष्ट नहीं होतीं।

फिर भी, अगर आदमी एक कार्य या व्यवसाय के साथ अन्य कलाओं और क्रीड़ाओं में रुचि ले, तो अपने व्यक्तित्व को कई रंगों से सजा सकता है। जिस इनसान का व्यक्तित्व बहुरंगी और बहुमुखी होता है, वह अवश्य ही अपने साथ औरों की भी मदद कर सकता है।

सबको हक है व्यक्तित्व सँवारने का

कला या क्रीड़ा सिर्फ मनोरंजन के ही विषय नहीं हैं। वे केवल अमीरों की ही बपौती हों, ऐसा भी नहीं है। आम आदमियों को भी अपना व्यक्तित्व सँवारने का हक है।

रजनी एक गृहिणी है। गृहस्थी चलाते हुए उसने घर की क्यारी में छोटे-छोटे पौधे उगाने शुरू किए। आज वह जापानी बौने पौधों का व्यापार करती है। उसने एक छोटी-सी नर्सरी भी लगाई हुई है। उसका इंटरव्यू लेने जब अखबार वाले उसके पास पहुँचे तो उसके संग्रह और व्यक्तित्व से प्रभावित हुए बिना नहीं रहे।

सुमति एक डॉक्टर है, पर उसकी लेखनी भी बड़ी नफासत से चलती है। पत्र-पत्रिकाओं में अकसर प्रकाशित होते रहनेवाले उसके लेखों, कहानियों और कविताओं ने उसे बहुत लोकप्रियता प्रदान की है। इससे उसके पास मरीज भी पहले से ज्यादा आते हैं।

चंदू साहब क्रिकेटर हैं, परंतु उनका ब्रश भी बड़े आत्मविश्वास के साथ चलता है। उनके बनाए चित्रों को उनके मित्र, परिवार के लोग, कला-समीक्षक, सभी सराहते हैं।

शौक से व्यक्तित्व निखरता है

किसी शौक का होना व्यक्तित्व के विकास के लिए आवश्यक है। एक ही कार्य करते-करते आदमी थक जाता है या मानसिक ऊब महसूस करने लगता है। इसका

परिणाम कार्यक्षमता में कमी और निजी जीवन में वैमनस्य, तनाव या डिप्रेशन के रूप में सामने आता है। डिप्रेशन से बचने का एक ही उपाय है—अपना मन व्यस्त रखें।

शौक और लगाव से मन व्यस्त रहता है। साथ ही, इनका अन्य लाभ यह है कि व्यक्तित्व में निखार आता है। जो व्यक्ति अपने मुख्य कार्य के अलावा अन्य कार्य भी जानता है, उसमें अधिक आत्मविश्वास होता है। जीने के कई साधन और बहाने या प्रयोजन उसके पास होते हैं। मन बहलाने के कई तौर-तरीके होने से वह व्यस्त रहता है। उसके मित्र भी अधिक होते हैं। वह अधिक लोगों के संपर्क में रहता है।

आत्मनिर्भर होने में सहायक

आज के आपाधापी वाले जीवन में कई व्यावहारिक कठिनाइयाँ पेश आती हैं। ऐसे में अगर आम आदमी अपनी आर्थिक आवश्यकताओं की पूर्ति के लिए आत्मनिर्भर बनना चाहे तो उसके शौक या अन्य विषयों में उसकी रुचि उसकी मदद कर सकती है।

राजेश एक दफ्तर में लिपिक है। उसकी तनख्वाह ज्यादा नहीं है। अपने घर पर शाम को वह ट्यूशन पढ़ाता है। शाम के तीन घंटों में वह उतनी ही आमदनी कर लेता है, जितना नौकरी से कमाता है।

राजेंद्र को बचपन से ही यंत्रों और कलपुर्जों से खेलना पसंद था। नौकरी लगी एक कारखाने में। उसके पश्चात् उसने टीवी, रेडियो आदि रिपेयर करना शुरू कर दिया। अब घर के एक कोने में उसकी एक छोटी-सी वर्कशॉप है। मिक्सर, हीटर और कई अन्य इलेक्ट्रिक उपकरण वहाँ ठीक किए जाते हैं।

इस रिपेयर के काम के जरिए उसके कई अच्छे लोगों से संबंध बन गए। एक ऐसे ही परिचित अब उसे बाजार में वर्कशॉप खोलने के लिए पैसा दे रहे हैं।

असंभव नहीं शौक पालना

क्या इस प्रकार कोई अपने शौक पाल सकता है ? आम तौर पर यही जवाब सुनने में आता है, 'कहाँ के शौक ! यहाँ तो अपना काम ही पूरा नहीं होता।' पर वास्तव में यह सही नहीं है। काम तो होता ही है, पर कोल्हू के बैल की तरह जीवन बिताना कोई पुरुषार्थ नहीं है।

शौक या विभिन्न विषयों के प्रति लगाव से व्यक्तित्व सुरुचिपूर्ण बनता है। जिसे केवल एक ही विषय में रुचि है या जो केवल एक ही विषय जानता है, उसे उतना सम्मान नहीं मिल पाता, जितना कई कलाएँ और विधाएँ जाननेवाले को मिलता है। रवींद्रनाथ टैगोर कवि और लेखक ही नहीं, संगीतकार, चित्रकार और कुशल प्रशासक भी थे। लियोनार्दो द विंसी भी मात्र एक वैज्ञानिक ही नहीं, चित्रकार तथा वास्तुविद् भी थे।

आज की शिक्षा-प्रणाली में हर विद्यार्थी को अन्य विषयों के साथ-साथ चित्रकला, गायन, वादन, टंकण, कंप्यूटिंग आदि कलाएँ या विद्याएँ भी सिखाई जाती हैं। पुराने जमाने में अपने मुख्य कार्य के साथ अन्य काम करने में शायद परेशानी होती होगी, पर आज की शिक्षा-प्रणाली और उपलब्ध सुविधाओं को देखते हुए यह संभव है।

तनाव से मुक्ति

अगर आप अपने रोजमर्रा के जीवन से थोड़ा-सा समय निकालकर, कुछ नए विषयों की जानकारी लें या कोई नई कला सीखें, तब आप स्वयं जान जाएँगे कि कला और क्रीड़ा किस प्रकार आपके तनावग्रस्त जीवन में आनंद ला सकते हैं। गृहिणियाँ भी अपना व्यक्तित्व सिर्फ ऊपरी दिखावे से नहीं, अपने गुणों और अपनी रचनात्मक रुचियों से सँवार सकती हैं।

लिपिक हो या अधिकारी, अपने रोजमर्रा के नीरस जीवन में नए रस भर सकता है। थोड़ी-सी लगन और परिश्रम से आप, अपनी रुचि किस ओर है—यह जानकर, उस ओर अपना थोड़ा-सा समय और ध्यान दे सकते हैं। इससे आप अपने एकांगी व्यक्तित्व को सुरुचिपूर्ण और बहुआयामी बना सकते हैं और अपनी कार्यक्षमता में वृद्धि कर सकते हैं।

वक्ता से ज्यादा गुणी होता है श्रोता

एक नेताजी थे। एक बार उन्हें कहीं भाषण देने के लिए बुलाया गया। जब नेता के हाथ में माइक आ जाए, तो वह आपे में नहीं रहता, दुनिया-जहान सब भूल जाता है। सो नेताजी भाषण देते रहे, देते रहे। जो कुछ जानते थे, उस पर और जो कुछ नहीं जानते थे, उस पर भी बोलते रहे। चमचों ने खाँसकर तो कभी कुहनी मारकर, और श्रोताओं ने जोर-जोर से उबासियाँ लेकर तो कभी खामखा तालियाँ पीटकर उन्हें बस करने का इशारा किया, पर सब व्यर्थ। आखिरकार बोलते-बोलते जब उन्हें खुद ही लगा कि कुछ ज्यादा ही देर हो गई है, तो उपसंहार करते हुए बोले, 'माफ करें। मैं कुछ ज्यादा ही बोल गया लगता हूँ। पर देखिए न, आयोजकों ने हॉल में कोई घड़ी भी तो नहीं लगा रखी कि समय का ध्यान रहे।'

सुनकर श्रोताओं में से किसी ने कहा, 'घड़ी नहीं तो क्या, कैलेंडर तो टँगा है।'

सुनने की योग्यता रखना घर व व्यवसाय, दोनों के लिए फायदेमंद है

आज जिसे देखो, सिर्फ बोलता दिखाई देता है, सुनता नहीं। मानो सुनना कोई हीनता या कमजोरी का द्योतक हो और बोलना श्रेष्ठता का। पति पत्नी की नहीं सुनता, पत्नी पति की नहीं सुनती। बच्चे शिक्षक की नहीं सुनते, शिक्षक बच्चों की नहीं सुनता। कर्मचारी बॉस की नहीं सुनते, बॉस कर्मचारियों की नहीं सुनता। सब बस बोलते ही हैं। ज्यादा-से-ज्यादा बोलकर आनन-फानन में अपना सिक्का दूसरे पर जमा देना चाहते हैं। चाहे इस चक्कर में सिक्का पहले से भी ज्यादा उखड़ क्यों न जाए। क्योंकि सिर्फ बोला ही बोला जाए, सुना बिलकुल न जाए

तो घर टूटते हैं, बच्चे बिगड़ते हैं, व्यवसाय बिखर जाते हैं। इसलिए प्रसिद्ध अमेरिकी लेखक ब्रेंडा यूलैंड लिखते हैं, 'हम सबको यह जानना चाहिए कि सुनना, न कि बोलना, एक महान् नैसर्गिक भूमिका है। सच्चा श्रोता वक्ता की तुलना में कहीं ज्यादा गुणी, प्रिय और आकर्षक होता है, और अच्छी-से-अच्छी बात सीख पाता है। अतः सुनने का प्रयास करें। अपनी पत्नी या पति को सुनें, माता-पिता को सुनें, बच्चों को सुनें, मित्रों को सुनें, उन्हें सुनें जो आपको बोर करते हैं, और अपने शत्रुओं को सुनें। सुनना छोटा-मोटा चमत्कार ही कर देता है, और कभी-कभी तो बड़ा चमत्कार भी।'

सुनना रचनात्मक है

सुनना, आम धारणा के विपरीत, कोई निष्क्रिय (पैसिव) गतिविधि नहीं है। जब हम पर्याप्त मनोयोग से, मंत्रमुग्ध हो किसी को सुनते हैं, तो हम उसे उद्घाटित और विकसित कर देते हैं, जैसे कोई अंकुर फूट आए या कली खिल उठे। उसके भीतर विचार उपजने और बाहर आने लगते हैं। लेकिन हम खराब तरीके से सुनें, तो लोग हमारी उपस्थिति से मुरझा जाते हैं, बुझ जाते हैं। बेशक, जब तक हम किसी को सुनते नहीं, तब तक उसे जान नहीं सकते।

अच्छे श्रोता के लिए धैर्यवान् होना आवश्यक है, मानो उसके पास असीम समय हो। उसे आजकल लोगों को आक्रांत करनेवाले स्नायविक दबाव को कुछ हद तक त्यागना पड़ता है। उसमें सुनने की इच्छा का होना ही काफी नहीं, बल्कि उसके लिए सुनना भी अनिवार्य है।

दफ्तरी और कारोबारी क्षेत्रों में लगातार यह पाया जा रहा है कि संप्रेषण लिखित शब्द से ज्यादा उच्चरित शब्द, आमने-सामने या टेलीफोन पर ज्यादा निर्भर करता है। और, उच्चरित शब्द की प्रभावोत्पादकता इस धुरी पर घूमती है कि लोग कैसे सुनते हैं, न कि इस पर कि वे कैसे बोलते हैं।

मिनेस्टो विश्वविद्यालय के संप्रेषण-कार्यक्रम के अध्यक्ष रॉल्फ जी निकोलस के अनुसार श्रवण की एकाग्रता का एक विशिष्ट समस्या से पाला पड़ता है। हम जितनी तेजी से बोलते हैं, उससे ज्यादा तेजी से सोचते हैं। बोलने की औसत दर लगभग 125 शब्द प्रति मिनट है, जबकि शब्द हमारे कानों में इससे कहीं ज्यादा तेजी से दौड़ते हैं। और, सुनते समय सोचने की क्रिया को बोलने की गति से अनुरूपता बैठाने के लिए धीमा करना बहुत कठिन है। अपने अध्ययनों में निकोलस ने पाया कि अच्छे श्रोता अधिकांश विचार-राशि को प्राप्त किए जा रहे संदेश की ओर निर्देशित करने वाली कुछ मानसिक गतिविधियों में संलग्न रहते हैं।

सुनने में एकाग्रता कैसे लाएँ

सुनने में उच्च एकाग्रता हासिल करने के लिए किए जाने वाले कुछ उपाय इस प्रकार हैं :

वे मौखिक संभाषण की दिशा का अनुमान लगाते हुए सुनने में वक्ता से आगे रहते हैं। वे समय-समय पर बातचीत के बिंदुओं की समीक्षा करते हैं और मानसिक रूप से उसका सारांश बनाते हैं। वे शब्दों में कही गई बात के साथ-साथ शब्दों में न कही गई बात का भी गूढ़ार्थ समझने की कोशिश करते हैं। वे अशाब्दिक संप्रेषण—चेहरे के हाव-भावों, आंगिक चेष्टाओं, लहजे आदि पर भी यह जानने के लिए गौर करते हैं कि कहीं यह सब उच्चरित शब्दों के अर्थ में कुछ इजाफा तो नहीं करता।

श्रवण-योग्यता हमारे मनोभावों से भी प्रभावित होती है। कोई बात हमारे विश्वासों और धारणाओं के खिलाफ जा रही होती है तो हम मानसिक रूप से विमुख हो जाते हैं। इसके विपरीत जब चीजें उस रूप में कही जाती हैं, जिस रूप में हम उन्हें सुनना चाहते हैं, तो हमारे कान और खुल जाते हैं।

सुनते समय मुख्य लक्ष्य वक्ता द्वारा कही गई हर बात को समझना होता है। मूल्यांकन और निर्णय वक्ता द्वारा अपनी बात पूरी कर लेने तक सुरक्षित रखे जाने चाहिए। आज व्यवसाय में अपनी सुनने की योग्यता बढ़ाना और कर्मचारियों को भी इस बात के प्रति जागरूक करना कि उनकी सुनने की योग्यता उनके अपने और संस्था, दोनों के लिए कितना महत्त्व रखती है, बहुत मूल्यवान् हो सकता है। व्यवसाय में जब लोग, विशेषकर कर्मचारी-वर्ग और प्रबंधन, एक-दूसरे को सुनने में असमर्थ होते हैं, तो नतीजा महँगा पड़ सकता है। संख्याएँ, तिथियाँ, स्थान और नाम अकसर सुनने की गलती के शिकार बनते हैं।

खराब सुनवाई का नतीजा

खराब सुनवाई से उपजनेवाली गलतियाँ व्यवसायों को लिखित संप्रेषण की ओर ज्यादा ले जाती हैं। वह बहुत ज्यादा कागजी कार्यवाही और भारी-भरकम अभिलेखों की माँग करती है। लिखने और पढ़ने में बोलने और सुनने के मुकाबले बहुत धीमा संप्रेषण होता है। बोलने-सुनने में श्रोता कोई संदेश समझ नहीं पाता, तो उसके पास तभी और वहीं स्पष्टीकरण पाने का अवसर होता है।

अनेक उच्चाधिकारी—अकसर यह घोषणा करने के बावजूद कि उनके दरवाजे हमेशा खुले हैं—अपने अधीनस्थों की बात सुनने में विफल रहते हैं। शब्दों, भंगिमाओं और लहजे से असहमति जताए बिना सुनना साहस और कौशल की अपेक्षा रखता है। अच्छे श्रोता के सामने वक्ता अपने दिल का बोझ हलका कर सकता है, जो मानसिक स्वास्थ्य और मानवीय संबंधों की दृष्टि से बहुत महत्त्वपूर्ण है। और, बेहतर

सुनवाई घर, परिवार और व्यवसाय को आक्रांत करनेवाले मानवीय संघर्षों को निश्चित तौर पर घटा देती है।

अच्छी सुनवाई पर बल

सेल्समैनों से आम तौर पर धाराप्रवाह वक्ता होने की अपेक्षा की जाती है, पर उनकी यही 'विशेषता' अकसर ग्राहकों को बिदका भी देती है। इसलिए अब अनेक कंपनियाँ अपने सेल्समैनों को ग्राहकों की ज्यादा-से-ज्यादा सुनने के लिए कहने लगी हैं। दरअसल सेल्समैनों द्वारा ग्राहकों को सुनना एक तरह का ऑन-दि-स्पॉट ग्राहक-अनुसंधान होता है, जिसका बहुत उपयोग किया जा सकता है। अच्छी सुनवाई सबसे महत्त्वपर्ण भूमिका संभवतः बैठकों में अदा करती है। बैठकें आयोजित करने के संबंध में बहुत-कुछ लिखा गया है, पर विशेषज्ञ इस बात पर बल देना भूल जाते हैं कि सहभागियों, विशेषकर अध्यक्षता करनेवालों को सुनना जरूर सीखना चाहिए। आखिर जिस बैठक का मूल उद्‍देश्य समूह के ज्ञान और अनुभव से विभिन्न दृष्टिकोण जानना ही होता है, उस बैठक में सुनने के बजाय बोलना ज्यादा होगा तो उसे सफल बैठक नहीं कहा जा सकता।

अच्छी सुनवाई को अब व्यवसाय के लिए अच्छा माना जाता है। कंपनियाँ समय-समय पर व्यावसायिक उपकरण (बिजनेस टूल) के रूप में सुनने की भूमिका और कार्यों पर चर्चा के लिए संगोष्ठियाँ आयोजित कर लाभान्वित हो सकती हैं। इससे लोगों में इस बात के प्रति जागरूकता पैदा होगी कि उन्नत श्रवण-कौशल उनकी नौकरी और व्यवसाय में कितना उपयोगी हो सकता है।

सिर्फ ध्यान से सुन लेने से ही अनेक घरेलू और व्यावसायिक समस्याएँ पैदा होने के पहले ही हल हो सकती हैं। अतः गौर कीजिए कि कहीं कोई आपके द्वारा अपनी बात सुने जाने की प्रतीक्षा में तो नहीं !

भ्रष्टाचार को हावी न होने दें

पिछले तीन दशकों में देश के लोक-जीवन में भ्रष्टाचार को जिस शिद्दत से बढ़ावा दिया गया है, उसे देखने के लिए किसी चश्मे की जरूरत नहीं है। और, यह हमारे समाज द्वारा अतीत में स्थापित ईमानदारी की अति जाज्वल्यमान, चिरकालिक परंपराओं के बावजूद हुआ है। यह इस तथ्य के भी बावजूद हुआ है कि हमारे श्रेष्ठ नेता, प्रबंधक, नौकरशाह, उद्यमी और कलाकार-साहित्यकार देशभक्ति और निष्ठा के उत्कृष्ट उदाहरण प्रस्तुत करते हुए हमें स्वतंत्रता के पूर्व और पश्चात् की अत्यंत विकट स्थितियों में से निकाल लाए थे।

हमारे यहाँ लोग प्रतिदिन औसतन तीन घंटे का काम करते हैं, जबकि उन्हें भुगतान सात घंटे का मिलता है

यह धारणा सामान्यतः औद्योगिक और सांस्थानिक क्षेत्रों के एक बड़े हिस्से की स्वीकृत सच्चाई है। उनके संगठनों में, कॉरपोरेट-कार्यालयों की दीवारों पर तो मिशन-भावना से ओतप्रोत कथन व सिद्धांत टँगे रहते हैं, पर वहाँ के कर्मचारी यही मानकर चलते हैं कि कारोबार का महल रिश्वत की नींव पर ही खड़ा होता है। प्रशासनिक स्तरों और सांगठनिक सोपानों की यह गिरावट स्पष्ट है, असामान्य नहीं।

तब और अब

मास्लो, हर्जबर्ग, मैकग्रेजर और मैक्लीलैंड ने प्रेरणा यानी मोटिवेशन के सिद्धांत एक स्वच्छप्राय समाज की परिकल्पना के आधार पर खोजे और विकसित किए थे। पूर्व में हमारा समाज भी ऐसा रहा है, जिसमें पुलिस, चुंगी-निरीक्षक, क्रय-प्रबंधक

आदि अपना गुजारा न होने पर भी किसी से रिश्वत या एहसान नहीं लेते थे। वे घृणित तुलनाओं के आधार पर नहीं जीते थे, जो कि भ्रष्टाचार की असली जड़ है। वे बेहतर वेतन, सेवा-शर्तों, हैसियत आदि के लिए तरसते थे, पर अपने ईमानदार व्यक्तित्व की संरचना को छिन्न-भिन्न करने के लिए तैयार नहीं होते थे।

लेकिन आज की असलियत सदाबहार भ्रष्टाचार है। इसी में हमें शिक्षा, चिकित्सा, पशुपालन, इस्पात-मिलों, बिजली-संयंत्रों, कंप्यूटर, पेट्रो-रसायन, दूरसंचार व अन्य क्षेत्रों से पर्यवेक्षक, निरीक्षक, अधिकारी, प्रबंधक तथा नेता प्रेरित और तैयार करने हैं। स्वामित्व विशेष महत्त्व नहीं रखता। क्षेत्र कोई भी हो—सार्वजनिक, कॉरपोरेट या सरकारी—निष्पादन, उत्पादकता, गुणवत्ता-उन्नयन और विशिष्टता संस्कृति, नेतृत्व एवं प्रेरणा पर ही केंद्रित होते हैं।

आज के इन हालात में मैक्लीलैंड तक के सिद्धांत मात्र से यह नहीं समझ आता कि कैसे हर आदमी की आत्मा में बसी प्रेरणा-शक्ति को पकड़ा जाना जरूरी है। आधुनिक प्रबंधन-प्रशिक्षण में तकनीकों और उपकरणों की उपयोगिता को नकारने का कोई उद्‌देश्य न होते हुए भी, एक दृष्टिकोण प्रस्तुत करने के लिए यह रेखांकित करना जरूरी लगता है कि मौजूदा भ्रष्ट परिवेश में आस्था न डिगने देने में वे तकनीकें और उपकरण स्वयमेव सहभागियों की कोई मदद नहीं कर पाते। जब तक स्रोत-व्यक्ति भ्रष्टाचार और जातिवाद के बर्फ की तरह जमे मुद्‌दों को चतुराई से पिघला नहीं देता, तब तक वह विभिन्न निष्कर्षों, विशेषकर मैक्लीलैंड के सिद्धि-प्रेरणा अध्ययन (अचीवमेंट मोटिवेशन स्टडी) के निष्कर्षों के संदेश को आत्मसात् करने के लिए पर्याप्त पात्रता पैदा करने में असमर्थ रहता है।

कौशल बनाम प्रेरणा

निष्पादन दो परिवर्तनकारी तत्त्वों—योग्यता यानी कौशल और प्रेरणा का कार्य है। हमारे मन में यह भाव बैठा दिया गया है कि हमारे पास विश्व में तृतीय विशालतम कुशल श्रम-शक्ति है। चूँकि हमें अंतर्विरोधों के साथ जीने की आदत है, अतः हम इस धारणा को सही मानते हैं, बावजूद इसके कि वह 'कुशल श्रम-शक्ति' दोषमुक्त टेलीफोन, टेलीविजन, माइक्रोफोन आदि उपलब्ध कराने या उन्हें तत्परता से ठीक करने तक में समर्थ नहीं है। यह कहना ज्यादा सही होगा कि हमारे यहाँ इच्छारहित विशालतम श्रम-शक्ति है और सक्षम श्रम-शक्ति का अभाव है।

कौशल प्रदान किए जा सकते हैं, किंतु महत्त्वपूर्ण मुद्‌दा है प्रेरणा। प्रेरणा वह शक्ति है, जो सुप्त ऊर्जा को जगा देती है और आदमी को सक्रिय कर उच्चाकांक्षी बना देती है, जिसका मतलब है किसी लक्ष्य या प्रतिफल की प्राप्ति के लिए ऊर्जा का विस्तार करने की इच्छा। मास्लो मनोवैज्ञानिक, सुरक्षात्मक और सामाजिक महत्त्वाकांक्षा से लेकर आत्मसाक्षात्कार तक की आवश्यकताओं का उल्लेख करते हैं। हर्न बर्ग ने 'आवश्यकताओं से प्रोत्साहनों तक' की स्थापना पर कार्य किया है। मैकग्रेजर ने

कर्मचारियों को 'एक्स' और 'वाई' वर्गों में बाँटा है।

मैकग्रेजर और हम

हमारी वास्तविकता 'एक्स' वर्गीकरण के निकट है, जिसके अनुसार आदमी स्वभावतः काम करना पसंद नहीं करते। राष्ट्र की वास्तविक कार्य-अवधि खूब उदारता से गिनते हुए भी औसतन तीन घंटे प्रतिदिन बैठती है, जबकि भुगतान सात घंटे प्रतिदिन के लिए किया जाता है। क्या यह एक बारहमासी भ्रष्टाचार नहीं है, जिससे होनेवाला नुकसान इतना बड़ा है कि अब तक हुए सारे घोटालों पर भारी पड़ेगा। जितने बड़े पैमाने पर यह देश की कार्य-संस्कृति को क्षतिग्रस्त कर रहा है और जिस कदर उत्पादकता और विकास-दर को इसने बाधित किया है, वह भयावह है।

मैकग्रेजर के 'एक्स' वर्गीकरण में दूसरा घटक यह है कि ऐसे लोग जिम्मेदारी से बचते हैं। वर्तमान में वेतन मिलने की गारंटी हो और भविष्य में वरिष्ठता के आधार पर पदोन्नति सुरक्षित हो, तो कोई क्यों जिम्मेदारी लेना चाहेगा ?

मैकग्रेजर का तीसरा घटक कहता है कि ऐसे लोग प्रयास करने हेतु निर्देशित और बाध्य किया जाना पसंद करते हैं। दूसरे शब्दों में, जब तक उन्हें कहा या विवश न किया जाए, तब तक वे काम करने की कोशिश नहीं करते। किंतु रोजगार सुरक्षित होने के कारण हमारे पास उन्हें बाध्य करने के कोई साधन नहीं हैं। चूँकि वरिष्ठता के पक्ष में विवेक, निष्ठा के मूल्यांकन और निष्पक्षता को तिलांजलि दे दी गई है, अतः प्रेरणा-सिद्धांत आचरण के मानदंडों पर खरे नहीं उतरते।

मैकग्रेजर के 'वाई' वर्ग के लोग काम करना पसंद करते हैं। और, खुद से ही निर्देशित होकर लक्ष्य हासिल करते हैं। कहने की आवश्यकता नहीं कि हमारे यहाँ इस वर्ग की संख्या बहुत कम है।

वेतन, बोनस, स्टॉक-ऑप्शंस, विदेश में तैनाती, वैतनिक अवकाश जैसी वित्तीय प्रेरणाएँ अैर कार्य-संतुष्टि (कौशल-प्रयोग, कार्य का महत्त्व या विशिष्टता) और गौरव, कंपनी की छवि, मान्यता और दंड (निवारक तत्त्व) जैसी गैर-वित्तीय प्रेरणाएँ निचले सोपान यानी कामगार या शिक्षक या लिपिक, मझले सोपान यानी पर्यवेक्षक या निरीक्षक या अधिकारी और ऊपरी सोपान यानी प्रशासक या प्रबंधक आदि समस्त कार्य-वर्गों पर लागू होती हैं। उनका पारिश्रमिक, पदनाम, सुविधाओं, परिलब्धियों, हैसियत आदि से संबंधित अपेक्षानुक्रम उनके मोटे सामूहिक वर्गीकरण से मेल खाता है। पुरस्कारों के विस्तार में भिन्नताएँ बहुत ज्यादा आकर्षक नहीं हैं। योग्य व्यक्ति को आप वरिष्ठता आदि का उल्लंघन कर पुरस्कृत नहीं कर सकते। अयोग्य को दंड, जो प्रेरणा उभारने में पुरस्कारों जितने ही सहायक होते हैं, तो वास्तव में दिए ही नहीं जा सकते। यह मानना होगा कि भय और असुरक्षा स्वस्थ प्रेरणात्मक वातावरण के पोषण में टॉनिक जैसी भूमिका निभाते हैं। बकौल तुलसी—'भय बिनु प्रीति न होई गुसाईं।'

जमीनी वास्तविकताएँ

रिश्वत के लेन-देन के अंग बने और घोटालों की अटूट शृंखला में नित नए रहस्योद्घाटनों से घिरे प्रशिक्षु ऐसे निरुत्साहित माहौल में आयोजित कार्यशालाओं में यह समझने में नाकाम रहते हैं कि बेहतर परिणामों की प्राप्ति में असल में क्या चीज प्रेरक हो सकती है। जब तक उसे जमीनी वास्तविकताओं का मतलब समझने में मदद नहीं की जाती, तब तक उसे 'काम ही पूजा है' का पाठ पढ़ाना सिद्धांत बघारने के अलावा कुछ नहीं होगा।

सहभागियों से प्राप्त फीडबैक के आधार पर उनमें आस्था और विश्वास पैदा करने के लिए निम्नलिखित रणनीति के अनुसार कुछ उपाय किए जा सकते हैं। प्रेरणात्मक वस्तुपरक ढंग से यह बताना उपयोगी होगा कि भारतीय संस्कृति कुल मिलाकर क्या है। किसी राजनीतिक दल, विचारधारा, मत, पंथ आदि के पक्ष में बोलने से बचना चाहिए। यदि रिश्वत लेनेवाले पिता के बच्चों पर पड़नेवाले विनाशकारी प्रभाव जैसे उदाहरण सहभागियों के सामने प्रस्तुत किए जाएँ तो इससे कम से कम उस व्यक्ति के मन में, जिसका कि जमीर जिंदा है, आवश्यक भय और असुरक्षा की भावना जगाने में मदद मिलती है। मन और आत्मा पर जमी इस भयंकर गर्द को हटाने के बाद नेतृत्व की उल्लेखनीय उपलब्धि-कथाओं के साथ प्रेरणात्मक अनुसंधान के बीज बोए जा सकते हैं। यहाँ मैक्लीलैंड का 'सिद्धि-प्रेरणा अनुसंधान' बहुत उपयोगी साबित होता है। उन्होंने बड़े सारगर्भित ढंग से साबित किया है कि प्रेरणा के बीज 12 वर्ष तक की आयु-समूह के बच्चों में माता द्वारा कहानियाँ सुनाने की प्रथा के जरिए बोए जाते हैं।

ऐसा नहीं कि लोग बहुत आत्मकेंद्रित हो गए हैं। सच तो यह है कि वे स्वयं से पर्याप्त प्यार नहीं करते। कर्मचारियों का यह समझना बहुत महत्त्वपूर्ण है कि उनके अपने हित सिद्धि-प्रेरणा यानी अचीवमेंट-मोटिवेशन में निहित हैं। और, यह कि भ्रष्टाचार की आँधी में भी अपना दीया जलाए रखा जा सकता है, बशर्ते यह संकल्प किया जा सके कि—

हर रहगुजर पे शमा जलाना है मेरा काम
तेवर हैं क्या हवा के, मैं देखता नहीं।

अवसर व भय हमारे वश में नहीं

सीता माता की खोज के लिए समुद्र लाँघकर लंका जाना था। इसके लिए सबने हनुमानजी को चुना। किंतु हनुमानजी को यह अंदाज नहीं था कि वह समुद्र लाँघने जैसा दुष्कर कार्य भी कर सकते हैं। इस पर ऋक्षराज जांबवान ने उन्हें उनके बल का स्मरण कराया। परिणाम यह हुआ कि हनुमानजी समुद्र लाँघकर न केवल सीता माता का पता ही ले आए, बल्कि लंकापति रावण को होनी का अहसास भी करा आए।

हम लोग भी प्रायः अपनी क्षमताओं से अपरिचित रहते हैं और कमजोरियों से अनजान। फलतः न अपनी क्षमताओं का उचित उपयोग कर उनसे लाभ उठा पाते हैं, न कमजोरियों को दूर कर उनसे होनेवाली हानियों को ही रोक पाते हैं। ऐसे में जीवन किसी समुद्र की ही भाँति दुष्तर लगता है और उपलब्धियाँ दुर्लभ। अपनी क्षमताओं और कमजोरियों का विश्लेषण कर सफलता में बाधक भय-आशंकाओं को दूर करते हुए अवसर का लाभ उठानेवाला ही जीवन के समुद्र से मोती निकाल पाता है, और उपलब्धि-रूपी सीता का पता जान पाता है।

लेकिन क्षमताओं और कमजोरियों का नियमित मूल्यांकन अवश्य किया जा सकता है

हनुमानजी को उनके बल का स्मरण कराने के लिए तो जांबवान मिल गए थे, किंतु हमें अपने बल का खुद ही अनुमान करना होता है। हमें अपना हनुमान भी खुद ही बनना पड़ता है और जांबवान की भूमिका भी खुद ही निभानी पड़ती है। प्रबंधन की शब्दावली में इसे 'क्षय-कम-अव-भय' विश्लेषण कहा जा सकता है।

क्षमताएँ और कमजोरियाँ

'क्षम' यानि क्षमताएँ, 'कम' यानी कमजोरियाँ, 'अव' यानि अवसर और 'भय' यानि डर, आशंकाएँ। हममें से प्रत्येक में कुछ क्षमताएँ और कमजोरियाँ होती हैं। वे प्रत्यक्ष भी हो सकती हैं और प्रच्छन्न भी। क्षमताएँ और कमजोरियाँ हमारे भीतर होती हैं और इसीलिए हमारे नियंत्रण में रहती हैं। हम उन्हें स्थिति-विशेष के अनुरूप नियोजित कर सकते हैं। उदाहरण के लिए, एक अच्छा लेखक होना किसी व्यक्ति की क्षमता हो सकती है और कमजोर याददाश्त उसकी कमजोरी। किसी पत्र-पत्रिका के लिए कॉलम लिखने के लिए वह उन्हें तदनुसार व्यवस्थित कर सकता है।

अतः हममें से हरेक का यह प्रयत्न होना चाहिए कि–

- अपनी क्षमताओं को इस्तेमाल करें, और
- अपनी कमजोरियों को दूर करें।

अवसर और भय

दूसरी ओर, अवसर और भय हमारे वश में नहीं। वे बाहरी चीजें हैं और हमारे आस-पास के माहौल से संबंध रखते हैं। उदाहरण के लिए, जब आप सोच रहे हैं कि अपनी पत्नी को, जो कि अपना मनपसंद मूवी-कैसेट लाना भूल जाने के लिए आपका सिर खाए जा रही है, कैसे टालें, और तभी आपको आपके बॉस का फोन आता है कि चूँकि वह अगली सुबह दौरे पर जा रहा है, अतः एक बहुत ही जरूरी काम के लिए आप तुरंत उसके घर चले आएँ। तो यहाँ आपके लिए पत्नी से छुटकारा पाने का अवसर उपस्थित हो गया है। पर यदि उसी क्षण आपको याद आ जाए कि आज तो आपके लड़के का जन्मदिन भी है, तो आपके सामने एक खटका भी उत्पन्न हो जाएगा कि ऐसे में आप दफ्तर के काम से कहीं बाहर चले गए तो क्या हंगामा बरपेगा। बहरहाल, आप अपने बॉस की उपेक्षा नहीं कर सकते। यह आपके वश में नहीं, और आप उसके यहाँ जाने से अपने घर में होनेवाले हंगामे के खटके को भी नजरअंदाज नहीं कर सकते, क्योंकि आप अपने पुत्र का जन्मदिन भी स्थगित नहीं कर सकते। तो एक व्यक्ति के रूप में आपको हमेशा कोशिश करनी चाहिए कि–

- अवसर का लाभ उठाएँ, और
- भय या खटके को टालें।

क्षम-कम-अव-भय

सफल व्यक्ति वह है, जो खुशी-खुशी 'क्षम-कम' का 'अव-भय' से गठबंधन कर देता है। क्षम-कम-अव-भय प्रबंधन का एक विवेकपूर्ण नजरिया है, जिसे थोड़ी-सी कल्पनाशीलता के साथ किसी भी स्थिति पर लागू किया जा सकता है।

उदाहरण के लिए यदि आप चाहते हैं कि आपका बॉस आपको अपने विदेशी

सहयोगियों के साथ बिक्री-उपरांत-सेवा-प्रशिक्षण के लिए जापान भेज दे, तो अपना निवेदन प्रस्तुत करने से पहले आप अपना क्षम-कम-अव-भय विश्लेषण करें—

क्षमताएँ :

- आप पहले भी जापान जा चुके हैं और पुनः जाने में आपको कोई समस्या नहीं होगी।
- वहाँ आपके बहुत-से जाननेवाले हैं और उनका आतिथ्य स्वीकार कर आप बहुमूल्य विदेशी मुद्रा की बचत कर सकेंगे।
- आप एक तकनीकी आदमी हैं।

अवसर :

- आपकी कंपनी एक नया उत्पाद शुरू करने की योजना बना रही है। उत्पाद को सँभालने के लिए प्रशिक्षित व्यक्तियों की जरूरत है। आपके विभाग में अभी तक किसी को भी प्रशिक्षण नहीं दिया गया है। प्रशिक्षण के लिए जापान जाना जरूरी है।

भय :

- आपके एक सहकर्मी ने जापानी भाषा का कोर्स किया हुआ है।
- आपका सहकर्मी कभी जापान नहीं गया है और इस दौरे के लिए सक्रिय उम्मीदवार है।
- आप इस वर्ष दो बार जापान जा चुके हैं (आपकी कंपनी के लिहाज से अभूतपूर्व), और आपको पुनः भेजे जाने से आपके सहकर्मियों में असंतोष पैदा होगा।

अपना निवेदन प्रस्तुत करते हुए गौर कीजिए कि आप अपनी क्षमताओं पर कैसे बल दे सकते हैं। अपना यात्रा-विवरण (इंटिनरेरी) तैयार कीजिए और यह स्पष्ट उल्लेख करते हुए कि अपने मित्रों का आतिथ्य स्वीकार करके आप कितनी बचत कर सकते हैं, लागत निकालिए। अपने बॉस को सूचित कीजिए कि आप पहले से ही जापानी भाषा में एक सैंडविच-कोर्स कर रहे हैं, जो अगले दो महीनों में पूरा हो जाएगा (और ऐसा ही करें भी)। इससे आपकी कमजोरी दूर हो जाएगी। अपने निवेदन में बताएँ कि आगामी उत्पाद प्रवर्तन को मद्देनजर रखते हुए प्रशिक्षण के लिए आपके जापान जाने का यह उपयुक्त समय है। आप अपने विदेश-दौरे के लिए अपनी छुट्टियों के समायोजन का प्रस्ताव कर सकते हैं और यह सुझाव भी दे सकते हैं कि लागत का 1/3 जाने से पहले आप वहन करेंगे और 1/3 कंपनी वहन करे, 1/3 आपके वेतन में से समायोजित कर लिया जाएगा।

क्षम-कम-अव-भय अवधारणा अन्य स्थितियों पर भी लागू करें। मासिक, त्रैमासिक, वार्षिक—नियमित रूप से अपना क्षम-कम-अव-भय विश्लेषण करें और भवसागर की उत्ताल तरंगों पर अपनी जीवन-नौका को निर्भय होकर तैराएँ।

एक चुनौती होता है नया दफ्तर

विनोद और सतीश कानपुर में एक प्रसिद्ध कंपनी के मुख्यालय में साथ ही भरती हुए थे। आठ साल बाद दोनों की पदोन्नति एक साथ हुई। विनोद को इलाहाबाद की शाखा का कार्यभार मिला और सतीश को लखनऊ की शाखा का। पदोन्नति की सूचना पाकर दोनों बहुत प्रसन्न हुए। कार्यालय में मित्रों को चाय-पार्टी दी और उनसे भावभीनी विदाई लेकर दोनों अपने-अपने नए कार्यालय में कार्यभार सँभालने के लिए रवाना हो गए।

दोनों ने एक ही दिन कार्यभार सँभाला। एक महीने बाद ही विनोद को नया कार्यभार काँटों का ताज लगने लगा। वह परेशानियों और समस्याओं से घिर गया था। कर्मचारी अप्रसन्न थे। सहयोगी खिंचे-खिंचे रहते थे। उसकी शांति भंग हो गई थी और मानसिक तनाव बढ़ गया था। कभी सोचता कि इससे तो पहले ही अच्छा था। न कोई विशेष जिम्मेदारी थी, न ही किसी तरह का बोझ। जितना करना हुआ, किया। यहाँ तो मुख्यालय सिर पर सवार रहता है। फोन उठाते डर लगता है।

नए कार्यालय में आपके व्यक्तित्व का हर पहलू से विश्लेषण किया जाता है

सतीश को लखनऊ का बिगड़ा दफ्तर मिला था। यह बात उसे अच्छी तरह मालूम थी। आदेश मिलने पर वह थोड़ा चिंतित भी हुआ था। पर वह एक सुलझा हुआ आदमी था। मुख्यालय में रहते हुए उसने अनेक अधिकारियों के तौर-तरीके देखे थे, उन्हें समझकर अच्छी बातों को आत्मसात् करने की कोशिश की थी। प्रबंधन पर कुछ पुस्तकें भी उसने पढ़ रखी थीं। इस पृष्ठभूमि में उसने लखनऊ कार्यालय का कार्यभार इस चतुराई से सँभाला कि क्या मातहत और क्या सहयोगी—सब उसकी

योग्यता के कायल हो गए।

महीने-भर बाद एक बैठक के सिलसिले में दोनों की कानपुर में मुलाकात हुई। फुरसत के क्षणों में दोनों में अंतरंग बातें हुईं। विनोद ने अपना रोना रोया और परेशानियों का पुलिंदा खोल दिया। फिर उसने सतीश से पूछा कि उसने अपने बिगड़े दफ्तर को कैसे काबू में किया, ताकि वह भी कुछ कर सके।

अध्ययन और अनुकरण

सतीश ने समझाया, 'भाई मेरे, कुछ विशेष करने की आवश्यकता नहीं है, बस अपनी विचारधारा बदलने की बात है। मुख्यालय में जितने भी अधिकारी आए, मैंने उनकी कार्यविधि समझने की कोशिश की। तुम्हें याद होगा, अपना दफ्तर श्याम बिहारीजी के समय दक्ष माना जाता था। उनके तबादले के बाद राधेमोहनजी ने कार्यभार सँभाला। देखते ही देखते दफ्तर का ढर्रा बदल गया। कहीं कोई काम ठीक से होता ही नहीं था। कर्मचारियों में इतना असंतोष बढ़ा कि साल-भर में ही पदावनति के साथ उनकी बदली हो गई। उनके बाद आए रामशंकरजी। उन्होंने दफ्तर की ऐसी काया पलटी कि लोग श्यामबिहारीजी को भी भूल गए।

'मैंने तीनों की कार्यविधि का बारीकी से अध्ययन किया था। महत्त्वपूर्ण बातें नोट कर ली थीं। लखनऊ जाकर मैंने ध्यान रखा कि राधेमोहनजी के तौर-तरीकों पर अमल न करके रामशंकरजी और श्यामबिहारीजी के पदचिन्हों पर चलूँ। परिणाम तुम्हारे सामने है।

तुमने यह सब तो किया नहीं था। नई पदोन्नति की मस्ती में अनजाने ही राधेमोहनजी की चाल पर चल पड़े हो। इसलिए तुम्हारा भी वही हश्र होने की संभावना है जो राधेमोहनजी का हुआ।'

विनोद ने कहा, 'पहेली न बुझाओ। स्पष्ट बताओ, मैंने क्या करके खोया और तुमने क्या करके पाया ?'

अलग-अलग कार्यशैली

सतीश ने बात आगे बढ़ाई, 'विनोद, तुम्हें याद होगा, जब राधेमोहनजी आने वाले थे तो अपने कार्यालय में उनके व्यक्तित्व के बारे में विस्तृत सूचनाएँ आ गई थीं। हम लोग तैयार हो गए थे कि एक असामान्य व्यक्ति से पाला पड़नेवाला है। वे आए, कार्यभार सँभाला और अपने ढंग से कार्य आरंभ कर दिया। दिन-भर अपनी कुर्सी से चिपके रहते। न किसी से मिलते, न कार्यालय का दौरा करते। अपने कमरे में बैठे आदेश पर आदेश जारी करने लगे, मानो उनसे पहले दफ्तर का काम चल ही न रहा हो। जो भी मिलने गया, उसी से रूखेपन से बात की। साथ ही यह भी जता दिया कि यह सब उन्हें पसंद नहीं। कभी किसी को डाँटते तो इतनी बुरी तरह कि सारा दफ्तर जान जाता। कोई कुछ सुझाव देता, तो उनका उत्तर रहता—रहने

दो, मुझे आपकी सलाह की जरूरत नहीं है। मैंने धूप में बाल सफेद नहीं किए। परिणाम यह हुआ कि कर्मचारी उनके रवैये से रुष्ट रहने लगे। दफ्तर की कार्यकुशलता घटने लगी और एक दिन आया कि उन्हें हटा दिया गया।'

पुराने दिनों की याद करते हुए सतीश कहता गया, 'जब रामशंकर आए तो उनकी ख्याति भी पहले ही पहुँच चुकी थी कि बड़े सुलझे हुए, कार्यकुशल, सुसंस्कृत व सज्जन व्यक्ति हैं। उन्होंने आते ही सबसे पहले कर्मचारियों से व्यक्तिगत संबंध स्थापित किए। उनके दुख-दर्द सुने, कठिनाइयाँ जानीं। उन्हें दूर करने के लिए जो कुछ स्वयं कर सकते थे, किया। बाकी के लिए लिखा-पढ़ी आरंभ कर दी। कर्मचारियों को लगा, जैसे कोई उनका अपना आ गया है। वे भी खुलकर अपनी समस्याएँ उनके सामने रखने लगे, सुझाव देने लगे। विचारों का आदान-प्रदान होने लगा। तुमने देखा होगा कि वे किसी की व्यर्थ आलोचना नहीं करते थे। हर किसी के कुछ गुण तलाश कर उसकी प्रशंसा जरूर करते थे। इससे हम सबका उत्साह बढ़ा रहता था। हम लोगों की पदोन्नति की खबर पाकर वे हमारे पास आए और हमें बधाई दी थी। सलाह भी दी थी। एक महत्त्वपूर्ण बात यह थी कि आते ही उन्होंने अपने तरीके से अधिकांश कर्मचारियों के नाम जान लिए थे। वे अकसर उन्हें नाम लेकर ही पुकारते थे।'

'चूँकि पदोन्नति का समय निकट आ रहा था,' सतीश ने बताया, 'अतः मैंने निश्चय कर लिया था कि मुझे तो रामशंकरजी के पदचिह्नों पर चलना है, और मैं चला भी। तुम अभी भी अपनी स्थिति सुधार सकते हो, अभी देर नहीं हुई है।'

सफलता के सूत्र

और, फिर सतीश ने अपनी जानकारी और अनुभव के आधार पर विनोद को सफलता के सूत्र बताए—

'किसी भी कार्यालय में पदभार सँभालने के शुरू के तीन-चार दिन अत्यंत महत्त्वपूर्ण होते हैं। कर्मचारी नए अधिकारी की गतिविधियों पर पैनी नजर रखते हैं। उसके व्यक्तित्व का हर पहलू से विश्लेषण किया जाता है। उसकी बातचीत के ढंग, उसके तौर-तरीके—सबके मतलब लगाए जाते हैं।

'किसी भी व्यक्ति को काम के लिए प्रेरित करने के तीन आधारभूत प्रेरक तत्त्व होते हैं—पेट की भूख, सेक्स यानी यौन की भूख और सराहना की भूख। पेट की खातिर तो कर्मचारी आता ही है, अतः यथासंभव ऐसा कुछ नहीं करना चाहिए जिससे उसके वेतन और भत्तों में कुछ कमी हो। दूसरे शब्दों में, उसके पेट पर लात मारने की कोशिश नहीं करनी चाहिए। यौन-संतुष्टि के लिए भी दफ्तर प्रत्यक्ष रूप से न सही, पर अप्रत्यक्ष रूप से जरूर मदद कर सकता है। पत्नी और परिवार के भरण-पोषण के लिए ही तो कर्मचारी काम करता है। वह जितना अच्छा और ज्यादा काम करे, अगर उतना ही अधिक पैसा और सुख-सुविधाएँ उसे मिलें, तो न केवल

वह खुद प्रसन्न रहेगा बल्कि घर में उसकी पत्नी भी खुश रहेगी। तीसरी भूख है सराहना की। यह भूख बड़ी तेज होती है। हर कोई चाहता है कि उसका काम सराहा जाए। अधिकारी इसकी पूर्ति आसानी से कर सकता है। हर व्यक्ति में कुछ न कुछ अच्छे गुण होते हैं। उन्हें तलाश कर सराहा जा सकता है। अच्छा काम करने पर पीठ ठोंकी जा सकती है। सराहना हाव-भाव से, मौखिक रूप से या लिखकर व्यक्त की जा सकती है। प्रशंसा सबके सामने करनी चाहिए, पर आलोचना अकेले में।'

नए कार्यालय में लोकप्रियता

नए कार्यालय का प्रभार सँभालने पर सफलता हासिल करने के कुछ और गुर बताते हुए सतीश ने विनोद से कहा, 'एक बात और। हर किसी को अपना नाम सबसे प्यारा होता है। अगर किसी को उसके नाम से पुकारा जाए, तो वह अत्यंत प्रसन्न होता है। जब रामशंकरजी तुम्हें विनोद कहकर पुकारते थे, तो तुम प्रसन्न होते थे, या नहीं ? अकसर यह देखा गया है कि जो अधिकारी अपने जितने अधिक कर्मचारियों के नाम जानता है व उन्हें उनके नाम से पुकार सकता है, वह उतना ही सफल होता है। मैंने भी प्रयास करके इतने समय में ही अपने लगभग सभी कर्मचारियों के नाम जान लिए हैं। तुम दो-तीन को छोड़कर किसी का नाम नहीं जानते होगे, यह मैं दावे से कह सकता हूँ।'

'हूँ, यह बात तो है।' विनोद ने स्वीकार किया।

दफ्तर का दौरा

शुरूआत में प्रतिदिन कार्यालय का दौरा करें और कर्मचारियों से व्यक्तिगत रूप से मिलें

'हाँ तो, अब वापस जाकर अपनी कुर्सी से चिपककर मत बैठना। अपने सहायक के साथ दफ्तर का दौरा करना। कर्मचारियों को आश्चर्य होगा, पर चिंता न करना। तुम्हारा पिछले महीने का व्यवहार इस सामान्य व्यवहार के आड़े जाएगा। पर कुछ तो करना ही है।' सतीश ने कहा।

'इस दौरे में किसी की आलोचना न करना।' सतीश ने समझाया, 'किसी के भी पास खड़े होकर उसका नाम पूछना, दो बातें करना, क्या काम करता है, पूछना और फिर उसके कंधे पर हाथ रखकर 'अच्छा संजय' या जो भी उसका नाम हो,

कहकर आगे बढ़ जाना। मन में एक बार उसका नाम दुहरा लेना। फिर किसी दूसरे के पास जाकर यही करना। इस तरह पाँच-सात कर्मचारियों के बारे में जानकर वापस अपने केबिन में आ जाना। दूसरे दिन फिर दौरे पर निकलना। कुछ और व्यक्तियों से संपर्क बढ़ाना और पिछले दिन वालों से उनका नाम लेकर हालचाल पूछ लेना। अगर किसी का नाम याद न आए तो कहना--यदि मैं भूल नहीं रहा हूँ तो...तब तक वह खुद ही अपना नाम बता देगा।

'हो सकता है, कर्मचारियों को तुम्हारा यह व्यवहार कुछ अटपटा लगे, फिर भी कुछ आत्मीयता तो पैदा होगी ही। अगर यह कार्यभार सँभालने के कुछ दिन के अंदर ही कर लिया जाए तो परिणाम सुखद रहता है। वास्तव में सफलता की नींव इसी दौरे से पड़ती है। इसी दौरे से दफ्तर पर नए अधिकारी की पहली छाप पड़ती है। साथ ही, अधिकारी को दफ्तर का प्रथम परिचय भी मिलता है।

वेशभूषा का प्रभाव

'और देखो, तुम्हारा ध्यान अपने शरीर के रख-रखाव पर भी कम है। यह मैं स्पष्ट देख रहा हूँ। बिना प्रेस के कपड़े, बिना पालिश के जूते--ये सब व्यक्तित्व को प्रभावहीन करते हैं। तुम्हारी वेशभूषा, पोशाक, उसके पहनने का ढंग, तुम्हारे व्यक्तित्व को आकर्षक बना सकते हैं। कपड़े ही तो पहला प्रभाव डालते हैं। बातचीत का ढंग, व्यवहार-कुशलता, दक्षता आदि का पता तो बाद में चलता है। अतः कुछ पैसा खर्च करके अच्छे कपड़े सिलवा लो, ताकि वे दफ्तर वालों व बाहरी मुलाकातियों पर अच्छा प्रभाव डाल सकें। एक ही पोशाक को लगातार दो दिन से अधिक मत पहनना। अगर एक ही दिन में बदल सको, तो और भी अच्छा है। यह जरूरी नहीं कि कपड़ा महँगा ही हो। सस्ता हो पर स्वच्छ, अच्छा सिला और प्रेस किया हुआ तथा अवसरानुकूल हो। सस्ते कपड़े के कई सेट रखना महँगे के मात्र दो-तीन रखने से अधिक अच्छा है। अच्छे कपड़े पहनने से मनोबल ऊँचा रहता है।

'इन तीन-चार दिनों में अपने दफ्तर के प्रबंध को भी बारीकी से देखना। कितनी सामान्य सुविधाएँ हैं, कितनी नहीं। कितनी और दी जा सकती हैं। कार्य-संबंधी सुविधाएँ भी पर्याप्त हैं या नहीं। रामशंकरजी ने आकर हमें जो सुविधाएँ उपलब्ध कराई थीं, उन्हें ध्यान में रखोगे तो स्पष्ट हो जाएगा कि क्या-क्या करना है। इन सब पर थोड़ा धन व्यय कर देने से कर्मचारियों की सदाशयता आसानी से अर्जित की जा सकती है।

शिकायतों पर ध्यान

'यदि कर्मचारी कुछ शिकायतें करते हैं, तो उन्हें ध्यान से और धैर्यपूर्वक सुनना। शिकायतें ज्यादा समय तक अनसुनी की जाने पर ऊपर से तो कर्मचारी मौन हो जाते हैं, पर उनके मन में रोष बैठ जाता है और फिर किस समय वह लावा बनकर

निकलेगा, नहीं कहा जा सकता। यदि सुनकर उनका निवारण किया जाता है तो वे अपनी हर तकलीफ बताते हैं। हड़बड़ी में शिकायतों पर कोई निर्णय मत दे देना। बिना सोचे-विचारे कुछ देने का वादा मत कर बैठना। हाँ, सही बात का आश्वासन अवश्य देना। वादे करना आसान है, पर उन्हें पूरा करना हमेशा आसान नहीं होता। झूठे वादों से व्यक्तित्व शीशे की तरह चटक जाता है।

'एकाध हफ्ता काम की कोई विशेष चिंता मत करना। जैसा चल रहा है, चलने देना। हर दफ्तर में इतनी छिपी हुई शक्ति होती है कि वह कुछ दिन बिना निर्देशन के अपने-आप चल सकता है। हाँ, दौरे पर निकलना बंद न करना। साथ ही, अपने दफ्तर के बारे में प्रत्यक्ष जानकारी लेते रहना। प्रतिदिन दफ्तर का दौरा करने से कर्मचारियों का मनोबल ऊँचा रहता है। उनकी समस्याओं को सहानुभूति और धैर्य के साथ सुनकर तुरंत हल करने से उनमें एक विश्वास व सुरक्षा की भावना का उदय होता है। जो समस्याएँ तुरंत हल न हो सकती हों, उनके बारे में आश्वासन देकर समय ले लेना अच्छा रहता है।

'इस दौरे से तीन प्रत्यक्ष लाभ होते हैं। एक तो कर्मचारियों में प्रबंधन के प्रति विश्वास जाग्रत होता है। दूसरे, प्रशासन और कर्मचारियों में संवाद के जरिए संपर्क बढ़ता है। तीसरे, जब अनेक समस्याएँ दौरे पर ही निपटा दी जाती हैं तो कर्मचारी तुम्हारा समय बरबाद करने तुम्हारे कमरे में नहीं आते। इससे तुम्हारा समय बचता है, जिसे तुम महत्त्वपूर्ण कामों में लगा सकते हो। एक बार यदि उन्हें विश्वास हो गया कि तुम उनके भले की चिंता करते हो, तो फिर चाहिए ही क्या ! उचित संचार-व्यवस्था और विश्वास के वातावरण का लाभ उठाते हुए तुम अपने काम में जुट सकते हो।

सहयोगियों से संपर्क

'इसके साथ ही तुम्हें अपने सहयोगियों से भी संपर्क स्थापित करना होगा। कार्य के दौरान कभी उनकी मदद की आवश्यकता पड़ सकती है। अपने दफ्तर के दूसरे अधिकारियों से भी संपर्क रखना है। साथ ही, दूसरे संबंधित दफ्तरों के अधिकारियों से भी व्यक्तिगत पहचान बढ़ानी होगी। पहल तुम्हें ही करनी होगी। जब भी किसी से मिलने का कार्यक्रम बनाओ, उसके बारे में कुछ जानकारी अवश्य ले लो, ताकि बातचीत ठीक तरह से हो सके। यह व्यक्तिगत जान-पहचान समय पड़ने पर बहुत सहायता करती है।

'इतना सब काम दो हफ्ते में पूरा कर लेना। यदि 12 घंटे या अधिक भी काम करना पड़े तो घबराना मत। मैंने तो तुम्हें मोटे तौर पर समझाया है कि किस तरह अपने व्यवहार में आत्मीयता लाओ। अब यह तुम पर और तुम्हारी व्यवहार-कुशलता पर निर्भर करेगा कि तुम अपने पिछले विपरीत आचरण से बोझिल वातावरण को कैसे अनुकूल बनाते हो। थोड़े ज्यादा साहस और सूझ-बूझ की आवश्यकता पड़ेगी।

पर सफलता मिलेगी अवश्य।

'जब भी कोई समस्या आए, तो ठंडे दिमाग से सोचना कि इस स्थिति में राधेमोहनजी या रामशंकरजी क्या करते थे। तुम्हें समझ में आ जाएगा कि क्या करना उचित है।

कार्य पर ध्यान

'इतना कर लेने पर तुम अपने कार्य पर पूरा ध्यान दे सकते हो। यह भी सुनिश्चित करो कि तुम्हारे देख लेने के बाद डाक दोपहर तक बँट जाए। जो पत्र जाने के लिए तैयार हैं, वे उसी दिन भेज दिए जाएँ। टाइपिंग व अन्य विभाग चुस्त व चालू हालत में हों। हाँ, स्मरण-पत्र अपने ही स्तर पर निपटाना।

'इतना कर लेने पर समझ लो, 75 फीसदी काम हो गया। दफ्तर की कार्यक्षमता और साख बढ़ाने की तदबीरें करने के लिए तुम्हारे पास समय ही समय होगा।'

'जिस तरह विवाह के बाद के कुछ दिन भविष्य के सुखी जीवन के आधार-स्तंभ होते हैं,' सतीश ने विनोद को अपने अनुभव का निचोड़ बताते हुए कहा, 'वैसे ही नए कार्यालय का प्रभार सँभालने के शुरू के कुछ दिन भी अत्यंत महत्त्वपूर्ण होते हैं, और यह तय करते हैं कि प्रबंधक या प्रभारी अधिकारी यानी इंचार्ज लोकप्रिय होगा या अलोकप्रिय, सफल होगा या असफल।'

मशीनें ही काफी नहीं

कार्यालय-स्वचालन यानी ऑफिस ऑटोमेशन (ओए), जैसा कि नाम से ही जाहिर है, कार्यालय को स्वचालित करने का वादा करता है। इलेक्ट्रिक टाइपराइटर, डिक्टाफोन, फैसिमिल मशीन, फोटो-कॉपियर, कैलकुलेटर, डिजिटल डायरी, कंप्यूटर, टेलीफोन, सेलुलर फोन, आंसरिंग मशीन, पेजर और ई-मेल से लेकर उच्चतर लक्ष्यों वाले प्रस्तुतीकरण-उपकरणों तक ओए में आज एक अविश्वसनीय यंत्र-शृंखला पाई जाती है।

ओए-उपकरण कार्यक्षमता, सुगमता, बेहतर संप्रेषण, अधिकार-संपन्नता, गति, समय, स्थान और सुविधा जैसे कुछ विशिष्ट उद्देश्यों की पूर्ति के लिए अभिकल्पित किए जाते हैं। ओए के निर्माताओं और विपणनकर्ताओं पर विश्वास किया जाए तो ओए की बदौलत कार्यालय धरती पर एक पहचाने न जा सकनेवाले, कष्टमुक्त, कागजरहित स्वर्ग में तब्दील हो जाने चाहिए थे, जहाँ स्वचालित बिक्री-मशीनों से प्राप्त पेय पीते कर्मचारी तापमान और आर्द्रता-नियंत्रित माहौल में मेहनत से काम करते नजर आते। ओए के प्रति इस सम्मोहन ने ही मुख्यतः टेक्नोलॉजी और उसके कार्यान्वयन के बीच भ्रांति पैदा की है। गिजमोज और गैजेट्स कार्य-निष्पादन को सुधार सकते हैं, उसका सूत्रपात नहीं कर सकते।

उनके ज्यादा व सही इस्तेमाल को भी सुनिश्चित करना जरूरी

मोहभंग की स्थिति

जाहिर है कि यह बात काफी-कुछ लोगों द्वारा नजरअंदाज की गई है। आज के दफ्तर पहले से कहीं ज्यादा अस्त-व्यस्त

हैं, जहाँ कंप्यूटर-प्रिंटरों, फैक्स-मशीनों और कॉपियरों द्वारा उगले गए टनों कागज हैं, बीप की कर्कश ध्वनि है, पेजरों, प्रिंटरों, फोनों और आंसरिंग मशीनों की घनघनाहट और चीखें हैं। खोए हुए पत्र, लुप्त दस्तावेज, अवांछित पत्राचार, बासी कॉफी और विदेशी रूम-फ्रेशनर श्रवण, स्पर्श, घ्राण और दर्शन—समस्त संवेदनाओं पर हावी होकर मोहभंग की इस स्थिति में इजाफा कर रहे हैं। कुछ भी तो आसान नहीं हुआ है।

ओए अपने वादे पर खरा नहीं उतरा है। वादे और वास्तविक कार्य-निष्पादन के बीच इतनी बड़ी विसंगति है कि उसे दूर किया जाना मुश्किल है। जिन समस्याओं के निराकरण के लिए ओए-उपकरण अभिकल्पित किए गए थे, अकसर वे ही उनके मूल में मौजूद नजर आती हैं। निर्माता, खुद उपकरण और प्रयोगकर्ता इन समस्याओं से जुड़े हैं। निर्माता अकसर सरकारी नियंत्रणों का विरोध करने, असाधारण मूल्यवृद्धियों का बचाव करने और कुत्सित रियायतों के लिए लॉबिंग करने जैसे अनेक उद्देश्यों की पूर्ति के लिए एकजुट होते हैं। पर जहाँ तक उपभोक्ता की शिक्षा, प्रशिक्षण और सूचना का संबंध है, उसका कोई नामलेवा नहीं है। यह देखते हुए कि भारत जैसे अपेक्षाकृत कम विकसित देश में इन टेक्नोलॉजियों में से कुछ कितनी अत्याधुनिक हैं, यह सचमुच आश्चर्यजनक लगता है। इसके बावजूद बाजार इनमें से अनेक टेक्नोलॉजियाँ तेजी से स्वीकार रहा है।

उपभोक्ता-शिक्षा की व्यवस्था

जहाँ नई टेक्नोलॉजियाँ लागू की जाएँ, वहाँ उपभोक्ता-शिक्षा की व्यवस्था अवश्य की जानी चाहिए। खासकर जब ये बाजार लक्ष्य-समूहों आदि के रूप में अप्रयुक्त संभावनाओं का दोहन कर सकते हों। यह शिक्षा प्रयोगकर्ताओं को ही नहीं, पूरे समाज को लाभ पहुँचाती है। सेवा उपलब्ध करानेवाले प्रयोगकर्ताओं को यंत्र की टेक्नोलॉजी, उसकी विशेषताओं, प्रयोगों और उसके इस्तेमाल के दौरान पैदा हो सकने वाली समस्याओं के बारे में शिक्षित और सूचित करने को उपयोगी तथा उत्पादक पाएँगे।

फोटोकॉपियरों के संबंध में कितने प्रयोगकर्ता जानते हैं कि उनकी मशीन में एक स्टैंडबाई मोड है, जो बिजली की बहुत कम खपत से ही मशीन को फोटोकॉपी करने के लिए लगभग तैयार रखता है। इसके बजाय ज्यादातर प्रयोगकर्ता लगातार मशीन को ऑन और ऑफ करते रहते हैं।

कंप्यूटरों के मामले में भी स्थिति इससे अलग नहीं है। कितने हार्डवेयर और सॉफ्टवेयर-विक्रेता या निर्माता अपना उत्पाद बेचने से आगे की सोचते हैं ? एक यांत्रिक प्रशिक्षण कार्यक्रम के अलावा प्रायः कोई कंपनी संभावना बनाम प्रयोग पर निगरानी नहीं रखती, न ही ग्राहक को उत्पाद-संबंधी सलाह देती है। उच्च कोटि की ग्राहक-सहायता या प्रयोगकर्ता-केंद्रित प्रशिक्षण के अभाव की यह दलील कंप्यूटर-उत्पादों तक ही सीमित नहीं। यह प्रायः समस्त ओए-उत्पादों के संबंध में सच है।

ग्राहक-शिक्षा के लाभ

पर इसमें हमारा लाभ क्या है ? किसी भी समर्थ विपणनकर्ता के मन में यह सवाल उठना स्वाभाविक है। आखिर शिक्षा और सूचना के प्रचार-प्रसार के प्रयासों में समय और धन खर्च होता है। बहरहाल, इस सवाल का उत्तर बहुआयामी है। पहली बात तो यह कि उत्पाद का रहस्य प्रकट करने से उसकी स्वीकार्यता बढ़ती है। दूसरे, इससे अकसर नए-नए प्रयोग उजागर होते हैं। तीसरे, इससे ग्राहक को उस उत्पाद की पूरी संभावनाएँ जानने का मौका मिलता है, जिसके लिए उसने भुगतान किया है। यह निर्माता और विपणनकर्ता को उनके निवेश का उचित प्रतिफल दिलाने में सहायक होता है, जो इसे ग्राहक को शिक्षित करने के कारण से ज्यादा कर्तव्य का रूप प्रदान कर देता है।

मशीन फिर भी मशीन है

समय के साथ-साथ ओए-उपकरणों का प्रयोग उत्तरोत्तर आसान होता गया है। आज सारी प्रक्रिया सिर्फ एक बटन दबाने से संपन्न हो जाती है। पर मशीनें अभी भी 'मूक प्राणी' हैं। वे बेहतर होती जा रही हैं, पर अभी भी वे पूर्ण नहीं हैं।

ज्यादातर मशीनें डिजाइनरों के सख्त हाथों में वर्षों परीक्षण के दौर से गुजरी हैं। प्रयोगकर्ताओं की शिकायतें और सुझाव मद्देनजर रखे गए हैं और शेल्फ पर रखे ज्यादातर करेंट मॉडल अपने पूर्ववर्ती मॉडलों से ज्यादा समुन्नत, प्रयोगकर्तानुकूल और खूबसूरत हैं। पर मूलभूत नियम यथावत हैं। ओए काम को आसान बना सकता है, उसका स्थान नहीं ले सकता।

परिवर्तन का भय, विशेषकर टेक्नोलॉजी का, नया नहीं है। बेहतर चूहेदानी वही नहीं होती, जो अनिवार्यतः बिकती है। साथ ही आम भारतीय लोकाचार को देखते हुए, ज्यादातर कर्मचारियों को लगनेवाले दैनिक सांस्कृतिक आघात का हिसाब रखना अत्यंत कठिन है। घरों पर और गलियों में वे एक निश्चित 'तीसरी दुनिया' किस्म के माहौल में काम करते हैं, जिसकी अपनी रफ्तार है, अपनी लय है, अपनी अपेक्षाएँ हैं और अपना शिष्टाचार है। और, दफ्तर में अचानक उनसे नवीनतम सूचना-प्रौद्योगिकी की जानकारी रखनेवाले, विश्व के अंतरराष्ट्रीय नागरिकों में रूपांतरित होने की अपेक्षा की जाती है।

पहले यह स्वीकार करना जरूरी है कि ओए व्यक्तिगत अधिकारसंपन्नता के लिए लोगों को अपने जीवन और काम पर नियंत्रण हासिल करने में मदद करने के लिए अभिकल्पित किया जाता है। वे व्यापार के साधन मात्र हैं। किंतु उनकी प्रति यूनिट लागत और एक अकेली मशीन द्वारा दिए जा सकने वाले आउटपुट को दृष्टिगत रखते हुए ऐसे उपकरण शेयर किए जाने जरूरी हैं।

व्यक्तिगत अधिकारसंपन्नता और प्रयोग में उत्तरदायित्व का चोली-दामन का

साथ है। इसका मतलब यह नहीं कि फैक्स-मशीन खराब हो गई तो कौन उत्तरदायी होगा ? बल्कि इसका मतलब है—चुनौती के अनुरूप होना। लोगों को अपने-आप काम करना सीखना होगा। यह स्टेटस या शक्ति का मुद्दा नहीं है।

उपकरणों का लोकतंत्रीकरण

ओए-उपकरणों का लोकतंत्रीकरण आवश्यक है, क्योंकि तभी बड़ी संख्या में लोग उनका इस्तेमाल करेंगे। ये मशीनें इस्तेमाल से क्षतिग्रस्त नहीं होतीं। अधिकांश ओए-उपकरण बहुत-से प्रयोगकर्ताओं को ध्यान में रखकर डिजाइन किए जाते हैं। ओए-उपकरण अकेले महापुरोहित के प्रयोग के लिए परम-पावन मंदिर-गर्भ में श्रद्धा के साथ सुरक्षित रखी कोई पवित्र धार्मिक गाय नहीं है। ओए प्रौद्योगिकी-दर्शनों का परिरक्षित फल है और उसके लिए श्रेष्ठ आईक्यू और प्राधिकार आवश्यक हैं—इस धारणा को जारी रखने वाला यह सोच पाषाणयुगीन है, और पाषाण-युग की नीतियाँ पाषाण-युग के निष्पादन को ही जन्म दे सकती हैं।

असल बात है कार्यान्वयन

उदारीकरण के आगमन के साथ टेक्नोलॉजी में निवेश प्रति-स्पर्धात्मक बाजार-स्थिति सुधारने या बनाए रखने की संभवतः सबसे महत्त्वपूर्ण अपेक्षा है। टेक्नोलॉजी-रणनीति में दीर्घकालिक लक्ष्यों का निर्धारण और उन लक्ष्यों की पूर्ति के लिए कार्रवाई का चयन व संसाधनों का निर्धारण शामिल है। उसमें निरूपण और कार्यान्वयन दोनों आते हैं। निरूपण में यह तय करने की तार्किक और विश्लेषणात्मक गतिविधियाँ समाविष्ट हैं कि क्या किया जाए। कार्यान्वयन वांछित परिणाम हासिल करने की प्रक्रिया है। यदि कार्यान्वयन की योजना और निष्पादन घटिया हो तो नई टेक्नोलॉजी अपनाने से कंपनी की प्रतिस्पर्धात्मक स्थिति काफी बिगड़ जाती है। अतः टेक्नोलॉजी-प्रबंधन के क्षेत्र में, कार्रवाई के किसी भी प्रयास में कार्यान्वयन-प्रक्रिया के अध्ययन और उसके प्रबंधन का समावेश जरूरी है।

एक सतत प्रक्रिया

नई टेक्नोलॉजी लागू करने से पहले मौजूदा परिस्थिति को समझना जरूरी है

कार्यान्वयन को एक सातत्य में रखा जा सकता है, जिसमें लक्ष्य बनानेवालों और जिन पर कार्रवाई निर्भर है, उनके बीच अंतर्क्रिया घटित होती है। कार्यान्वयन के महत्त्व को नकारा नहीं जा सकता, क्योंकि वह विचारों को साकार करने के लिए किया जानेवाला संघर्ष है। कारगर कार्यान्वयन इरादे और वादे, उपलब्धि और निष्पादन तथा निर्दिष्टीकरण और वास्तविकता के बीच के अंतरालों को पाट देता है। उसमें चुने गए साधनों से निर्धारित लक्ष्य हासिल करने की योग्यता समाविष्ट है। कार्यान्वयन निर्णय

और उसके प्रत्यक्षीकरण के बीच का चरण है। इस चरण में समय-कारक बहुत महत्त्व रखता है। कार्यान्वयन-प्रक्रिया में न्यूनतम देरियों, लागत-वृद्धियों, विचलनों या समस्याओं के साथ लक्ष्यों की इष्टतम सिद्धि सुनिश्चित करने की रणनीति तैयार और लागू करना शामिल है।

आकस्मिक व्यय कार्यान्वयन को अनेक रूपकों में प्रस्तुत करते हैं, अतः कार्यों को लक्ष्यों से संयुक्त करनेवाली शृंखला में कड़ियाँ जोड़ने की क्षमता रखनेवाले कार्यान्वयन के लिए अंतर्कियात्मक और गत्यात्मक तत्त्व महत्त्वपूर्ण हैं। कार्यान्वयन का तर्क एकरेखीय न होकर बहुरेखीय है, जो रणनीतिक बिंदु पर अपबिंदुताएँ यानी डाइवरजेंसीज, अभिबिंदुताएँ यानी कन्वरजेंसीज और बहुविध स्तरों पर गतिविधियों के समन्वय की माँग करता है। अपनी समग्रता में कार्यान्वयन-प्रक्रिया में वैकल्पिक समाधान ढूँढ़ना तथा उपयुक्त कार्यान्वयन-तकनीक प्रयुक्त करना शामिल है, ताकि जो सोचा गया था और जो वास्तव में घटित होता है, उनके बीच की विसंगतियाँ घटाई जा सकें।

कार्यान्वयन से पहले

नई टेक्नोलॉजी लागू करने का प्रयास करने से पहले वर्तमान परिस्थिति को समझना जरूरी है। किसी निर्णायक कार्रवाई से पहले प्रबंधकों के लिए यह सुनिश्चित करना आवश्यक है कि मौजूदा परिचालन कारगर ढंग से और दक्षतापूर्वक चले, ताकि स्वचालन-संबंधी त्रुटियों की संभावना खत्म की जा सके और नई प्रक्रिया तथा संरचना यानी इन्फ्रास्ट्रक्चर की ओर निर्विघ्न बढ़ा जा सके। नई टेक्नोलॉजी के कार्यान्वयन की आयोजना पूर्ण होनी चाहिए और उसमें अपेक्षाकृत लंबा समय-क्षितिज व्याप्त होना चाहिए, ताकि नई प्रणाली की स्थिरता सुनिश्चित की जा सके।

जब नई टेक्नोलॉजी लागू की जाती है तो आम तौर पर उसकी प्रतितुलनात्मक यानी काउंटरबैलेंसिंग मानवीय प्रतिक्रिया होती है। नई टेक्नोलॉजी लागू करने के परिणामस्वरूप होनेवाला उल्लेखनीय परिवर्तन संबंधित लोगों पर भारी अनुवर्ती प्रभाव छोड़ सकता है। विभिन्न रूपों में प्रभावित हो सकने वाले लोग तीन वर्गों में बाँटे जा सकते हैं—प्रयोगकर्ता, कर्मचारी और प्रबंधन।

प्रयोगकर्ता और नई टेक्नोलॉजी के बीच होनेवाली अंतर्क्रिया के चार संभावित पैटर्न (प्रयोगकर्ता द्वारा नई टेक्नोलॉजी की स्वीकृति के पहलू) हैं :

- *सिनर्जी यानी सहक्रिया :* प्रयोगकर्ता द्वारा नई टेक्नोलॉजी की उत्साहपूर्ण स्वीकृति।
- *एलर्जी यानी असहानुभूति :* प्रयोगकर्ता द्वारा यानी टेक्नोलॉजी की अस्वीकृति।
- *बाध्यकर अभिस्थापन :* प्रयोगकर्ता द्वारा नई टेक्नोलॉजी की अनिच्छा से स्वीकृति।
- *अनुकूलन :* प्रयोगकर्ता द्वारा नई टेक्नोलॉजी को शुरू में अस्वीकार कर देना, पर अंततः स्वीकार लेना।

टेक्नोलॉजी-प्रयोगकर्ता-अंतर्क्रिया का पैटर्न आयोजनाकार को टेक्नोलॉजी-विशेष

लागू करने के प्रयासों के समर्थन या विरोध की सूचना देनेवाले संकेतकों के प्रति सचेत कर सकता है। नई टेक्नोलॉजी का कार्यान्वयन अकसर नौकरशाही, अंतर्विभागीय विरोधों, यूनियन के प्रतिरोध और कामगारों की नकारात्मक मनोवृत्ति से बाधित होता है। ये समस्याएँ उच्च प्रबंधन के समर्थन के प्रकट-अप्रकट अभाव में बढ़ जाती हैं।

हेजर्स और अन्य प्रकार के व्यक्तित्व

जो प्रबंधक नई टेक्नोलॉजी लागू किए जाने का न तो पक्ष लेते हैं और न ही विरोध करते हैं, उनके लिए 'हेजर्स' (झाड़ियों की काट-छाँट करनेवाला) शब्द का प्रयोग किया गया है। बाड़ पर बैठे रहनेवाले ऐसे प्रबंधक जोखिम नहीं लेना चाहते और जब तक उन्हें इस बात के संकेत नहीं मिल जाते कि उन्हें किस रास्ते पर चलना है, वे किसी भी ओर होने से बचते हैं। नई टेक्नोलॉजी के कार्यान्वयन की सफलता के लिए यह सुनिश्चित करना जरूरी है कि 'हेजर्स' कंपनी के पक्ष में हो जाएँ। अन्य व्यक्तित्व-प्रकारों को प्रोत्साहकों यानी प्रोमोटर्स और निरोधकों यानी इनहिबिटर्स में बाँटा जा सकता है, जिनमें शामिल हैं :

1. प्रोत्साहक

(क) सहभागी : लोग, जो नई टेक्नोलॉजी की सफलता और कंपनी की लाभप्रदता के प्रति अपनी जिम्मेदारी समझते हैं।

(ख) प्रवर्तक यानी मूवर्स : लोग, जो अड़चनें आने पर उन्हें दूर करते हैं।

(ग) कंपक यानी शेकर्स : लोग, जो अवसर को पहचानते हैं और उसे सफलता में तब्दील करते हैं।

2. निरोधक

(क) दर्शक : लोग, जो परंपरागत मार्ग से संतुष्ट और नवीन राहों से अप्रभावित रहते हैं।

(ख) संरक्षक : लोग, जो अपना साम्राज्य छिनने और संभावित हानियों से चिंतित रहते हैं।

(ग) शंकालु : लोग, जो नई टेक्नोलॉजी अपनाने के परिणाम के बारे में अनिश्चित रहते हैं।

(घ) चिंताकुल : लोग, जो 'हार्डवेयर' से भयभीत और 'सॉफ्टवेयर' से अनभिज्ञ रहते हैं।

(ङ) अंतरक : लोग, जो अपनी खुद की जिम्मेदारियाँ प्रत्यायोजित यानी डेलीगेट कर देते हैं।

मनोवैज्ञानिक प्रभाव

नई टेक्नोलॉजी जॉब-डिजाइन की तब्दीलियों और छँटनी व तालाबंदी की संभावनाओं

के जरिए मनोवैज्ञानिक रूप से बुरा असर डाल सकती है। कामगारों की टेक्नोलॉजी-संबंधी आशंकाओं में विकौशल यानी डीस्किलिंग, ध्रुवण यानी पोलराइजेशन, समय का दबाव, मशीन से बँध जाना, जॉब की बदली/हानि, इलेक्ट्रॉनिक जाँच और निगरानी सहित जवाबदेही व शारीरिक हस्तकौशलों से संकल्पनात्मक, प्रत्यक्षज्ञानात्मक और संप्रेषणात्मक कौशलों पर अंतरण के रूप में नई माँगें शामिल हैं।

नई टेक्नोलॉजी का कार्यान्वयन संगठनात्मक ढाँचे में भारी बदलाव अपरिहार्य कर देगा। उदाहरण के लिए, कंप्यूटर और उन्नत सूचना प्रौद्योगिकियों के आने से ऐसा प्रतीत होता है कि पर्यवेक्षण और नियंत्रण के अनेक मध्यक्रम प्रबंधन-कार्य कंप्यूटर करने लगेगा। नई टेक्नोलॉजी का अंगीकरण एक समतल संगठन प्रस्तावित करता है, जो मध्यक्रम के प्रबंधकों और पर्यवेक्षकों की संख्या में अनिवार्यतः कमी की दिशा में ले जाता है। अतः प्रबंधक भी नई टेक्नोलॉजी लागू किए जाने का विरोध कर सकते हैं।

मानवीय तत्त्व का विचार

प्रबंधन द्वारा उत्पादन-प्रक्रिया में मानवीय तत्त्व का स्पष्ट विचार नई टेक्नोलॉजी के कार्यान्वयन की सफलता का एक महत्त्वपूर्ण कारक है। प्रणाली की अभिकल्पना और कार्यान्वयन में इन मानवीय कारकों का समावेश परिचालन-संबंधी कठिनाइयों को काफी हद तक दूर कर देगा।

अनेक अध्ययनों में नई टेक्नोलॉजी के मुख्य सफलता-कारकों में सामाजिक-तकनीकी 'फिट' के महत्त्व को रेखांकित किया गया है। शोध दरशाते हैं कि सफल कंपनियाँ टेक्नोलॉजी लागू करने के मामले में प्रति-सक्रिय (प्रोएक्टिव) नजरिया अपनाती हैं। इसमें अग्रिम रूप से प्रशिक्षण-आवश्यकताओं और कर्मचारियों के महत्त्व को पहचानना तथा उपयुक्त कार्रवाई निरूपित करना शामिल है। प्रयोजनमूलक क्षेत्रों पर नई टेक्नोलॉजी के प्रभाव को समझना और प्रणाली-समन्वयन-दृष्टि अपनाना बहुत महत्त्वपूर्ण है, जो किसी फर्म में नई टेक्नोलॉजी लागू करने से पहले कार्यान्वयन-प्रबंधक द्वारा एक प्रायोगिक (पाइलट) परिचालन संचालित करने की जरूरत पर बल देती है।

कार्यान्वयन स्व-निष्पादक नहीं है। वह एक बार कोई कार्यक्रम निरूपित कर लिए जाने के बाद स्वतः शुरू होनेवाली प्रक्रिया नहीं है। उसके लिए कार्रवाई-प्रबल यानी एक्शन-फोर्सिंग तंत्र अपेक्षित है। कार्यान्वयन एक नियंत्रण-कार्य है, जिसका गत्यात्मक, लचीला और बदलती परिस्थितियों के प्रति अनुकूलनशील होना जरूरी है। कार्यान्वयन भंग होना सार्थक विचारों के प्रभावोत्पादक कर्म में रूपांतरण की मूलभूत विफलता का परिचायक है।

कार्यान्वयन का लक्ष्य नई प्रणाली को निर्विघ्न रूप से अमल में लाना, नई टेक्नोलॉजी के लाभों की अपेक्षा से कम प्राप्ति की किसी अवधि को न्यूनतम करना और प्रतिफल ज्यादा-से-ज्यादा बढ़ाना होना चाहिए।

●●●